C.T. STUDD

C. T STUDD

C.T. STUDD

Deportista y Misionero

Un desafío ineludible

NORMAN GRUBB

 CENTRO DE LITERATURA CRISTIANA

CENTRO DE LITERATURA CRISTIANA
en países de habla hispana

Colombia: Centro de Literatura Cristiana
ventasint@clccolombia.com
editorial@clccolombia.com
Bogotá, D.C.
Chile: Cruzada de Literatura Cristiana
santiago@clcchile.com
eduardomorenoclc@gmail.com
Santiago de Chile
Ecuador: Centro de Literatura Cristiana
ventasbodega@clcecuador.com
Quito
España: Centro de Literatura Cristiana
distribucionclcspain@clclibros.com
madrid@clclibros.org
Madrid
Panamá: Centro de Literatura Cristiana
ventas@clcpanama.net.0
direccioncomercial@clcpanama.net
Panamá
Uruguay: Centro de Literatura Cristiana
libros@clcuruguay.com
Montevideo
USA: CLC Ministries International
churd@clcpublications.com
Fort Washington, PA
Venezuela: Centro de Literatura Cristiana
distribucion@clcvenezuela.com
Valencia
Bolivia: Centro de Literatura Cristiana
gamaliel.padilla@clcbolivia.com
Santa Cruz
México: Centro de Literatura Cristiana
directora@clc-mexico.com
contacto@clc-mexico.com
Ciudad de México

EDITORIAL CLC
Diagonal 61D Bis No. 24-50
Bogotá, D.C., Colombia

ISBN: 958-9149-22-7

C.T. Studd Deportista y Misionero

Edición y diseño técnico: Editorial CLC.

Presentación

Siempre he amado la lectura. He considerado a los libros mis amigos y su compañía me ha dado solaz en diferentes lugares y circunstancias. Después de las Sagradas Escrituras, el Libro incomparable, hay un selecto número de volúmenes cuyo recuerdo tengo en mi corazón, a los que guardo un especial aprecio. *C.T. Studd, deportista y misionero*, es ahora el que encabeza esa lista.

Este libro es para mí un verdadero tesoro. Sus páginas están llenas de la experiencia en la vida de un cristiano real, de un hombre que supo encarnar lo que significaba rendirse a Cristo, vivir por Cristo y morir por Él; era un hombre de carne y hueso como yo, que decidió ser un auténtico seguidor de su Señor.

Studd personifica al cristiano universal que necesita la obra misionera. Fue un creyente comprometido con la obra del Señor, capaz de implantarse en cualquier cultura, en cualquier circunstancia, y de conocer el propósito de Dios en cualquier situación que lo rodeara. Usted encontrara aquí a Studd "el chino", cuando estuvo en el corazón de la China; a Studd "el indio", cuando el Señor lo envió a la India; y a Studd "el africano" cuando a sus cincuenta y dos años fue llamado al centro del continente negro. En cada uno de estos lugares llegó a ser como un nativo, dispuesto a despojarse de sí mismo y tomar la identidad del pueblo y de aquellos a quienes servía. A veces somos tentados a pensar que C. T. Studd fue el resultado de la necesidad de aquel momento, y que los misioneros como él deben quedarse ahora en el estante, donde sean admirados y presentados para ilustrar un mensaje o un desafío misionero. Estoy seguro de que Studd no estaría de acuerdo con eso. Los misioneros como él han existido para ser imitados, para que tengamos evidencia de que un hombre puede llegar a entender que "si Jesucristo es Dios y murió por mí, entonces ningún sacrificio podrá ser demasiado grande para que yo lo haga por Él".

A las puertas del Segundo Congreso Misionero Iberoamericano, COMIBAM '97, hemos deseado poner en sus manos este libro como un requisito para continuar el proceso de inscripción. Al igual que los demás libros, este presenta uno de los modelos de misionero que esperamos ver salir hasta lo último de la tierra. Nos recordará, además, que Dios no desea menos que la excelencia en la obra misionera. Que ni las privaciones, ni la falta de apoyo, ni la distancia son pretextos para bajar el nivel del misionero transcultural que se necesita.

Quizás el distintivo personal de C. T. Studd fue su cercanía con Dios. Tenía en alta estima su tiempo devocional; siempre las horas de la madrugada lo encontraron en su relación con el Padre. En una ocasión en que despedía a los obreros nativos a una expedición misionera, una de sus recomendaciones fue: "Si no quieren encontrarse con el diablo durante el día, háganlo con Jesús antes del amanecer."

Es nuestra oración que el ardor misionero que consumió el corazón de C. T. Studd pueda incendiar también los corazones de quienes, involucrados en la acción misionera en sus distintas formas, tengan el privilegio de leer este monumento a los hombres fieles que "...han vencido por la sangre del Cordero y de la palabra del testimonio de ellos, y menospreciaron sus vidas hasta la muerte".

David D. Ruiz M.

COMIBAM Internacional, director ejecutivo

Ciudad de Guatemala, noviembre de 1996.

INDICE

INTRODUCCION

Por Alfredo B. Buxton

Colaborador de C. T. Studd en el centro de Africa

La vida de C. T. se yergue cual recio Gibraltar, como una señal a todas las generaciones venideras de que vale la pena perder todo lo que este mundo pueda ofrecer y confiar todo al mundo venidero. Su vida será un reproche eterno al cristianismo cómodo. Ha demostrado lo que significa seguir a Cristo, sin contar el costo y sin mirar atrás.

C. T. fué esencialmente un jefe de caballería y como tal encabezó varias magníficas cargas. Tres sobresalen especialmente: cuando C. T. y Stanley Smith condujeron a los Siete de Cambridge a China en 1885; diez años después, cuando C. T. visitó las universidades norteamericanas al principio del Movimiento Voluntario Estudiantil; y cuando en 1910 inició la campaña para la región entre el Nilo y Lago Chad (la mayor región africana sin evangelizar en ese tiempo).

Estos tres acontecimientos por sí solos han afectado la historia misionera en una medida que no podemos apreciar debidamente. Estos fueron su obra directa, pero la influencia indirecta que ejerció y que se extendió alrededor del mundo en círculos cada vez más amplios, probablemente efectuó aún más. Fue la personificación del espíritu heroico, del abandono apostólico, que es fácil perder para la obra de Cristo.

Un jefe de caballería no puede poseer todos los dones de un administrador o no tendría las cualidades necesarias para encabezar una carga. En esta verdad sencilla está la explicación de algunos de los defectos que alguien podría señalar. Si estos existieron, fueron en realidad la exageración de las cualidades extraordinarias de C. T.; su valor en cualquier emergencia, su determinación de nunca tocar retirada, su convicción que estaba realizando la voluntad de Dios, su fe que Dios no le abandonaría, su desprecio del "brazo de carne", y su voluntad de arriesgarlo todo para Cristo.

Pero estos son tan sólo, como Froude escribió de Carlyle, "las neblinas que rodean una montaña". Los que no quieren neblinas, deben conformarse con las llanuras. ¡Pero dadme a mí la montaña! Mas dentro de muy poco, habiéndose evaporado la neblina, la montaña se destacará en toda su grandeza. Yo mismo le debo muchísimo. De él aprendí que el ideal divino de un santo, no es un hombre preocupado ante todo de su propia santificación: el santo de Dios es cincuenta por ciento soldado. Así que nosotros y miles más continuaremos dando gracias a Dios por la vida de soldado que vivió y la muerte de soldado que murió. No ha mucho le envié estas líneas, que fueron cumplidas notablemente en su caso:

"Que cuando los vencedores lleguen,
Y las fortalezas de la necedad cayeren,
Tu cuerpo junto a la pared hallen."

Ahora nos toca a nosotros tratar de emularle. Ese es el epitafio que más apreciaría.

PREFACIO

Nada puede reemplazar una autobiografía sincera. Pero desgraciadamente "C. T." no ha dejado un relato escrito de su vida. Sin embargo, su madre y esposa hicieron lo mejor después de eso, pues conservaron toda su correspondencia desde su adolescencia. Mi objeto ha sido amoldar estas cartas en algo lo más parecido posible a una autobiografía. La única condición que me habilita para intentar esta obra es que las convicciones que dominaron la vida de C. T. son también mis convicciones, y que, por lo tanto, este libro ha sido escrito, no tan sólo con mi mente, sino con mi corazón. Vivió para glorificar a su Salvador. El objeto de este libro es también de glorificarle, al verle obrar en y a través de esta vida completamente rendida a El.

N. P. Grubb

Capitulo I

UNA VISITA A UN TEATRO Y SUS CONSECUENCIAS

Las Carreras de Puncheston habían terminado. Muchedumbres regresaban hacia sus hogares después del famoso "Derby" irlandés, por tren y vapor a través del Canal de San Jorge. Entre ellos se hallaba un acaudalado colono retirado. Este se dirigió apresuradamente al puerto de Kingstown, pero llegó atrasado en cinco minutos y no pudo tomar el vapor; así, no tuvo más remedio que permanecer esa noche en Dublín. No sabiendo qué hacer para pasar el tiempo, fué a dar una vuelta. Notó en el frente de un teatro los nombres "D. L. Moody e Ira D. Sankey" (¹); se preguntó qué compañía de zarzuela sería ésta, entró y... ¡tuvo la mayor sorpresa de su vida! Quedó perplejo al hallar el lugar colmado de público, y en el escenario unas cuantas personas vestidas con traje común y un hombre que cantaba. Tenía una voz maravillosa y cantaba palabras como jamás había oído. Al escuchar el estribillo una y otra vez con cada estrofa del himno:

> "Noventa y nueve ovejas son
> Las que en el prado están,
> Mas una sola sin pastor
> Por la montaña va."

se quedó como clavado al lugar. Terminado el himno, se sentó y oyó predicar a Moody y, cosa rara, en vez de volver a casa al día siguiente, se quedó día tras día. Finalmente, una noche siguió a un gran número de personas que se levantaron para ir a la sala de interesados. Moody se arrodilló junto a

---

(¹) Famosos evangelistas norteamericanos que realizaron grandes campañas de evangelización en Estados Unidos y Gran Gretaña en el siglo pasado. Sankey fué cantor y autor de la letra y música de muchos himnos, entre ellos, el citado más arriba.

él y le dijo sencillamente: "Sr. Vincent, ¿cree que Jesucristo murió por Vd.?" "Lo creo", contestó. "Entonces", dijo Moody "déle las gracias"; lo hizo, y al salir de la sala era un hombre transformado.

El Sr. Vincent tenía un gran amigo, el Sr. Eduardo Studd, también un colono retirado. Había acumulado una fortuna en la India y vuelto a Inglaterra para gastarla. Era muy amante de toda clase de deportes. Hizo un entrenamiento especial para ir a la caza del zorro. Se puede decir que sus hijos nacieron montados. Iban a la caza a la edad de cinco y seis años, atados a la montura, cada uno con su pequeña casaca roja, y eso en el condado de Leicestershire, que tiene fama de tener los cercos más difíciles de saltar en toda Inglaterra. Dejando su propiedad de Hallaton Hall, compró una gran estancia en el condado de Wiltshire, Tedworth, ahora Tidworth, bien conocido de todo militar. Allí convirtió un potrero en una buena cancha de cricket. Aquellos eran los tiempos cuando el cricket estaba en auge en las casas de campo y durante todo el verano se concertaba campeonatos de ese juego. Pero sobre todo era un entusiasta carrerista. Amaba intensamente a los caballos y cuando veía hermosos caballos de raza los compraba, los entrenaba y los hacía correr. Hizo construir una pista de carreras en Tedworth y tenía una tropilla de unos veinte caballos. Ganó varias carreras de obstáculos, pero se realizó su mayor ambición cuando ganó la Gran Nacional con un caballo llamado "Salamandra." Fué una victoria inesperada y le llovieron felicitaciones (¡y cartas mendicantes!); la familia celebró el acontecimiento con una cena especial en la ciudad.

Después de terminada la campaña en Dublín, Moody y Sankey vinieron a Londres. "En aquellos tiempos nadie tenía mucha fe en un hombre que se levantaba a predicar el evangelio si no tenía dos cosas: el título de "Reverendo" y una corbata blanca en el cuello. La prensa no podía comprender a un predicador como el Sr. Moody, que no tenía ni uno ni otra y, naturalmente, se publicó columnas y más columnas contra él. ¡Pero tenían que reconocer que podía atraer más público a sus reuniones que media docena de arzobispos, y que un mayor número eran convertidos por él, que por medio de veinte pastores! Por supuesto, no dieron una verdadera explicación de las cosas; decían que el Sr. Sankey había venido a vender órganos y el Sr. Moody a vender sus himnarios." El Sr. Studd leía los diarios todos los días y estas cosas le entretenían grandemente. Una noche tiró el diario y dijo: "Bueno, de cualquier modo, ya que este hombre está en Londres, iré a oírle. Debe haber algo de bueno en él o no sería tan censurado por los diarios".

Por ese tiempo el Sr. Studd compró un caballo que era mejor que ninguno de los que había poseído hasta entonces, y lo inscribió para una de las grandes carreras. Estaba tan seguro de ganar, que le escribió a su amigo, Sr. Vincent, y le dijo: "Si eres cuerdo, tú vendrás a la carrera y jugarás cada penique que puedas a mi caballo". Unos días después fué a la capital y se encontró con su amigo. Al viajar en el coche, el Sr. Studd no podía hablar de otra cosa que de su caballo. Fueron al Tattersall (¹). Después de terminar su negocio, se reunió nuevamente con el Sr. Vincent y le preguntó: "¿Cuánto dinero le has jugado a mi caballo?" "Nada", fué la respuesta. "Eres el tonto más grande que he visto en mi vida", dijo el Sr. Studd. "¿No te dije que era un caballo buenísimo? Pero aunque eres un tonto, ven a cenar conmigo; mi familia está toda en en el campo y tú dirás a dónde iremos después de cenar." Cuando terminaron la cena el Sr. Studd preguntó: "¿Ahora dónde iremos a divertirnos?" El Sr. Vincent propuso el teatro de Drury Lane. "¿Qué", dijo el Sr.

(¹) Célebre casa de remates y compra venta de caballos, etc.

Studd, "¿No es allí que están esos individuos Moody y Sankey? ¡Oh, no! ¡Hoy no es domingo! Iremos al teatro o algún
concierto." "No", dijo el Sr. Vincent, "eres hombre de palabra y dijiste que irías donde yo eligiese." Al fin fué, pero de
muy mal grado. Al llegar al teatro lo hallaron repleto y no
quedaban localidades sino especiales. Pero el Sr. Vincent estaba determinado a no dejar la presa, así que, sacando su tar-
jetero escribió apresuradamente en una tarjeta a un acomoda-
dor que conocía: "Venga a cierta puerta y háganos entrar;
tengo a un acaudalado deportista conmigo, pero nunca le
podré hacer venir otra vez si no conseguimos un asiento." El
hombre vino, les hizo entrar por la puerta de los artistas, a
través del escenario, y los colocó bien junto al Sr. Moody. El
Sr. Studd no quitó la vista de Moody hasta que hubo terminado su plática. Después dijo: "Vendré otra vez a oír a este
hombre. Me ha dicho todo lo que hice en mi vida." Cumplió
su palabra volviendo a ir, hasta que un día se convirtió.

"A la tarde de ese día," escribió uno de sus hijos posteriormente, "mi padre estaba lleno de algo que se posesiona del
corazón y cabeza de un hombre más que cualquier otra cosa,
la pasión por las carreras de caballos, y a la noche, era un
hombre transformado. Naturalmente, no podía seguir viviendo la misma vida de antes. No podría asistir a bailes, partidos
de naipes y reuniones semejantes. Su conciencia se lo decía.
Así que resolvió ir a discutir la cuestión con el Sr. Moody. Fué
a verle y dijo: 'Quiero ser franco con Vd. ¿Ahora que soy
cristiano, tendré que dejar las carreras, y la caza del zorro,
el teatro y los bailes? 'Bueno, Sr. Studd', dijo el Sr. Moody,
'Vd. ha sido franco conmigo; yo seré franco con Vd. Las carreras significan apuestas, y las apuestas significan juego,
y no veo cómo un jugador pueda ser cristiano. Haga Vd. las
otras cosas mientras le agraden.' Mi padre le preguntó otra
vez acerca del teatro y los naipes, y el Sr. Moody dijo: 'Sr.

Studd, Vd. tiene hijos y seres queridos; Vd, es ahora un hombre salvado y querrá que ellos se salven. Dios le dará algunas almas y en cuanto haya ganado un alma no le intereserá ninguna de las otras cosas.' Efectivamente, con gran asombro de sus hijos y muchos otros, no le interesó más ninguna de ellas; le interesaba una sola cosa: la salvación de almas.

"Dejó las carreras; dió un caballo de caza a cada uno de sus hijos mayores y vendió los demás. Desocupó la gran galería de su casa en Tedworth, la proveyó de sillas y butacas, y solía hacer venir excelentes predicadores laicos, comerciantes y hombres de negocios de Londres, para predicar el evangelio a la gente de los alrededores. Recorría la campiña a caballo, invitando y persuadiendo a la gente que viniera, y cientos de personas lo hacían.

El cochero expresó lo que había sucedido de manera muy concisa. Un huésped le dijo: "He oído que el Sr. Studd se ha vuelto religioso o algo así." "Bueno, señor," contestó, "no entendemos mucho de eso, ¡pero lo que yo puedo decir es que, aunque tenga la misma piel, hay un hombre nuevo adentro!"

El Sr. Studd vivió tan sólo dos años después de esto. Su muerte ocurrió de una manera particular. Estaba en camino para asistir a una de las reuniones de Moody, cuando de pronto hizo detener el coche, pues se había olvidado de traer uno de los caballerizos a la reunión. Se apeó y dijo a los demás que siguieran viaje. Como era tarde, corrió todo el camino de vuelta y se reventó una vena de la pierna. Nunca se repuso de esto, pero como dijo el pastor que predicó el sermón en su sepelio: "Hizo más él en dos años, que la mayoría de los cristianos hacen en veinte." Escribía a sus amigos, cuando no les podía hablar, y a veces recibía contestaciones bastante ásperas. Hablaba sin temor a cualquier persona. Cierto hombre, dueño de una tienda en la Regent Street, de Londres, era un agnóstico declarado; el Sr. Studd fué el único hombre que tuvo el coraje de hablarle acerca de su alma, y su hijo dijo después: "¡No recuerdo haber visto a mi padre tan enojado en toda su vida, por habérsele hablado con tanta fidelidad!"

Capítulo II

TRES ESTUDIANTES SECUNDARIOS RECIBEN UNA SACUDIDA

Sus hijos mayores, Kynaston, Jorge y Carlos estaban en Eton[1]. Los tres hermanos estuvieron en el XI[2] en 1887, año de la conversión de su padre. Por lo que sé, ésta fué la única ocasión en que tres hermanos estuvieron juntos en el XI de Eton. No habían oído lo que le había sucedido a su padre, así que, cuando a mitad del período de clases les escribió diciéndoles que había arreglado que viniesen a encontrarse con él en Londres, pensaron que iba a llevarlos al teatro o a un concierto cómico. ¡Qué sorpresa tuvieron cuando hallaron que era una función religiosa! Los llevó a oír a Moody. "Antes de eso," dijo Carlos posteriormente, "creía que la religión era algo del domingo, como la ropa dominguera, para ser guardada el lunes de mañana. A nosotros, los muchachos, se nos acostumbraba a asistir a la iglesia con regularidad, pero, aunque teníamos algo de religión, no valía gran cosa. Era como tener dolor de muelas. Siempre lamentábamos cuando era domingo y estábamos contentos cuando llegaba el lunes de mañana. El domingo era el día más aburrido de toda la semana y eso porque habíamos tomado la religión del mal lado. Entonces, de pronto, tuve la buena suerte de hallar a un cristiano en todo el sentido de la palabra. Era mi propio pa-

---

(1) Eton, como también Harrow, Winchester y Rugby mencionados en el siguiente capítulo, son históricos colegios secundarios de Inglaterra.

2) Equipo de cricket, designado así por tener 11 jugadores; en este caso el que representaba al colegio.

dre. Pero, en realidad, nos hacía poner los pelos de punta. Todo el mundo en la casa llevaba vida de perro hasta que se convertía. No estuve del todo contento con él. Solía venir a mi pieza de noche a preguntarme si estaba convertido. Después de un tiempo, me hacía el dormido cuando veía abrir la puerta, y de día me escabullía por el otro lado de la casa cuando le veía venir."

Pasó un año. Los muchachos estaban en la estancia para las vacaciones de verano en Tedworth y se habían concertado unos cuantos partidos de cricket. Como de costumbre, su padre tenía huéspedes en la casa cada fin de semana para dirigir las reuniones del domingo; en una de esas oportunidades había dos, uno de ellos resultó simpático a los muchachos, y el otro, Sr. W., no, pues lo consideraban un mariquita. El sábado de mañana decidieron hacerle una broma: habían descubierto que, aunque decía que sabía montar, no era un gran jinete, así, le invitaron a una cabalgata con ellos y su padre. Los tres muchachos se quedaron atrás, de pronto pasaron a los otros dos a todo galope y, naturalmente, nada podía sujetar los caballos, para gran turbación del Sr. W. Sin embargo, tenía más valor de lo que parecía y pudo mantenerse en la silla. Lo repitieron varias veces pero su padre no les pudo reprender pues él mismo no lograba detener su risa.

Esa tarde el Sr. W. se vengó. Habló a los muchachos individualmente y consiguió que se rindieran a Cristo, cada uno sin que los otros lo supieran.

"Cuando estaba por salir a jugar cricket (dijo Carlos) me tomó desprevenido y preguntó, '¿Eres cristiano?' yo contesté, 'No soy lo que Vd. llama cristiano, pero he creído en Jesucristo desde que era pequeño, y por supuesto, creo en la Iglesia también.' Pensé que al contestar tan cerca de lo que pedía, me libraría de él; pero se me pegó como con lacre y dijo: 'Mira, de tal manera amó Dios al mundo, que ha dado a su Hijo unigénito, para que todo aquel que en él cree, no se pierda, mas tenga vida eterna.' 'Crees que Jesucristo murió?' 'Sí.' '¿Crees que murió por ti?' 'Sí.' '¿Crees la otra mitad del versículo: mas tenga vida eterna?' 'No,' dije, 'no creo eso ' Pero él agregó: 'Ahora, ¿no ves que tu afirmación contradice a Dios? O tú o Dios no están diciendo la verdad pues se contradicen mutuamente. ¿Cuál es la verdad? ¿Crees que Dios miente?' 'No,' dije. 'Pues bien, ¿no te contradices creyendo solo una mitad del versículo y no la otra?' 'Supongo que sí.' 'Bueno,' agregó '¿Vas a ser siempre contradictorio?' 'No, supongo que no siempre.' Entonces preguntó '¿Quieres ser consistente ahora?' Ví que me había arrinconado y empecé a pensar: si salgo de esta pieza acusado de voluble no conservaré mucho de mi dignidad, de manera que dije: 'Si, seré consecuente.' 'Bueno, ¿no ves que la vida eterna es una dádiva? Cuando alguien te da un regalo para Navidad, ¿qué haces?' 'Lo tomo y doy gracias.' Dijo: '¿Quieres dar gracias a Dios por este regalo?' Entonces me arrodillé, di gracias a Dios, y en ese mismo instante Su gozo y paz llenaron mi alma. Supe entonces lo que significaba 'nacer de nuevo,' y la Biblia, que me había resultado tan árida antes, vino a ser todo para mí."

Carlos no dijo nada a sus hermanos entonces, pero al regresar a Eton escribió y se lo contó a su padre. Unos días más tarde, al tomar el desayuno en su pieza, él y sus hermanos recibieron una carta de su padre dirigida a los tres, expresándoles su alegría al recibir la buena noticia. Tuvieron una gran sorpresa al pasar la carta de uno a otro y hallar que los tres habían tomado su decisión el mismo día. Así que el "mariquita", que no servía para los juegos, era en realidad un perito en el juego más grande de todos: el de cazar hombres para Cristo, y había pescado tres peces ariscos, todos miembros del XI de Eton, en un mismo día.

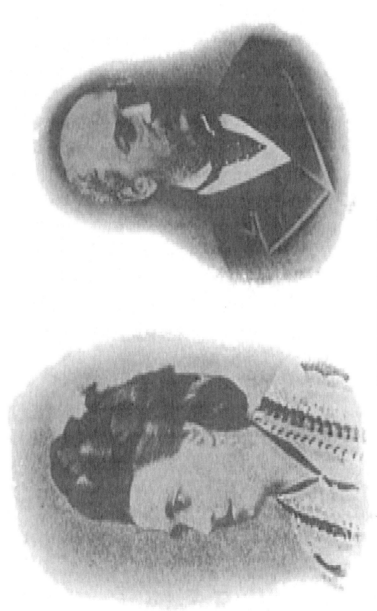

SR. EDUARDO STUDD Y SEÑORA
Padres de C.T.

CAPITULO III

UN JUGADOR INTERNACIONAL DE CRICKET

Carlos era uno de esos muchachos que se dan de lleno a lo que aman. Le gustaba intensamente el juego de cricket y estaba determinado a sobresalir en él. En su dormitorio, en los altos de la casa, había un guardarropa con un gran espejo, y frente al mismo, una alfombra con una costura al medio. El razonó para sí de esta manera: si uno pone la pala directamente frente a la pelota, debería ser imposible que la pelota toque la base. Así que su primera preocupación fué aprender a jugar con una pala derecha. Hora tras hora practicó frente a ese espejo manteniendo su pala alineada con la costura de la alfombra. Se burlaban de él porque tomaba las cosas tan en serio, pero él perseveró.

Otra práctica suya, un poco más tarde, fué la de asegurarse que tenía adiestrada su vista para la primer pelota que le tocaría jugar. Si su turno era el siguiente, solía sentarse en la orilla de la cancha con su vista fija en un punto del césped a unos veinti metros delante de él, así, tenía la vista exactamente acostumbrada al largo del tiro desde el momento que estaba frente a las bases. Jamás fumaba y ni aún quería quedarse en el comedor después de la cena por temor que el humo afectara su vista.

Los tres hermanos, que eran conocidos generalmente por sus iniciales, J. E. K. (Kynaston), G. B. (Jorge) y C. T. (Carlos), estuvieron juntos en el XI de Eton solamente un año. Fué notable el número de tantos que marcaron en el partido contra Winchester: en el primer tiempo, J. E. K. hizo 52, C. T. 53 y G. B. 54. Eton también venció a Harrow ese año.

Mientras los tres hermanos estuvieron juntos empezaron una clase Bíblica. Asistieron varios otros muchachos, algunos de los cuales fueron creyentes bien conocidos después, como el coronel Granville Smith, de la Guardia de Coldstream y un ex obispo de Madrás. C. T. permaneció en Eton dos años más y durante el segundo lo nombraron capitán del XI. Fueron tiempos pobres para el cricket de Eton perdiendo un partido contra Harrow y empatando otro; pero este hecho hizo resaltar más el juego de C. T. Así, la crónica del encuentro Eton-Harrow de 1879 decía: "Sin duda, el mejor jugador fué el capitán de Eton, C. T. Studd. Será celebre algún día" Otra crónica lo colocaba junto con C. F. H. Leslie, el capitán de Rubgy, como los mejores jugadores de los colegios secundarios de ese año.

Antes de dejar Eton, también se distinguió en los juegos de "racquets" y "fives"[1].

"El partido final de 'racquets' se realizó el lunes (dijo la 'Eton Chronicle') en presencia de una galería colmada y muy ruidosa. Eastwood era el favorito general, pero el juego de Studd en el partido anterior había hecho presumir que no sería vencido tan facilmente; y así fué, Studd ganó con relativa facilidad. Le felicitamos cordialmente por su victoria, pues considerando su poca experiencia en el juego, fué realmente notable."

Más tarde, con J. D. Cobbold, representó a Eton en la competencia por la Copa de Racquets de los Colegios Secundarios. Alcanzaron el final, aunque en la última rueda del campeonato fueron vencidos por Rugby por cuatro partidos a tres habiendo tan sólo una diferencia de uno en el total de puntos, 88 a 87. C. T. también ganó el campeonato interno de "fives" de Eton.

---

(1) Dos juegos de pelota, el segundo parecido a la pelota vasca.

Cuando dejó el colegio, el director de su internado, Sr. Cameron, escribió de él:

"Quizás podría haber estudiado más, pero es difícil para el capitán del XI; por otra parte, ha hecho muy bien a todos los que sintieron su influencia. Creo que el secreto del encanto de su carácter es que piensa en los demás más bien que en sí. Lo echaremos mucho de menos; es triste tener que separarnos."

El comentario de Carlos mismo fue que aprendió mucho más del cricket que de los libros.

Después de dejar Eton, fue al Colegio de la Trinidad, Universidad de Cambridge. En su primer año estuvo en el equipo de cricket y al año siguiente los tres hermanos estuvieron juntos en el XI de la universidad y C. T. empezó a realizar la promesa del futuro brillante que se le había pronosticado. Jugó, no tan sólo para la universidad, sino también para los Aficionados contra Profesionales.

Es interesante notar que sus palas fueron hechas especialmente con cabos una pulgada más largas que la medida común. Sus muñecas eran tan fuertes que podían manejar el peso extra.

En un partido, Cambridge contra los Aficionados de Inglaterra, J. E. K. y C. T. hicieron 267 puntos de un total de 362. En otro, los tres hermanos hicieron 249 de un total de 504.

Pero fue en 1882 que C. T. alcanzó el auge de su condición como jugador. Aunque tan sólo de tercer año en la universidad, llegó a la misma cumbre del mundo del cricket, tanto aficionado como profesional. Es dudoso que en la historia de ese deporte otro estudiante de los primeros años de la universidad haya hecho otro tanto[1].

---

[1] En este capítulo se omiten varios pasajes con detalles del juego de cricket, que serían incomprensibles para la mayoría de los lectores de habla castellana.

- -

Nos podemos referir tan sólo a dos partidos en detalle. Ambos causaron sensación. Los australianos estaban haciendo su tercera visita a Inglaterra y hasta entonces no habían vencido a los ingleses; pero ese año enviaron un equipo muy fuerte que incluía jugadores tan famosos como Murdoch, Massie, Boyle y Spofforth.

G. B. Studd fué capitán de Cambridge ese año, y cuando los australianos pidieron que se arreglara un encuentro con la universidad, aceptó gustoso. El presidente del club, un ex profesor de Cambridge, pastor y jugador de cricket, estuvo muy indignado con la idea, pues pensó, como la mayoría de las personas, que la universidad sufriría una derrota aplastante y se desacreditaría. G. B. contestó que no importaba, puesto que de cualquier modo, todos esperaban ese resultado; así que el encuentro quedó concertado. Los australianos eran un equipo invicto cuando vinieron a Cambridge.

"El tiempo fué todo lo bueno que se podía desear y hubo una concurrencia mayor de lo que se había visto hasta entonces en la cancha de la universidad.

- -

"El juego se reanudó el martes. La concurrencia fué aún mayor que el lunes. Trenes de excursión corrieron desde Londres y otros lugares trayendo muchísima gente al partido.

- -

"Le faltaba a la universidad 186 puntos para ganar.

"Las opiniones estaban muy divididas en cuanto a si se obtendrían los puntos o no. Los hermanos J. E. K. y G. B. fueron el primer par de paleros. Ambos jugaron muy bien al principio y los tantos se sumaron rápidamente.

"Grandes aplausos saludaron la aparición de cada diez puntos en el tablero. Cuando se marcaron los 100 hubo una calurosa ovación. . . . Que estos dos jóvenes jugadores de cricket hicieran 106 para la primera serie fué un gran suceso y será por largo tiempo recordado por los amantes del cricket, pues prácticamente ganó el partido para Cambridge. Más tarde C. T. dió el golpe ganador marcando 15 puntos y dando el triunfo a Cambridge sobre Australia por seis series."

Cuando Horan, uno del team australiano, llegó a Cambridge para el partido, había dicho: "Me dicen que tienen un juego de Studds en el Once"[1], y luego agregó: "Ganaremos si podemos sacar a esos Studds." Y tenía razón, ¡No ganaron!

Incidentalmente, fué la revista "Punch" que les dió el sobrenombre de "El juego de Studds", y hubo un banquero que fué más allá que "Punch": hizo hacer tres botones de oro para su camisa de etiqueta grabados con las iniciales de los Studd, y así, después de cada partido en que los tres jugaban, el banquero colocaba en el primer ojal de su camisa el botón con las iniciales del hermano que había logrado el mejor puntaje.

Este encuentro aseguró el renombre de C. T. Antes de terminar la temporada había hecho otra "centuria"[2] contra los australianos, logrando así dos de las únicas tres "centurias" que se hicieron contra ellos esa temporada. (Debe recordarse que eran mucho menos frecuentes en esos días cuando las canchas no eran tan perfectas.)

Ese año, jugando los tres hermanos, Cambridge también venció a Lancashire, el condado campeón y a Oxford[3].

La otra sensación de la temporada fué el histórico partido final cuando Australia venció a Inglaterra por primera vez y dió origen al término "Cenizas". Unos días después del encuen-

(1) "Studd", en inglés, gemelo, botón de camisa.
(2) Cien puntos en el juego de cricket.
(3) Oxford y Cambridge son las dos grandes universidades históricas de Inglaterra.

tro el "Sporting Times" publicó el siguiente epitafio:

"En Afectuosa Memoria
del
Cricket Inglés
Que falleció en el Oval el
29 de Agosto 1882
Profundamente lamentado por un gran círculo de
Afligidos Amigos y
Conocidos
R. I. P.
N. B. El cadáver será cremado y las
cenizas llevadas a Australia."

C. T. fué un destacado miembro del XI inglés; un bien conocido crítico dijo que fué tan bueno como el mejor que Inglaterra haya presentado jamás. Los otros integrantes del equipo fueron W. G. Grace, R. G. Barlow, G. Ulyett, A. P. Lucas, Hon. A. Lyttleton, J. M. Read, W. Barnes, A. G. Steel, A. N. Hornby (Capitán) y E. Peate. El partido fué visto en el Oval por una concurrencia nunca antes registrada ¡Más de 20.000 personas!

- -

Australia ganó el partido por ocho puntos.

Aquel invierno, C. T. fué invitado a ir a Australia con el equipo internacional, bajo la dirección del honorable Ivo Bligh (después Lord Darnley) que siguió siendo su amigo toda la vida. "Punch" le apodó "San Ivo" y dijo que emprendía un peregrinaje a Australia para recobrar las Cenizas. Durante la gira se jugaron tres partidos contra Australia, de los cuales Inglaterra ganó dos. Después del tercero, unas señoras de Melbourne pusieron unas cenizas en una pequeña urna de plata y se las dieron al Sr. Bligh. La urna tenía la siguiente inscripción:

"Cuando vuelva Ivo con la Urna, la Urna,
Retornen Studds, Steel, Read y Tylecote.
El firmamento resonará,
La multitud se gloriará
Al ver a Barlow y Bates con la Urna, la Urna,
y los demás regresar con la Urna."

Este fué el origen de las históricas cenizas.

C. T. regresó para capitanear a Cambridge en su último año, 1883 y otra vez fué considerado el primer jugador en Inglaterra, en todos los aspectos del juego; el "Cricketing Annual" decía:

"Al Sr. C. T. Studd debe acordársele, por segunda vez, el primer lugar como jugador general de cricket; desde hacía algunos años el puesto no era ocupado por un jugador tan excelente en los tres departamentos del juego. . . ."

Su carrera universitaria ha sido descripta como un "largo resplandor de gloria cricketense" (si es permitido inventar la palabra) . . . . (Sigue un detalle de sus principales hechos en el último año, una serie verdadermente notable de hazañas brillantes que le acreditan como uno de los más grandes jugadores generales que ha producido este juego.)

También ganó el partido de racquets simple de Cambridge y más tarde representó a ésta contra Oxford. Fué vencido por C. F. H. Leslie. Recibió su título de B. A. (¹) y dejó Cambridge en 1884.

Nótese bien que C. T. no era simplemente un jugador de cricket nato, ni significaba este deporte para él nada más que un pasatiempo para entretenerse en sus horas de ocio. El tomó el juego seriamente y se esforzó tanto en llegar a la cumbre del cricket, como lo hubiera hecho un estudiante para obtener la más alta calificación en sus exámenes. C. T. nunca se arrepintió de haber jugado cricket (aunque se arrepintió de haber permitido que llegase a ser un ídolo), pues aplicándose al deporte aprendió lecciones de valentía, abnegación y fortaleza, las que, después que su vida fué enteramente

(¹) Bachiller en Artes; significa más que el bachillerato en los países sudamericanos.

consagrada a Cristo, fueron empleadas en Su servicio. El hombre que se dió de lleno para llegar a ser un experto jugador de cricket, más tarde se dió de lleno para glorificar a su Salvador y extender Su Reino.

CAPITULO IV

LA CRISIS

Los tres hermanos establecieron un "récord" en Cambridge que nunca ha sido igualado, llegando a ser cada uno sucesivamente capitán del XI: G. B. in 1882, C. T. en '83 y J. E. K. en '84. Pero el único de los tres que sobresalió como testigo del Señor Jesucristo, además de jugador de cricket, fué J. E. K. Años después C. T. le escribió desde el centro de Africa:

"Nunca me olvido de la influencia que tu vida tuvo sobre mí ¡Cómo admiraba tu coraje y lealtad hacia el Señor Jesucristo! Eso te valió el más hermosos de los halagos, pues recuerdas que nuestros amigos jugadores de cricket te llamaban "El Hombre Austero", porque tu vida era fiel a Dios y a ellos al hablarles siempre acerca de sus almas."

Siendo capitán del XI, J. E. K. fué organizador y presidente de la notable Misión de Moody, probablemente la más fructífera que jamás se haya realizado en la Universidad: empezó con un grupo de hombres en la fila delantera del auditorio mofándose públicamente de Moody y terminó con el pedido de disculpa y la conversión de algunos de esos mismos hombres y la de muchos otros.

Pero fué muy diferente con C. T. Por un período de seis años había sido un reincidente. El mismo dió la razón:

"En lugar de ir y contar a otros del amor de Cristo, fuí egoísta y mantuve ese conocimiento para mí mismo. La consecuencia fué que mi amor empezó a enfriarse y el amor del mundo empezó a entrar. Pasé seis años en ese estado infeliz."

Pero mientras él cobraba fama en el mundo del cricket,

especialmente durante su gira con el equipo internacional en Australia, dos señoras ancianas se pusieron a orar que fuera traído de nuevo a Dios. La contestación vino repentinamente. Se creía que su hermano G. B., al que amaba especialmente, se estaba muriendo. C. T. estuvo contínuamente a su cabacera, y sentado allí, viendo mientras su hermano estaba suspenso entre vida y muerte, estos pensamientos acudieron a su mente: "¿Qué le valen toda la fama y halagos? ¿Qué vale poseer todas las riquezas del mundo cuando uno está frente a la Eternidad?" Y una voz parecía contestar, "Vanidad de vanidades, todo vanidad."

"Todas aquellas cosas (dijo) habían llegado a ser de ningún valor para mi hermano. No se ocupaba sino de leer la Biblia y agradar al Señor Jesucristo, y Dios me enseñó la misma lección. En Su amor y bondad devolvió la salud a mi hermano, y en cuanto pude ausentarme, fuí a oír al Sr. Moody. Allí el Señor se encontró conmigo una vez más y me restauró el gozo de Su salvación. Más aún, lo que fué mejor de todo es que me puso a trabajar para El y así, empecé a tratar de persuadir a mis amigos a leer el Evangelio y a hablarles individualmente acerca de sus almas.

"No puedo deciros cuánto gozo me dió traer la primera alma al Señor Jesucristo. He gustado casi todos los placeres que este mundo puede dar—supongo que no hay ninguno que yo no haya experimentado—pero puedo deciros que esos placeres fueron como nada comparados con el gozo que me dió la salvación de esa sola alma. Seguí trabajando por algún tiempo. Entonces llegó la temporada del cricket y pensé que tendría que ir a la cancha y procurar que esos hombres conocieran al Señor Jesús. Antes tenía tanto amor para el cricket como ningún hombre podría tener, pero cuando el Señor Jesús vino a mi corazón hallé que tenía algo infinitamente mejor que el cricket. Mi corazón ya no setaba en el juego; quería ganar almas para el Señor. Sabía que el cricket no perduraría, que los honores no perdurarían, que nada en este mundo perduraría, pero que valía la pena vivir para el mundo venidero. Durante esas reuniones, uno de mis amigos más sinceros llegó a conocer que sus pecados eran perdonados."

Consiguió que varios miembros del equipo internacional de cricket fueran a oír a Moody, entre ellos A. G. Steel y el capitán, Ivo Bligh. Bligh le escribió después: "Una plática de Moody llega al alma, y hace pensar más que cualquier otra que haya oído; es un hombre enteramente práctico. Espero verle a Vd. la semana próxima en el Oval[1]. No deje de hacer un buen puntaje, mi buen amigo." Años después Bligh escribió a C. T. y le dijo cómo oraba por él diariamente y que estaba confiando en el Salvador; lo mismo hizo Alan Steel. Pero de todos sus amigos jugadores de cricket, con quien mantuvo relaciones más intimas fué con A. G. Webbe, famoso jugador de Oxford e internacional.

Hubo otro también cuya vida fué transformada en esas reuniones, y cuyo nombre estaba destinado a ser un día conocido en todo el mundo: Sir Wilfredo Grenfell, de Labrador[2]. Era un estudiante de medicina en ese entonces y fué a oír a Moody. He aquí su propio relato de lo que sucedió:

"Todo eso era tan nuevo para mí que cuando un fastidioso empezó con una oración interminable quise marcharme. De pronto el que presidía, que después descubrí era D. L. Moody, dijo a la concurrencia: 'Cantemos un himno mientras nuestro hermano termina su oración.' Su sentido práctico me interesó y me quedé hasta el fin de la reunión.

"Después fuí a oír a los hermanos J. E. K. y C. T. Studd en alguna reunión subsidiaria de la campaña Moody.

[1] Una cancha de cricket en Inglaterra.
[2] Famoso misionero que trabajó entre los esquimales de Labrador, Canadá.

Eran atletas natos y sentí que podía escucharles. Jamás olvidaré aquella reunión de los hermanos Studd cuando se pidió a los concurrentes que se pusieran de pie si tenían el propósito de seguir a Cristo. Me pareció un pedido muy natural, pero me asombré de lo difícil que me resultó levantarme. Por fin un muchacho, de entre cien o más, vestido de marinero, de un barco industrial o reformatorio del río Támesis, se paró. Me pareció un acto tan notablemente valiente, pues sabía muy bien lo que significaría para él, que en seguida me hallé también de pie, y salí sintiendo que había tomado el paso decisivo y tendría que hacer algo para probarlo."

La Misión Moody se terminó.

"El Sr. Moody partió para Estados Unidos (continuó C. T.) y entonces quise saber en qué forma debía servir al Señor Jesús. Ese era mi único deseo: servir a Cristo; entonces rogué a Dios que me guiara. Pero en esto cometí otro error, pues en lugar de confiar solamente en lo que El mi indicaría, fuí a mis amigos. De este modo traté de conocer la dirección del Señor por medio del sentido común, y en vez de llegar a la luz, me hallé en tinieblas. Me puse muy intranquilo y preocupado. Mi salud se resintió y tuve que pasar una temporada en el campo para restablecerme.

"Habiendo estado tres meses ocupado en leer la Biblia y orar a Dios buscando dirección, regresé mucho mejor, pero sin saber todavía lo que debía hacer. Decidí estudiar derecho hasta que Dios me indicara. Pero cuando regresé a la capital, hallé que me era absolutamente imposible decidirme a conciencia por ningún negocio o carrera. Parecía tan enteramente inconsecuente.... Dios me había dado mucho más de lo necesario para vivir, ¿cómo podía pasar los mejores años de mi vida trabajando para mí mismo, para los honores y placeres de este mundo, mientras que miles y miles de almas estaban pereciendo cada día sin haber oído de Cristo?

"Por este tiempo llegó a mis manos un tratado escrito por un ateo. Decía lo siguiente: 'Si creyera firmemente, como afirman millones que creen, que el conocimiento y la práctica de la religión en esta vida influyen en el destino de otra, la religión significaría el todo para mí. Descartaría los placeres mundanos como escoria, las preocupaciones terrestres como insensatez, y los pensamientos y sentimientos terrenos como vanidad. La religión sería mi primer pensamiento al despertar y mi última idea antes que el sueño me sumiera en la inconsciencia. Trabajaría tan sólo en su causa. Me afanaría únicamente por el mañana de la eternidad. Estimaría que un alma ganada para el cielo vale una vida de sufrimientos. Las consecuencias terrestres nunca detendrían mi mano ni sellarían mis labios. La tierra, sus gozos y sus penas, no ocuparían por un momento mis pensamientos. Me esforzaría en considerar tan sólo a la Eternidad y a las almas inmortales a mi alrededor, que pronto estarían para siempre dichosas o eternamente infelices. Saldría al mundo y le predicaría en tiempo y fuera de tiempo, y mi texto sería: '¿QUE APROVECHARA AL HOMBRE SI GRANJEARE TODO EL MUNDO Y PIERDE SU ALMA?' Ví en seguida que esto era la vida cristiana realmente consecuente. Cuando dí una mirada retrospectiva a mi propia vida, ví cuán inconsecuente había sido. Resolví, pues, que de ahí en adelante mi vida sería consecuente y me apliqué a conocer lo que sería la voluntad de Dios para mí. Pero esta vez determiné no consultar con carne y sangre, sino sencillamente esperar que Dios me mostrara lo que debía hacer."

La visión de almas se había apoderado de C. T. y debía apoderarse aún más, pero le faltaba aprender otra lección de infinita importancia para su futura obra: con fervor solamente nunca se hace un obrero eficaz para Cristo. Debería tener *poder*. "Recibiréis poder y seréis mis testigos."

La consecuencia fue, como veremos, que cuando se aplicó definitivamente a indagar y hallar el plan de Dios para su vida, la primera contestación que Dios le dió fué una revelación de su propia necesidad; la segunda, que esta necesidad podría ser suplida recibiendo la plenitud del Espíritu Santo. En cuanto C. T. vió ésto en las Escrituras, recibió el Espíritu Santo como un niño, mediante un acto sencillo de rendición completa y fe. Entonces estuvo debidamente equipado para responder al llamado y pasar por las pruebas que siguieron. Esto vino poco tiempo después.

"Unos tres días más tarde, un gran amigo mío regresó a la capital y me invitó a ir a una reunión bíblica con él. Fuí, y cuando hubimos leído la Biblia por algún tiempo y hablado de ello entre nosotros, él dijo: '¿Habéis oído de la bendición extraordinaria que ha recibido la Sra. W?' 'No.' 'Bueno, sabéis que ha sido una consagrada obrera cristiana casi toda su vida y ha tenido bastante aflicciones y pruebas, que naturalmente, la oprimieron durante muchos años y la influenciaron en gran manera. Pero últimamente, de algún modo, Dios le ha dado una bendición tan grande que ya no le afectan más. Realmente, nada parece afligirla. Los días transcurren en perfecta paz para ella. Su vida parece que fuera del cielo sobre la tierra.' Empezamos en seguida a buscar en la Biblia para ver si Dios había prometido una bendición semejante y no demoramos mucho en hallar que, efectivamente, Dios había prometido a los creyentes una paz que sobrepuja todo entendimiento y un gozo inenarrable. Luego empezamos a examinarnos sinceramente y hallamos que no poseíamos ésto, pero deseábamos lo mejor que Dios podía darnos. Así, nos arrodillamos y le pedimos que nos diera esa bendición. Después nos separamos.

"Lo deseaba ardientemente, así que, cuando subí a mi pieza, rogué otra vez a Dios que me diera esa paz y gozo. Ese mismo día hallé el libro, *El Secreto de una Vida Cristiana Feliz*. En él se afirmaba que esa bendición es exactamente lo que Dios da a todo el que esté pronto y deseoso de recibirla. Hallé que la razón por la cual no la había recibido fue sencillamente ésta: no había dado lugar a ello, y encontré, mientras estuve allí pensando solo, que había estado reteniendo lo que pertenecía a Dios; hallé que había sido comprado al precio de la preciosa sangre del Señor Jesús y que en lugar de entregarme a El, estaba guardando mi vida para mí mismo.

"En cuanto descubrí ésto, me puse de rodillas y me rendí a Dios en las palabras del himno de consagración de Francisca Ridley Havergal:

> Que mi vida entera esté,
> Consagrada a tí, Señor.

"Hallé que el siguiente paso era tener una fe sencilla, infantil, y creer que lo que había entregado a Dios El quería tomarlo y guardarlo; ¿cuánto más, entonces, podía guardarme a mí y lo que me pertenecía en este mundo? Comprendí que mi vida había de ser una vida de fe, sencilla, infantil y que mi parte era la de confiar, no la de hacer. Debía confiar en El, y El obraría en mí para hacer Su buena voluntad. Desde entonces mi vida ha sido diferente y El me ha dado aquella paz que sobrepuja todo entendimiento, y aquel gozo inenarrable.

No fue mucho después de esto que Dios me condujo a ir a China. Nunca había pensado en salir del país antes. Había sentido que Inglaterra era bastante grande para mí. Pero ahora, mi mente parecía dirigirse constantemente hacia la obra del Señor en el extranjero. Fuí un día con mi amigo Sr. Stanley Smith a la despedida del Sr. McCarthy. ¡Jamás olvidaré la manera ferviente y solemne en que nos habló de la necesidad de obreros consagrados para predicar el Evangelio! Con todo, pensé no decidir en seguida, porque dirían que era llevado por el impulso del momento. Resolví, pues, que después de la reunión iría a pedir que Dios me dirigiera. Le rogué que me guiara por Su Palabra. Sentí que había una sola cosa que me podría detener de ir, y eso era el amor de mi madre. Pero leí ese pasaje: 'El que ama padre o madre más que a mí no es digno de mí,' después de lo cual supe cual era la voluntad de Dios, y determiné ir."

Entonces vino la prueba más grande. Encontró la mayor oposición de parte de su propia familia. Había causado una impresión bastante grande en todo el círculo familiar la conversión de su padre, pero que uno de ellos se hiciera misionero fue el colmo. Se echó mano de toda suerte de persuasión, hasta el punto de traer obreros cristianos para disuadirle; un pariente, cuyo testimonio le había sido de mucha bendición, le dijo una tarde: "Carlos, creo que estás cometiendo un gran error. Estás ausente todas las noches en las reuniones y no ves a tu madre. Yo sí la veo y esto le está quebrantando el corazón. Creo que estás equivocado." Pero a C. T. ya no se le podía mover con consejos humanos.

"Dije: 'Preguntemos a Dios. No quiero ser testarudo e ir allá por mi cuenta. Quiero hacer sencillamente la voluntad de Dios.' Me era duro que éste, que me había sido de tanta ayuda, pensase que era un error. Nos pusimos de rodillas y colocamos todo el asunto en las manos de Dios. Esa noche no pude conciliar el sueño, pero parecía como si oyese a alguien repetir estas palabras una y otra vez: 'Pídeme y te daré por heredad las gentes, y por posesión tuya los términos de la tierra.' Sabía que era la voz de Dios que me hablaba y que había recibido mis órdenes de marcha para ir a China."

Muchos dijeron que estaba cometiendo un error enorme en ir a enterrarse en el interior de China. Le hicieron ver la influencia que tendría sobre los jóvenes en Inglaterra. El diablo debe haber empleado un argumento parecido con Moisés: "Si te quedas en el palacio tendrás una gran influencia;" pero Moisés siguió el camino indicado por Dios. Renunció a todo, se fué al destierro y llegó a ser el salvador de su nación. C. T. hizo lo mismo y los frutos de ese acto, lejos de ser el ejercicio de una vaga influencia, fueron el estallido de un avivamiento del Espíritu Santo entre estudiantes, como jamás se haya visto antes o después, y que alcanzó a cada universidad en el mundo de habla inglesa. ¡Cuántos fallan en este punto! Dios llama a seguir una senda solitaria, pero "mi gente se opone." ¡Cuán pocos perseveran con sinceridad! A Dios gracias que ni aún "las lágrimas y ruegos de una madre tierna y amante" pudieron mover a C. T. En la agonía del conflicto, cuando casi vacilaba, recibió una palabra final de Dios que decidió el asunto definitivamente: estaba de pie en el andén de una estación, de noche, debajo de la luz titilante de una lámpara, y, desesperado, pidió a Dios que le diera un mensaje. Sacó su Nuevo Testamento, lo abrió y leyó: "Los enemigos del hombre serán los de su casa." Desde ese instante jamás miró atrás.

"Las cosas que para mí eran ganancia, las he estimado como pérdida por amor de Cristo" (Fil. 3:7)

LOS TRES HERMANOS JUGADORES DE CRICKET
J. E. K.   C. T.   G. B.
Capitanes del equipo de Cambridge, 1882-3-4

LOS SIETE DE CAMBRIDGE
C. T. Studd, M.Beauchamp, S. P. Smith, A. T. Polhill-Turner
D. E. Hoste, C. H. Polhill-Turner, W. W. Cassels

CAPITULO V

ESTALLA UN AVIVAMIENTO ENTRE ESTUDIANTES

Habiendo hecho la decisión, tuvo una entrevista con el Sr. Hudson Taylor, director de la Misión del Interior de China, y fué aceptado como miembro de esa organización. Su amigo, Stanley P. Smith, el primer remero del ocho de regatas de Cambridge, también había sentido el llamado y se ofreció. En pocas semanas cinco jóvenes más se les habían reunido. Alguien les bautizó con el nombre de "Los Siete de Cambridge" y al poco tiempo toda la prensa, tanto religiosa como laica, estaba difundiendo la noticia de que siete jóvenes se dirigían a la China como misioneros, incluyendo nada menos que personajes tan eminentes en el mundo atlético como un jugador internacional de cricket, dos primer remeros, uno del ocho de Cambridge y el otro de uno de los ocho de ensayo, un oficial de Dragones de la Guardia y otro de la Artillería Real. En toda la historia de las misiones, ningún grupo de voluntarios ha captado la atención popular como estos siete, y su partida dió un nuevo ímpetu a toda la causa. Su majestad la Reina Victoria se dignó recibir un folleto conteniendo sus testimonios.

Entonces empezó la bendición entre estudiantes. Studd y Stanley Smith fueron invitados a asistir a una reunión de estudiantes en Edimburgo. La invitación venía de algunas de las personalidades más eminentes de la universidad, como lo eran los profesores Enrique Drummond, Cairns, Greenfield, etc., todos ellos creyentes muy entusiastas.

La reunión había sido organizada por un grupo de estudiantes de medicina, uno de los cuales escribió:

"Resolvimos hacer la obra de Cristo en la mejor forma, cuidando todos los detalles. Con este fin pedimos a la imprenta de la universidad que imprimiera nuestros avisos en buen papel y estilo. Todos nuestros himnos fueron cuidadosamente elegidos y bien impresos; cada hoja llevaba el escudo de la universidad en relieve. Esperábamos que los estudiantes se las llevaran a casa y las guardaran. Alquilamos el Salón de Asambleas Libres, pues aguardábamos una asistencia numerosa. Decidimos que se admitiera tan sólo a estudiantes y así lo estipulamos al pie de los avisos.

"Por varios días antes de la reunión tuvimos a unos cuantos hombres con grandes carteles caminando por los alrededores de la Universidad y la Enfermería. Nos habíamos comprometido en gran escala. Nuestras oraciones fueron contestadas en mayor medida de lo que pedimos. Veinte minutos antes de la hora señalada, los jóvenes subían los escalones a la carrera, preguntando si aún había lugar (algunos de ellos, estudiantes distinguidos).

"Studd y Stanley Smith habían llegado a la hora del almuerzo y pasaron la tarde en la sala de su huésped orando hasta que obtuvieron victoria. Casi todos los caballeros invitados vinieron, y antes de entrar al Salón todos se arrodillaron en oración pidiendo la bendición de Dios. ¡Studd terminó *dando gracias a Dios por el resultado!* Mientras tanto, en el Salón, los estudiantes habían estado entonando las canciones que acostumbraban cantar antes de las clases, llevando el compás con sus bastones.

"En cuanto Studd y Stanley Smith entraron, recibieron grandes aplausos. En nuestros avisos habíamos expresado claramente que iban a China como misioneros, y nuestros estudiantes habían venido a oír lo que Studd, que había logrado los más altos puntajes de cricket en Cambridge, tenía que decir acerca de la religión. Admiraban su consagración. Una y otra vez durante sus pláticas fueron aplaudidos. Stanley Smith fué muy elocuente, pero no así Studd. Fué el hecho de su devoción a Cristo el que atrajo y el que hizo, tal vez, que C. T. causara mayor impresión. El Profesor Charteris, que presidía la reunion, anunció que si algunos querían estrecharles las manos y desearles buen éxito, podrían venir adelante enseguida de pronunciarse la bendición. Todos los presentes eran estudiantes y nos preguntábamos quienes tendrían el valor de hacerlo, pero no bien se hubo pronunciado la bendición, cuando vinieron en tropel hacia la plataforma. Se había causado una gran impresión y los estudiantes rodeaban a Studd y Smith para oír más de Cristo; una profunda ansiedad se dibujaba en los rostros de muchos. Un gran movimiento religioso había comenzado y todo evidenciaba la obra del Espíritu Santo. Muchos de esos estudiantes eran nuestros mejores hombres. Ahora nos hallábamos enfrentados con el desafío; estábamos obligados a seguir adelante; no podíamos detenernos de ninguna manera. Todos sentíamos que debíamos hacer volver a estos dos estudiantes de Cambridge antes que partieran para China. Recuerdo que el Profesor Greenfield (que era presidente de la Asociación de Estudiantes de Medicina ese año) vino a mí y me instó a que tratáramos de hacerlos volver.

Debían salir para Londres por el expreso de las 10.30. Acompañamos a Studd a pie, y cuando llegamos al andén de la Estación Daverly, hallamos que muchos estudiantes habían ido a despedirles. En cuanto vieron a Studd, hubo un clamor de "Discurso", y Studd tuvo que pararse en uno de los asientos y hablarles otra vez. Sentimos a un caballero preguntar a un changador: '¿Quiénes son estos?' El changador contesto en dialecto escocés: 'Son todos estudiante de medicina, pero han perdido el juicio.' Cuando el tren se puso en marcha, algunos corrieron hasta el extremo del andén dando ¡vivas! Así terminó la primera reunión de estudiantes."

Consintieron en volver, y entonces se arregló una reunión en el gran Salón U.P. La admisión fue limitada a estudiantes. y cuando llegó la hora, más de dos mil se habían reunido. El Profesor Charteris presidió, y muchos de los principales pastores y profesores de la universidad estaban en la plataforma. Uno de ellos, el Dr. D. A. Moxey, escribió después: "Una maravillosa obra de gracia ha empezado y continúa en nuestra universidad. El acontecimiento que ha precipitado la lluvia de bendiciones que ha caído y está cayendo en nuestro medio, es la reciente visita de dos jóvenes atletas cristianos de Cambridge, que están ahora en viaje con el propósito de predicar el evangelio a los chinos. Los estudiantes, como otros jóvenes, tienen la tendencia de considerar a otros hombres de su edad que profesan ser religiosos, como poco viriles, que no son aptos para el remo o la cancha de cricket, que sólo sirven para cantar himnos y poner caras largas. Las manos grandes y fuertes y los largos brazos del ex Capitán del ocho de Cambridge, extendidos en súplica mientras contaba elocuentemente la historia del Amor Redentor, trastornaron esa teoría. Cuando C. T. Studd, un nombre que les era tan familiar y quizás el mejor jugador aficionado de cricket en Inglaterra, complementó la plática de su compañero con tranquilas pero intensas y ardientes palabras de testimonio acerca del amor y poder de su Salvador personal, toda oposición y crítica quedaron desarmadas, y se vió a profesores y estudiantes juntos en lágrimas. Después, en la reunión de interesados, vimos el espectáculo admirable de profesores haciendo obra personal con estudiantes, y estudiantes unos con otros."

"Volvimos para tener un tiempo maravilloso (escribió C. T.). Todo el día venían hombres para entrevistas, limitadas a un cuarto de hora, que consistían en: '¿Bueno, es Vd. cristiano?' 'No.' '¿Quisiera serlo?' 'Sí.' 'Bueno, oremos entonces,' y el hombre se levantaba lleno de gozo; había obtenido la salvación. Luego se formaron grupos de estos hombres bajo buenos dirigentes, y fueron por todas las universidades de Inglaterra, Escocia e Irlanda, extendiendo el fuego.

"Cuando visitábamos los estudiantes, estábamos muy nerviosos a la perspectiva de encontrarnos con ellos, pues nunca habíamos hecho nada semejante a eso. Así que, a menudo, nos quedábamos toda la noche levantados, a veces orando y a veces durmiendo sobre la alfombra frente a la chimenea. En una casa, nuestro huésped dijo a la mañana, '¡Oh, no debían de incomodarse a hacer las camas!' "

En compañía del Sr. Reginaldo Radcliffe, Studd y Stanley Smith hicieron una gira de evangelización y visitaron muchas de las grandes ciudades. El interés demostrado fué extraordinario. Numerosos jóvenes, especialmente, vinieron a escucharles.

"Tuvimos una gran reunión en Rochdale (C. T. escribió a su madre el 28 de Enero 1885). Dicen que nunca hubo allí otra semejante. El salón estaba repleto. Después siguió una reunión muy numerosa de interesados. Fué como la explosión de una carga de dinamita entre ellos.

"(Otra vez) Noticias espléndidas de Liverpool. El fuego arde aún, y más de sesenta personas en esa sola noche confesaron a Jesucristo como su Salvador. No puedo expresar cuánto el Señor nos ha bendecido; diariamente crecemos en el conocimiento de Jesús y su maravilloso amor. ¡Qué vida diferente a mi vida anterior! Cricket, racquets y la caza no son nada comparable con este gozo sobreabundante. El descubrir tanto, no tan sólo acerca de las necesidades de los paganos, sino también de los pobres en Londres y otras grandes ciudades, ha aumentado mi horror respecto a la manera lujosa en que he estado viviendo: tantos trajes y ropa de toda clase, mientras que miles están hambrientos y pereciendo de frío; todo debe venderse cuando regrese, si no se ha hecho antes. Madre querida, de veras ruego a Dios que te muestre que es un privilegio muy grande el ceder un hijo para ser usado por El para la salvación de pobres pecadores que jamás han oído siquiera el nombre de Jesús. Dios te bendiga, madre queridísima, yo se que El lo hará y tornará tu pesar en gozo."

En Leicester se encontraron con el Sr. F. B. Meyer[1], que después escribió:

"La visita de los Sres. Stanley Smith y Studd al Salón Melbourne siempre señalará una época en mi propia existencia. Antes de eso mi vida cristiana había sido espasmódica y fluctuante: ora una llamarada de entusiasmo, ora una peregrinación larga y penosa a través de leguas de cenizas grises y carbones fríos. Ví que estos jóvenes poseían algo que yo no tenía, pero que en ellos era una fuente constante de descanso, poder y gozo. Jamás olvidaré una escena a las siete horas de una mañana brumosa de Noviembre: la débil luz del alba empezaba a titilar en el dormitorio, palideciendo la de las velas que, desde hora muy temprana, habían alumbrado las páginas de la Escritura, revelando las figuras de los fervientes estudiantes de la Biblia, que vestían las viejas chaquetas a rayas de los deportes de otros tiempos, para abrigarlos del clima húmedo y frío. La charla que tuvimos entonces fue una de las influencias formatrices de mi vida. 'Ha madrugado,' dije a Carlos Studd. 'Sí,' respondió, 'me levanté a las cuatro esta mañana. Cristo siempre sabe cuando he dormido bastante y me despierta para disfrutar de un buen tiempo con El.' Le pregunté: '¿Qué ha estado haciendo esta mañana?' 'Vd. sabe—contestó—el Señor dice: "Si me amáis, guardad mis mandamientos" así, estaba leyendo todos los mandamientos del Señor que pude hallar y marcando los que he guardado, porque en realidad le amo.' 'Bueno,' pregunté, '¿Cómo puedo ser semejante a Vd.?' Contestó: '¿Se ha entregado a Cristo, para que Cristo le colme?' 'Sí,' dije, 'lo he hecho de un modo general, pero no sé que lo haya hecho de una manera particular.' Respondió: 'Debe hacerlo de una manera particular también.' Me arrodillé esa noche y pensé que podía rendirme a Cristo con toda facilidad. Le entregué un aro de hie-

---

(1) Destacado predicador y escritor evangélico, varios de cuyos libros han sido traducidos al castellano.

—42—

rro, el aro de mi voluntad, con todas las llaves de mi vida, excepto una llavecita que retuve. El Maestro dijo: ¿Están todas aquí?' Contesté: 'Están todas allí menos una, la llave de una pequeña cámara de mi corazón de la cual tengo que conservar el dominio.' El replicó: 'Si no confías completamente en mí, no confías nada.' Traté de poner condiciones. Dije: 'Señor, consagraré todo lo demás a tí, pero no puedo vivir sin el contenido de esa cámara.' Creo que toda mi vida estaba vacilando en la balanza, y si hubiese conservado la llave de esa cámara y no confiado en Cristo, El tampoco me hubiera confiado el ministerio de su bendita Palabra. Parecía que El se alejaba de mí y yo le llamé nuevamente y dije: 'No estoy dispuesto, pero estoy dispuesto a ser hecho dispuesto.' Parecía como si El se acercara, tomara esa llave de mi mano y fuera derecho a esa cámara; yo sabía lo que encontraría allí y El lo sabía también. En el transcurso de una semana a contar de esa fecha, la había despejado completamente. ¡Pero la colmó con algo muchísimo mejor! ¡Qué necio había sido! El quería sacar las alhajas falsas para darme las verdaderas. No hizo sino quitar lo que me estaba carcomiendo la vida y dárseme a El mismo en su lugar. Desde entonces he confiado en El para guardarme; pero la completa consagración es una condición indispensable para cualquier experiencia profunda de su poder para guardar."

Las tres grandes reuniones de despedida para los Siete fueron arregladas por la Misión del Interior de China en Cambridge, Oxford y Londres. Ninguna descripción puede dar a los que no estuvieron presentes, una idea adecuada del carácter extraordinario de esas reuniones.

En Cambridge tuvo lugar una reunión que sin exagerar, será memorable en la historia de la Universidad. Los siguientes párrafos tomados de la comunicación del corresponsal de "The Record", en Cambridge constituyen el testimonio de un testigo imparcial:

"El acontecimiento más notable de esta semana en nuestro mundo religioso, ha sido, sin ninguna duda, la reunión de despedida a los misioneros para el Interior de China, en el salón grande del Guild Hall (municipalidad). Poco después de las 7.30 de la tarde, el gran salón estaba colmado de público: platea, orquesta y galería. Estuvieron presentes unas 1.200 personas por lo menos, incluyendo una proporción grande de catedráticos. El Profesor Babington presidió la reunión; este hecho fue un estimable testimonio de parte de una personalidad en el mundo científico demostrando así confianza en esa empresa espiritual. Uno después de otro hablaron los nuevos misioneros, con diferentes grados de elocuencia, pero con una hermosa unidad de sencillez. Declararon motivos y esperanzas; confesaron el nombre del Señor y sus derechos. Fue, no cabe duda, la reunión misionera más notable que se recuerda haber realizado en Cambridge."

Hasta en el sermón de la Universidad, el director de Pembroke hizo referencia al testimonio de Studd con el siguiente comentario:

"Una gran victoria es adjudicada a la fe, pues, por muy singular que parezca su conducta, ha demostrado claramente que hay poderes invisibles que mueven el corazón del hombre más poderosamente que cualquier móvil humano."

En Oxford el área enorme de la Bolsa de Cereales, el edificio más grande perteneciente al municipio, estuvo repleto. La reunión del Salón de Exeter, en Londres, fue un acontecimiento inolvidable para los que tuvieron el privilegio de asistir.

"Mucho tiempo antes de la hora en que debía comenzar, el salón estuvo tan repleto, que parecía una masa viviente de seres humanos. Cuando el Sr. Jorge Williams se adelantó a fin de presidir la reunión, la vista fué tal como quizá jamás haya sido igualada ni aún en el Salón de Exeter, con su larga lista de reuniones religiosas. A medida que cada uno tomó la palabra y relató cómo fue conducido a aceptar a Cristo como su Salvador personal y que, mediante la fe en el Señor Jesús, la religión había llegado a ser una realidad grata y viviente, el vasto auditorio fue profundamente conmovido. Probablemente jamás en la historia de las misiones ha partido un grupo tan notable a trabajar en el campo misionero. Estudiantes que recién han terminado sus estudios en la facultad y han resuelto dedicarse a la obra misionera en el extranjero, veteranos que han estado de licencia y están por regresar, a tales hemos estado acostumbrados a ver en estas ocasiones. ¿Pero cuándo se ha visto al primer remero del ocho de regatas de la Universidad, al capitán del XI (de cricket) universitario, a un oficial de la Real Artillería y a otro de los Dragones de la Guardia, parados juntos, renunciando a las carreras en las cuales ya habían logrado distinción rechazando los premios espléndidos de la ambición terrenal, despidiéndose de los círculos sociales en los cuales brillaban con un lustre no mezquino, y arrojándose a aquel combate cuyos esplendores se ven tan sólo por la fe, y cuyos galardones parecen tan insubstanciales a la visión no iluminada del común de los hombres? Fue una vista como para conmover a cualquiera, y un testimonio notable del poder de Cristo levantado para atraer a Sí, no tan sólo los débiles, los impresionables y los incultos, sino todo lo más noble en fuerza y fino en cultura."

CAPITULO VI

C. T. SE VUELVE CHINO

Los siete partieron en Febrero 1885. Tuvieron un hermoso viaje. "Cuando llegamos a bordo (escribió C. T. a su madre) había siete pasajeros de segunda clase y confiamos que ahora todos son verdaderos hijos de Dios. El caso de uno es realmente maravilloso: el hombre es capitán de un vapor indio; vino a Inglaterra hace unas semanas y ha tenido fama de mentiroso, borracho, maldecidor y blasfemo. Por supuesto, es bien conocido en todo el barco, el encargado de la máquina frigorífica dijo: 'Bueno, yo no creo en religión, conversión ni milagros, pero si el capitán se convierte, entonces creeré.' Bueno, gracias a Dios, El ha traído aún a este hombre a conocer a Jesús como su Salvador. Había anhelado el momento que llegáramos a bordo, pensando divertirse grandemente y hacer de nosotros un hazmerreír y blanco de sus burlas. Hoste empezó a hablarle el primer día y le preguntó si leía la Biblia. El contestó: 'Oh, sí, pero no creo en ella; la considero una serie de disparates.' Leía, pero solamente para burlarse; durante tres días continuó esta situación. Entonces, de alguna manera, el Señor me condujo a ir y hablarle acerca de su alma. No le había hablado antes de eso y empezó en seguida con una cantidad de argumentos de librepensadores. Supongo que habremos estado hablando durante dos horas y por una hora y media todo parecía inútil; pero el Señor me impulsó a continuar; le hablé de la felicidad que Dios me había dado y dijo: 'Bueno, debía estar agradecido, pues muchos han estado buscando eso por años y años con todo empeño y no lo han conseguido.' Le conté que la había obtenido únicamente confiando y traté de explicárselo de la manera más sencilla posible. De algún modo su oposición pareció cambiar de pronto y me abrió su corazón contándome todo acerca de su vida pasada y de las numerosas veces en que, maravillosamente, fue salvado de la muerte. Parecía ablandado y le insté a que decidiera en seguida, pero dijo que si lo hacía en ese momento sería solamente con los labios y no con el corazón. Entonces le dije: 'Bien, no lo haga, pero medítelo,' y con unas pocas palabras más le dejé. Me había dicho que dejó Inglaterra después de pelearse con todos sus conocidos y sin despedirse de su hermano ni de su madre. ¡Qué grande fue mi gozo cuando a la tarde, un marinero vino y me dijo que depués de haberle yo hablado, había bajado y escrito a su hogar pidiendo perdón! El capitán mismo dice que apenas sabe por qué lo hizo, pero que se sintió obligado a hacerlo. Después se sintió aliviado y pensó actuar de acuerdo con lo que yo le había dicho al dejarle: 'Pedir y recibir, para que su gozo fuese cumplido.' En el acto se puso de rodillas en su camarote y le dijo al Señor Jesús que había dicho haber muerto por los pecadores, que él era pecador y le pedía que le recibiera y perdonara. El Señor le oyó y contestó y ahora él se está regocijando de todo corazón. Hoste tuvo un momento de oración con él a la mañana siguiente, que remató el asunto. Ahora es tan activo para el Señor Jesús como antes lo era para el diablo. Por tres veces ha dado su testimonio públicamente. Toda su vida está cambiada y la mayor parte del día la emplea leyendo la Biblia. Es realmente hermoso; ha producido una profunda impresión en todo el barco. ¡Alabado sea Dios! Pero no tan sólo estos han sido traídos al Señor, sino también varios de los camareros, y dicen que la mayor parte de las conversaciones versan sobre estas cosas. ¡Te puedes imaginar qué cambio significa eso en una tripulación!"

¡Tres meses más tarde, y sus propias madres apenas hubieran conocido a estos siete jóvenes! De oficiales y graduados de la universidad se transformaron en chinos, con trenzas, polleras y túnicas de mangas largas, todo completo, pues, de acuerdo con los principios de la Misión, creían que la única manera de alcanzar a los chinos del interior era haciéndose uno de ellos.

Cuatro meses más y estuvieron esparcidos por el interior de China. Carlos dirigiéndose al norte a Pingyang y Tai-Yuen. Viajes larguísimos a lomo de mula, a pie y en barcaza, arrastrándose por el fango, durmiendo en sucios mesones chinos, un mes o dos pasados en esta o aquella ciudad del interior, esforzándose por aprender el idioma, y sobre todo, muchos días y horas pasados en íntima comunión con Dios y su Palabra: tales fueron sus primeros dieciocho meses de exploración en China. La lección principal que aprendió durante este período fue la de hacerse un hombre de un solo Libro. Desde este tiempo en adelante vino a ser la norma de su vida leer la Biblia casi a exclusión de cualquier otro libro. La marcaba copiosamente y la recibía en la actitud de un niñito: dependiendo sencillamente en el Espíritu Santo para entenderla. De esta manera, viviendo en comunión directa con Dios por medio del Espíritu y la Palabra, jamás sintió la necesidad de Convenciones u otra ayuda humana, para sostener y guiar su vida espiritual. Había aprendido el secreto de caminar solo con Dios.

Algunos párrafos de sus cartas a su madre dan una idea de sus experiencias. Es notable el gozo que sentía bajo condiciones que significaron un contraste absoluto a las comodidades que le habían rodeado en su hermoso hogar.

"Shanghai, Abril 1, 1885. Toda la ciudad ha estado hablando de las reuniones aquí; realmente el Señor la ha trastornado. La conversión del Capellán de la Catedral y su testimonio, ha sido verdaderamente la explosión de una gran carga de dinamita espiritual. El manifestó públicamente: 'Anoche, si el Señor hubiera venido, yo hubiera sido un alma perdida; pero si el Señor viene esta noche, seré un alma salvada.'

Fué con los dos Polhill-Turner a Hanchung, una distancia de unos 3.000 kilómetros por los ríos Yangtse y Han, para lo cual pusieron tres meses.

"Me he estado riendo todo el día de nuestra apariencia grotesca. Stanley, Monty (Beauchamp), y A. P. T. (Arturo Polhill-Turner) han sido transformados en chinos; nos pusimos la vestimenta esta mañana y fuimos rasados y provistos de trenzas; los otros tres, pese a los consejos contrarios, se afeitaron los bigotes; los hace aparecer tan raros, . . . no puedo menos que reirme a carcajadas siempre que los veo. Monty, Stanley y yo resultamos chinos gigantescos; nos hace muy conspicuos, pues los chinos son de baja estatura. Stanley resulta el mejor chino. Monty es demasiado colorado de cara y le hace parecer muy cómico."

"Hankow, Abril 22. Nuestro barco está amarrado junto a muchísimos otros, así que estamos bastante apiñados. Quisiera que pudieras vernos sentados aquí. El interior de nuestra barcaza consiste en tres piezas, dos para dormir y una para estar de día. Los camarotes miden m. 1.80 de largo por m. 1.20 de ancho y m. 1.65 de alto. Son muy cómodos. Sin duda, uno no lo habría pensado así hace algún tiempo, pero ahora parecen hasta lujosos. Este será (D. M.) nuestro hogar por unos tres meses y como tenemos un maestro chino a bordo, que no puede hablar una palabra de inglés, esperamos estar bien adelantados en el idioma para cuando lleguemos a Hanchung. Es muy penoso no poder hablar una sola palabra; pero ¡Oh, qué gozo será cuando se obtenga el primer convertido!"

"Abril 23. Esta es la primera caminata que he hecho en ropa china, con lo que se asemeja algo a comodidad, pues los pies chinos son pequeños, mientras que, como sabes, los míos son grandes, y no podía conseguir un par de zapatos para mi medida. El primer zapatero que se hizo venir dijo que nunca había hecho un par como yo quería y huyó de la casa, rehusándose terminantemente a emprender una obra tan grande. Se consiguió otro; pero cuando él los trajo dijo que había hecho muchos, pero muchísimos, pares de zapatos durante muchos años, pero jamás había hecho un par como éstos. Mis pies causan mucha gracia a la gente; en las calles, a menudo, los chinos los señalan y se ríen de buena gana. "Hace muchísmo calor, pero es muy agradable. Esta ropa es especial para el calor. Ahora estoy sentado, escribiéndote, vistiendo solamente un piyama blanco de algodón, sumamente holgado de todos lados, y una camisa china muy liviana, también blanca. Cuando salimos a caminar nos ponemos un vestido delgado de algodón azul, algo parecido a un camisón, con mangas largas y sueltas. Verdaderamente uno ve la conveniencia de traer lo menos posible aquí y usar solamente la ropa del país."

"Mayo 26. (Escribe a sus hermanos menores, Reginaldo y Heriberto, en el colegio de Eton.) Fuimos invadidos por ratas: durante la noche nos llevaban los calcetines, roían los cordones de nuestras polainas y nos quitaban el papel secante, colocándolo todo en sus nidos en el fondo de la barcaza. Nos causaron mucha molestia; así, pensamos colocarles trampas, pero al fin decidimos no hacer eso, sino sencillamente, pedir a Dios que nos librara de la plaga. Desde entonces no nos han molestado más.

"... no digo que no practiquen cricket u otros juegos; jueguen y disfruten dando gracias a Jesús por ello. Solamente, tengan cuidado que los juegos no lleguen a ser ídolos para vosotros como lo fueron para mí. ¿Qué le valdrá a uno en el mundo venidero el haber sido aún el mejor jugador que haya habido jamás? Luego pensad en la diferencia entre eso y ganar almas para Jesús. ¡Oh! si nunca habéis disfrutado del gozo de conducir un alma a Jesús, id y pedid a vuestro Padre que os permita hacerlo y luego sabréis lo que es el gozo real y verdadero. El tiempo es muy corto y debemos aprovecharlo para rescatar almas del infierno, pues no habrá obra de rescate en el cielo. . . . He escrito seriamente porque conozco el gozo que hay en Jesús y porque conozco bien las numerosas tentaciones a las cuales estáis expuestos en la vida de colegio secundario."

De Hanchung partió hacia el norte en un viaje por tierra que duraría varias semanas. Su destino era Pingyang-fu, donde debía encontrarse con el Sr. Hudson Taylor. Fue un rudo viaje durante el cual demostró una fortaleza maravillosa a través de gran sufrimiento.

"Dormimos muy cómodamente sobre las tablas desnudas, pues hacía calor. Me levanté a las 2 para leer a la luz de una vela, y apronté todo a las 3.30 para salir a las 4. Tuvimos dos lindos baños en el pequeño río, junto a la barranca durante el día.

Mis pies estaban muy lastimados. "Al día siguiente estaban tan mal que tuve que dejar los botines y ponerme sandalias; los 50 kilómetros que caminamos no fueron muy agradables: mi piel no era dura como la de los 'coolíes,[1] la paja y correas me martirizaban y a cada paso me cortaban más profundamente. La siguiente jornada fué, naturalmente, peor, y después de hacer 20 kilómetros, tuve que quitarme las sandalias e ir descalzo. Cuando llegamos, mis pies estaban en un estado terrible, ¡siete llagas en los dos pies! pero, alabado sea Dios, hizo que uno apreciara mucho más el descanso al acostarse. Generalmente caminamos unos 13 kilómetros antes del desayuno, luego nos detenemos en un almacén abierto, mejor dicho, restauranté chino, que consiste en

(1) Jornalero chino.

una choza con mesas, bancos y el fogón, donde conseguimos algo de arroz. ¡Oh, cómo disfrutamos de nuestras comidas en el camino! Ahora me he hecho un perfecto chino y me gusta el arroz muchísimo; realmente prefiero la comida china a la extranjera.

El sábado mis compañeros, dos colportores, que ansiaban hacer el viaje rápidamente, estaban empeñados en caminar 66 kilómetros. Esto no era una perspectiva muy halagüeña para mí, con mis pobres pies. Querían conseguirme un caballo, pero no pudieron. Estaba tan mal que parecía imposible hacer semejante distancia, pero el Señor lo hizo posible; ¿Cómo? no lo sé; sé que fué sumamente penoso, y naturalmente mis pies se empeoraron. Al día siguiente 63 kilómetros. ¡Uf! Cada paso fué como si me hincaran un cuchillo, pero sentí más cerca que nunca la presencia del Señor durante todo el trayecto. Estuve la mayor parte del tiempo solo, especialmente el último día, pues no pude mantenerme a la par de los otros. Pero verdaderamente doy gracias por todo, pues El me ha enseñado muchas, muchas lecciones por este sufrimiento. Uno se sentía desbordando de alabanza y admiración de la manera en que el Señor había hecho posible que llegara."

"Singan. Oct. 9. Sé que estarás ansiosa de saber cómo está mi pie, así te contaré cómo mejoró. Aunque descansé, no se compuso, se hinchó y supuró bastante. Así que le pedí a Hogg si quería ungirme con aceite en nombre del Señor (Sant. 5:14, 15), pues tenía fe en que El sanaría mi pie. Vaciló al principio, pero leímos Santiago 5 juntos y oramos al respecto, luego dijo que no podía ver ninguna razón en contra y lo hizo. Desde entonces mi pie ha mejorado rápidamente. Al otro día, con fe, lo consideré como que estuviera bien (aunque no lo parecía, por cierto), y caminé bastante. Estuvo menos hinchado a la noche. He continuado haciendo 33 kilómetros por día desde entonces, con el resultado que el pie se ha deshinchado completamente, está tan bien como el sano y no supura más. Alabo al Señor de todo corazón por ésto."

"Pingyang. Nov. 3. ¡Oh! Mamá, no puedo describir el ansia que tengo de hablar a estas pobres almas acerca de Jesús. . . .

"Acabamos de tener una charla acerca de las penalidades chinas y queremos saber dónde están pues no las podemos hallar, son un mito. Esta es realmente la mejor vida, sana y buena: bastante para comer y beber, saludables camas duras, y hermoso aire fresco ¿Qué más puede desear un hombre?"

"Pingyang. Feb. 7, 1886. (Primera referencia a uno de los grandes secretos de su vida: las horas de la madrugada con Dios). El Señor es muy bueno y todas las mañanas me da una gran dosis de Champaña Espiritual que me tonifica para el día y la noche. Ultimamente he tenido unos tiempos realmente gloriosos. Generalmente me despierto a eso de las 3.30 y me siento bien despejado, así, tengo un buen rato de lectura, etc., luego, antes de comenzar las tareas del día, vuelvo a dormir por una hora. Hallo que lo que leo entonces queda estampado indeleblemente en mi mente durante todo el día; es la hora más quieta; ningún movimiento ni ruido se oye, sólo Dios. Si pierdo esta hora me siento como Sansón rapado y perdiendo así su fuerza. Cada día veo mejor cuánto más tengo que aprender del Señor. Quiero ser un obrero aprobado, no como si fuera simplemente "pasar de grado." ¡Oh! ¡Cómo desearía haber dedicado mi temprana juventud, toda mi vida, a Dios y su Palabra! ¡Cuánto he perdido en esos años por agradar a mi mismo corriendo tras los honores y placeres de este mundo!

"¡Qué vida desarrolla el Espíritu en nosotros cuando nos posee! Por otra parte, es muy sencillo: nada más que recordar 'Con Cristo *he sido* crucificado', estoy muerto. 'Ya no vivo yo, mas vive Cristo en mí.'¹ Mi parte es simplemente *dejar* que él viva en mí."

"Mayo 8. (Durante algunos meses pasados solo en Chin-Wu, donde había ido para mantener abierta la estación misionera, oportunidad que él aceptó gustoso para estar absolutamente solo con los chinos). Mi camino ha sido obstruído con el propósito de darme esta temporada de "luna de miel" con el Señor; es el lugar más tranquilo y fresco que uno puede desear. Mi reloj se descompuso en el camino y lo envié a la costa, así aquí estoy viviendo sin cuidarme de las horas, siendo el sol mi único reloj. No tengo la menor idea de la hora en que me levanto y desayuno, solamente sé que lo primero es a eso de la salida del sol, que aquí es temprano. Tenemos oración en chino después del desayuno, luego leo durante tres o cuatro horas con el evangelista hasta la hora de comer, después dejo por una hora para un poco de lectura en inglés, 'The Christian'² o la Biblia generalmente; luego estudio otra vez hasta una hora antes de la puesta del sol, cuando salgo con tratados, Evangelios y mi Biblia, y doy un paseo por el campo. Por lo general consigo una o dos conversaciones con chinos. Este también es mi tiempo de canto. Luego tomo una 'tajada' del asado (la Biblia) antes de regresar. Después del té, 'Viernes'³ (mi cocinero) y yo leemos un pasaje juntos; más tarde tengo algo de lectura por mi cuenta y quizás una 'tajada' o dos de chino y así, declarando Su fidelidad todas las noches, me acuesto alegremente sobre mi tabla de dormir. Tengo que restringir el excesivo celo de Viernes en cocinar. Parece cree que yo debiera ser servido como el más distinguido Mandarín⁴. Vivo regiamente. Mi comida cuesta hasta cua-

---

(¹) Gálatas 2:20 (Versión Hispano Americana).
(²) "El Cristiano", revista evangélica inglesa.
(³) El criado de Robinson Crusoe.
(⁴) Distinguido funcionario chino.

tro peniques por día. Viernes es muy curioso y si no como mucho en el desayuno, se da cuenta en seguida y para mediodía cocina tres tazones de arroz en vez de dos."

En Julio fué nuevamente a Tai-Yuen para una conferencia:

"Paraba con el Sr. Adamson de la Sociedad Bíblica; Cassels estaba allí también. Adamson se enfermó de lo que se creía fuese fiebre tifus. Naturalmente, tanto el amado Cassels como yo, estuvimos muy deseosos de cuidarlo, pero finalmente, no sin dificultad, yo triunfé y Cassels se marchó a otra casa. Al día siguiente se halló que no era tifus sino viruela. Entonces Monty reclamó el privilegio de cuidarlo, pero te puedes imaginar que yo estuve indignado y rehusé moverme. Sin embargo, pareció mejor que otro viniese a ayudar, así que Monty se reunió conmigo. No puedo describir esos días; fué un trabajo algo difícil pues la servidumbre nos causó contínua molestia. Todo lo que él necesitaba lo preparábamos nosotros; a ningún sirviente se le permitió acercarse a su pieza. El Señor puede capacitarnos para todas las circunstancias, y así, pronto aprendimos el oficio ¡Alabado sea Dios! Las sensibilidades fueron completamente anuladas, de modo que pudimos hacer lo que ordinariamente serían las cosas más repugnantes con tan poco asco como sonarse la nariz."

"Agosto. (Desde Tai-Yuen viajó con el Sr. Hudson Taylor hasta Hangchung). En cuanto arribamos a Tang-chung supimos de los motines en Szchuan y que los extanjeros habían tenido que poner sus vidas a salvo huyendo de Chungking, mientras que las casas habían sido destruídas. El Sr. Taylor preguntó si habría voluntarios para ir a Szchuan, y tuvo el resultado esperado: todos se ofrecieron. Entonces se arregló que yo fuese con Phelps a reocupar el lugar.

"Tres días después llegamos a Pauling; los mesoneros no nos quisieron recibir porque habían oído de los disturbios

de Chungking y tuvieron temor de albergar a extranjeros.
Así, esa noche dormimos en un pieza sin ventanas; uno de los
costados del cuarto estaba junto al chiquero de los cerdos y la
única separación la constituía un tabique de tablas delgadas.
Al otro día pudimos conseguir alojamiento en una pequeña
fonda en otra parte de la ciudad. Este lugar tenía una ventana,
es cierto, pero los olores eran aún peores que antes; a media
noche me levanté y empecé una batalla campal con unos centenares de... (rima con pinches) y cacé veinticinco yuntas,
sin batidores ni perros ¡No tan malo para una hora de caza!

"Al fin llegamos a Chungking, y cuando nos vió el cónsul,
fué como si hubiera visto dos fantasmas, '¿Pero cómo pudieron
llegar aquí?'—dijo—'Hay guardas en cada puerta de la ciudad
para impedir que entren "diablos extranjeros" '. Dijimos que
Dios nos había hecho entrar y le explicamos para qué habíamos venido, entonces respondió: 'No, no pueden quedar aquí,
les puedo dar un pasaporte para subir o bajar el río pero a
ningún extranjero se le permite estar aquí, excepto a mí.
Yo protesté contra eso y después de escuchar en silencio,
dijo: 'Si quisieran quedarse en esa choza allí, pueden, pero
no hay lugar sino para uno.' Entonces empezamos a discutir cuál quedaría. Mi amigo estaba por casarse y yo no, pero
él quería quedar. Finalmente el cónsul nos convidó a cenar
y mientras comíamos se volvió hacia mí y dijo: 'Studd
¿quiere quedarse conmigo?' Eso decidió el asunto. No supe
hasta algún tiempo después por qué Dios me había enviado
a ese lugar."

"Teniendo por mayores riquezas el vituperio de Cristo que los tesoros de los Egipcios" (Heb. 11:26).

"TEDWORTH HOUSE", CONDADO DE WILTSHIRE, HOGAR C. T. EN SU JUVENTUD
(En ángulo: C. T. en el corazón de Africa en años posteriores)

CAPITULO VII

REGALA UNA FORTUNA

Antes que C. T. saliera de Inglaterra, tuvo una entrevista particular con el Sr. Hudson Taylor. Por el testamento de su padre debía heredar una gran suma de dinero cuando cumpliese los veinticinco años, pero la lectura sencilla de las Escrituras lo había hecho llegar a definitivas y trascendentales conclusiones al respecto. Las palabras de Cristo: "Vended lo que poseéis y dad limosna," y "No os hagáis tesoros en la tierra"; el ejemplo de la Iglesia Primitiva en Pentecostés, de quien se dice: "Todos los que creían . . . vendían las posesiones y las haciendas, y repartíanlas a todos, como cada uno había menester"; y finalmente, la historia del joven rico a quien Jesús dijo: "Una cosa te falta: ve, vende todo lo que tienes, y dalo a los pobres, y tendrás tesoro en el cielo; y ven, toma tu cruz y sígueme", le parecían tan obligatorias para él como discípulo de Cristo en los tiempos actuales, como para aquellos a quienes fueron dichas. Por lo tanto, a la luz de la Palabra de Dios, resolvió dar su fortuna entera a Cristo y tomar la hermosa oportunidad que se le ofrecía de hacer lo que el joven rico no quiso. No fue una decisión apresurada, pues el Sr. Taylor le hizo ver que no heredaba en realidad hasta dos años después y que, por lo tanto, podría postergar la decisión final hasta entonces. Pero en C. T. esto no era cuestión de sentimientos o emociones, ni de alguna especial dirección sobrenatural que el tiempo podría alterar: era sencillamente obediencia a las claras palabras del Señor.

Pasaron los dos años y su vigésimo quinto cumpleaños le halló solo en Chungking.

"Un día (escribió) cuando estaba leyendo la armonía de

los Evangelios, llegué al lugar donde Cristo habló con el joven
rico. El Señor parecía recordarme en ese momento todos los
votos que había hecho. Algunos días después, el correo, que
llegaba solamente cada quincena, trajo cartas del abogado y
banquero diciéndome lo que había heredado. Entonces Dios me
hizo sencillamente sincero y me dijo lo que debía hacer;
sólo en ese momento supe por qué había sido enviado a Chungking: tenía que extender documentos otorgando
el respectivo poder, y para eso necesitaba la firma de un funcionario del gobierno inglés. Fuí al Cónsul, pero cuando vió
el documento dijo: 'No lo firmaré.' Finalmente decidió darme
quince días para meditarlo y luego, si todavía lo deseaba,
firmaría. Al cabo de dos semanas lo llevé nuevamente, lo
firmó y fue despachado. Dios ha prometido dar cien tantos
por todo lo que damos a El. Cien tantos es un interés maravilloso: es el 10.000 por ciento."

Por lo que podía juzgar, su herencia importaba £29.000
(veintinueve mil libras esterlinas), pero a fin de dejar un
margen para cubrir posibles errores, resolvió empezar do-
nando £25.000. Un día memorable, el 13 de Enero 1887,
despachó cuatro cheques de £5.000 cada uno y cinco de £1.000.
Tan tranquilo y deliberadamente como un hombre de negocios coloca dinero en títulos de confianza por ser seguros y
rendir buen interés, así C. T. invirtió su fortuna en el Banco
del Cielo. Esto no era ninguna zambullida de tonto de su
parte: fue su testimonio público ante Dios y los hombres que
creía en la Palabra de Dios como la cosa más segura del mundo y que los cien tantos que Dios ha prometido en esta vida,
para no hablar de la venidera, constituyen un hecho real y
efectivo para todos los que lo creen y obran de acuerdo con
ello.

Envió £5.000 al Sr. Moody, expresando la esperanza que
pudiese iniciar alguna obra de evangelización en Tirhoot,
Norte de la India, donde su padre había hecho la fortuna.

Moody esperaba realizar esto, pero no le fue posible, y en su lugar empleó el dinero para iniciar el famoso Instituto Bíblico de Chicago, y escribió: "Haré lo mejor después de eso: abriré con ello un Colegio Teológico de donde saldrán hombres y mujeres a todas partes del mundo a evangelizar." Envió £5.000 al Sr. Jorge Müller, £4.000 para ser usado en obra misionera y £1.000 para los huérfanos y £5.000 a Jorge Holland, en Whitechapel[1], "para ser empleado para el Señor entre sus pobres de Londres," pidiendo que el recibo fuese extendido a nombre de su padre, para quien el Sr. Holland había sido una gran ayuda espiritual; otras £5.000 al Comisionado Booth Tucker para el Ejército de Salvación en India—este dinero llegó justamente después que hubieran tenido una noche de oración para muy necesitados refuerzos. Fue empleado para enviar un grupo de cincuenta oficiales nuevos.

A la Srta. McPherson para su obra en Londres, a la Srta. Elena Smyly en Dublin, al General Booth del Ejército de Salvación, al Rev. Archibaldo Brown en el Este[2] de Londres, y al Hogar del Dr. Barnardo les envió £1.000 para cada uno.

En unos meses pudo saber el monto exacto de su herencia. Entonces donó unos miles más, principalmente a la Misión del Interior de China, dejando aún £3.400 en su poder. Los capítulos siguientes cuentan de su compromiso y enlace. Poco antes del casamiento dió este dinero a su novia. Ella, para no ser menos, dijo: "Carlos, ¿Qué dijo el Señor al joven rico que hiciera?" "Vende todo." "Bueno, entonces, empezaremos bien con el Señor en nuestro casamiento." Luego escribieron la siguiente carta al General Booth:

Julio 3, 1888.

"Estimado General: Sentimos mucho saber por el último

---

(1) Un barrio pobre de Londres.
(2) La parte más pobre de Londres.

correo de la grave enfermedad de la Sra. Booth. No puedo expresarle cuántas veces el Señor me ha bendecido por la lectura de las meditaciones suyas y de la Sra. Booth en el 'Grito de Guerra'[1] y en sus libros. "Ahora queremos incluir un cheque £1.500. Las otras £500 han ido al Comisionado Tucker para su regalo de casamiento. Además de ésto, estoy dando orden a nuestros banqueros, Sres. Coutts y Cía., que vendan nuestra última inversión terrestre de £1.400 en Consolidados y envíen el importe a Vd. De aquí adelante nuestro banco será el cielo. Tenemos algún temor—a pesar de la gran seguridad terrestre de los Sres. Coutts y Cía. y el Banco de Inglaterra—que los dos sean declarados en quiebra en el Día del Juicio Final. Hemos tomado este paso no sin referencia directa a la Palabra de Dios y al mandamiento del Señor Jesús, que dijo: 'Vended lo que poseéis y dad limosna; hacéos bolsas que no se envejecen.' Y también dijo: 'Si me amáis, guardad mis mandamientos.' Y otra vez: 'El que dice: "Yo le he conocido," y no guarda sus mandamientos, el tal es *mentiroso*.'

"Hemos sentido la dirección del Espíritu en lo que estamos haciendo después de preguntarnos por mucho tiempo a quién lo daríamos. Además, hemos sentido que de este modo alcanzaremos mejor a la gente, siendo ésta la manera del Señor Jesús de venir a predicar salvación. ¡Aleluya! También podemos dar gracias a Dios que por su gracia no hemos hecho ésto constreñidos, sino de buen grado, de ánimo pronto y corazón dispuesto. Alabado sea el Señor. Amén.

"Damos gracias a Dios también que ahora, en cuanto a Inglaterra, nos hallamos en esa posición orgullosa: 'No tengo plata ni oro.' Pero no queremos ser como Ananías y Safira, le decimos francamente que tenemos una pequeña suma aquí, yo mismo no sé cuánto es en este momento.

---

(1) **Organo oficial del Ejército de Salvación en Inglaterra.**

"Ahora ésto no viene de mí, pues se me dijo que la Biblia afirma: 'Si alguno no tiene cuidado . . . de los de su casa, ha negado la fe, y es peor que un infiel'[1]. Así que tomé toda la botija y se la dí a mi mujercita para que proveyese a la casa; por lo tanto, ahora es ella la que envía este dinero, considerando que el cielo es el banco más seguro y el que está más a mano; no hay que molestarse con cheques ni tipos de cambio, sino tan sólo, 'Pedir y recibir, para que vuestro gozo sea cumplido.'

"Ahora, adiós, amado General, que el Señor le mantenga dirigiendo en esta guerra por muchos, muchos años, y a la querida Sra. Booth también. Oramos juntos, de todo corazón, que Dios bendiga a todos los vuestros, tanto en vuestra familia íntima y más pequeña, como en la exterior y más grande. Ahora queda un solo mandamiento más del Señor Jesús que debemos cumplir, y es éste: 'Cuando tú haces limosna, no sepa tu izquierda lo que hace tu derecha, para que sea tu limosna en secreto.'[2] De manera que, en el caso que ese voraz amigo vuestro, 'El Grito de Guerra', se apoderara de éste documento y lo expusiera a la vista del público, quisiéramos firmar: afectuosamente, lo sabemos, y volviéndonos humildes, lo esperamos, dos que quisieran ser soldados de Jesucristo.

'Mi Esposa y Yo.'

P.D. — Sírvase también anotar la suscripción como viniendo de 'Ve, y haz tú lo mismo.' "

Los lectores podrán ir viendo por sí mismos la fidelidad de Dios para con esta joven pareja durante los cuarenta y un años de su vida matrimonial, cómo cumplió las promesas de las cuales ellos habían cumplido las condiciones, y no tan sólo en ellos mismo, sino también en sus hijas y en la obra de sus

---

(1) 1 Tim. 5:8.
(2) Mat. 6:3, 4.

manos; y podrán aprender de nuevo a través de evidencias contemporáneas, la lección "Bendito el varón que confía en Jehová".[1] Tan sólo la eternidad revelará cuántos hayan sido despertados a enfrentarse con el verdadero significado del discipulado por el ejemplo de este "joven rico" del siglo veinte que dejó todo y Le siguió.

---

(1) Jer. 17:7.

CAPITULO VIII

UNA JOVEN IRLANDESA Y UN SUEÑO

Priscilla Livingstone Stewart llegó a Shanghai en 1887, una de un gran grupo de obreros nuevos. Era irlandesa, de Lisburn, cerca de Belfast: irlandesa en apariencia, con ojos azules, hermosa tez y cabello dorado, e irlandesa en espíritu. Hacía tan sólo dieciocho meses que se había convertido. Joven sana y audaz, la vida del hogar le había dado la impresión de que la religión era un asunto carilargo y, pensando que no tenía nada para ella, se había lanzado a todas las diversiones de su ambiente. Pero Cristo la cautivó. Y desde el día que vió la visión del Hombre del Calvario y oyó su voz diciéndole: "Por mi llaga fuiste *tú* curada," le brindó toda su lealtad y nada la detuvo de dar testimonio de Cristo.

"Solía ir a las reuniones del Ejército de Salvación (dijo). Caminé en sus procesiones, y le diré que valía la pena en esos días; nos arrojaban zapatos viejos, madera, piedras, naranjas y huevos podridos. Ninguna de mis amistades me reconocían en la calle, y todos los jóvenes que me profesaban afecto caminaban por otro lado."

Ella misma cuenta cómo sucedió:

"Soy una misionera ahora, pero no me crié así. Si me hubierais invitado a una reunión religiosa cuando era muchacha, hubiera dicho: 'No, gracias, nada de vuestra religión es para mí'; pues mi idea de una persona que amaba a Dios era tener una cara larga como una cafetera, y decía: '¡Tengo un corazón joven y alegre y no quiero volverme miserable o tener una cara tan larga como un violín!'

"Así que hasta cerca de los veinte años mantuve esta actitud, no sólo de oposición cuando se me hablaba de estas cosas,

—65—

pero también muchas veces me mofaba y burlaba diciendo: 'Nunca serviré a Dios; jamás amaré a Jesús ni le diré Señor ni Maestro.' Pero lo que sucedió es una buena ilustración de 'El hombre propone, pero Dios dispone.'

"Era invierno y había asistido a varios bailes íntimos, y por fin llegó el día, que es siempre un día memorable en la vida de toda joven: ¡debía asistir a un baile de etiqueta! Lo que menos pensé fué que sería mi primer y último baile de ceremonia! Me divertí mucho, bailando cada pieza, etc. ¡Fué una fiesta magnífica! Llegamos a casa a las cuatro de la madrugada. Me acosté y dormí, pero con un sueño intranquilo, pues tuve una horrible pesadilla.

"La primera vez que me desperté traté de ahogar mi conciencia diciendo: '¡Oh, no es nada más que un sueño...! Me volví a dormir, para despertarme con la misma sensación; la tercera vez mi conciencia no pudo ser acallada, de manera que me levanté determinada a ahogar semejantes tonteras en las reminiscencias y risas de la hora del desayuno con mis primas. Pero las punzadas de la conciencia no se alivian tan fácilmente. Durante tres meses esta pesadilla me preocupó, puesto que me convencí que había visto el fin de mi existencia.

"Había soñado que estaba jugando al tenis, cuando súbitamente yo y los que jugaban conmigo nos vimos rodeados de una multitud de personas, y, mientras contemplamos maravillados, Uno se irguió sobre toda la muchedumbre y al hacerlo, yo sola exclamé. '¡Pero, es el Hijo de Dios!' Mirando y señalándome directamente, le oí decir con toda claridad, 'Apártate de mí, pues nunca te conocí.' La muchedumbre parecía disolverse como una nube, y nosotros fuimos dejados solos en esa cancha de tenis. Miré a mis amigos y viendo su expresión de horror, me volví hacia mi amiga íntima y dije: '¡No importa, todos iremos juntos!'

"Me había endurecido tanto que no me importaba, aunque sabía y creía que estas palabras significaban que estaba separada de Dios para siempre. Pero a medida que pasaron los días, el pensamiento que en alguna parte de la Biblia decía: 'Podrá ser a la tarde, o a la media noche, o al canto del gallo que Jesús vendrá otra vez' se fijó en mi mente, y al llegar cada una de estas horas me preguntaba: '¿Y si viene, qué será de mí?'

"Al fin de tres meses estaba en casa de una señora que se había convertido recientemente. Una noche me estaba contando algunas historias notables de tragedias y acontecimientos en su familia. Dijo que su madre, que fué una mujer extraordinaria, había sido con frecuencia preparada para las pruebas inminentes por medio de visiones o sueños enviados por Dios. Repliqué: 'Dios no tiene nada que ver con los sueños. Se lo puedo probar: si he estado estudiando demás, cuando me acuesto, mi cerebro estando cansado, sigue trabajando y sueño con mis estudios; si como cosas que no me sientan bien, trastornan mi digestión y cuando duermo... sueño'; luego me hallé tratando de convencerla de mis teorías contándole que después del baile padecí una horrible pesadilla, y, a pesar mío, me atreví por primera vez a relatar el sueño a otra persona. Mientras lo hacía, la miré y súbitamente volví en mí y me pregunté qué estaba haciendo al hacer semejante confesión, pues ella me observaba consternada. Para desviar lo que veía venir, me reí y dije: 'Pues bien, Dios no tuvo nada que ver con ese sueño. Fué el resultado de una cena de champaña y langosta y de estar dando vueltas a un salón de baile toda la noche.'

"Pero mi amiga exclamó: 'Oh, hija, si alguien ha tenido alguna vez una advertencia de Dios, eres tú; dale tu corazón y nada jamás turbará la paz que El te dará.' No era consciente de desear nada semejante, pero contrariamente a mi acostumbrada actitud, en vez de burlarme de tales palabras, me hallé de rodillas diciendo: 'Nunca me he decidido para Dios, pero lo haré esta noche.' Entonces me dí cuenta que conocía al diablo como una persona, pues parecía realmente venir a mi lado, atormentándome al traer a mi mente todas las veces que me había mofado y burlado y dicho que nunca amaría a Dios, ni le obedecería. Después de algún tiempo, una influencia más benigna parecía cubrirme y una voz ¡oh, tan diferente! preguntó: 'Hija, ¿qué deseas?' 'Allegarme a Dios, pero no puedo', pues parecía de veras que existía un gran abismo y que yo, como Bunyan, estaba cargando un peso tan grande que no podía moverme. De pronto, bien cerca de mí se levantó la Cruz con Cristo Jesús clavado en ella y con la corona de espinas en sus sienes. Ví claramente las heridas y el costado traspasado y ví manar la sangre. En seguida me vinieron las palabras, exactamente como vinieron a muchas mujeres paganas que enseñé después: '¿Por qué estuviste allí?' E inmediatamente una voz respondió: 'Por mi llaga fuiste curada.' La visión de la Cruz desapareció, mi carga también y me levanté. Mis amigas me dijeron: 'Bueno, ¿qué ha de ser?' Dije: 'He visto el Calvario y de aquí en adelante El será mi Señor y mi Dios.'

"Lo que yo había dicho que jamás acontecería, se había realizado."

Poco después de su conversión se dió a Cristo para su servicio, y un día, al abrir la Biblia buscando dirección, vió en el margen del Libro, escrito en letras de luz: "China, India, Africa." Estas palabras proféticas debían cumplirse literalmente.

Carlos Studd nunca había oído de tal persona como Priscilla Stewart cuando llegó a Shanghai, más o menos al mismo tiempo que ella. Había venido a la costa por otra razón.

"En Abril vine a la costa a Shanghai. Mi obra en el oeste había terminado y mi camino parecía dirigirse otra vez hacia el norte de China. Oí que mi hermano G. B., estaría en

Shanghai por el tiempo en que yo llegaría alli. Arribé unos quince días antes que él. No había para mí oportunidad de hacer trabajo en chino en Shanghai, pues el idioma era enteramente distinto al que teníamos en el norte y el oeste, así que ocupé mi tiempo con los marineros. Algunos buques de la armada británica estaban en el puerto y había un Hogar para Marineros en donde celebramos reuniones todas las noches, siendo cada día más animadas.

"Al llegar a Shanghai hallé a algunas damas: la superintendente del Hogar y la Srta. Black, una persona muy simpática. Luego estaba el Sr. Stevenson, sub-director, un verdadero padre para todo el mundo, y, finalmente, una señorita—oí decir que no podía ir al interior por ahora pues estaba enferma del corazón. Después de unos días, el Sr. Stevenson me preguntó mi opinión respecto a ella. Contesté que me parecía que la misma vida se le había consumido y nunca podría aguantar la vida en el interior. Parecía que le costaba un verdadero esfuerzo subir las escaleras. Más adelante, como se verá, mi impresión acerca de ella cambió. Una noche se aventuró a venir a la reunión para los soldados. Vino otra vez y luego parecía tornarse en una criatura nueva llegando a ser la vida y alma de la reunión. Pero hubo algo más que tuvo influencia sobre ella.

"Unos meses antes de mi llegada a Shanghai había recibido una carta de Booth Tucker del Ejército de Salvación, que estaba trabajando en la India. No fué ninguna carta baladí. Describió la vida de las jóvenes y muchachos ingleses que estaban dirigiendo en la evangelización de la India. Me conmovió el alma.

" 'Mi muy amado hermano, (escribió).

" 'He estado esperando para escribirle hasta que pudiera darle algunas noticias más definitivas acerca de los avances especiales que esperamos hacer por medio de la ayuda que Vd. nos ha enviado. Se alegrará al saber que el primer resultado es una promesa formal del General de enviarnos cincuenta oficiales de primera clase lo más pronto posible. Esto es magnífico, pues sentimos que nuestra necesidad especial es de *sangre y carne santificada* para llevar adelante esta guerra. Después de todo, la única gran condición ahora, como en los días de antaño, es el Bautismo del Espíritu Santo. "¿Has recibido el Espíritu Santo desde que creíste?" debía preguntársele a todo candidato para misionero. ¡Cuántos fracasos resultan por falta de ésto! Ningún cúmulo de instrucción o talentos puede compensar esta deficiencia fatal.

" 'He aquí un ejemplo ocurrido desde que le escribí mi primera carta. Iniciamos la obra en Kanday, ciudad de Ceilán, en Nochebuena. Tiene una población que asciende a unos 30.000 habitantes. Enviamos a una sencilla muchacha escocesa y una tosca sirvienta india. Aquélla carece de instrucción. Su ortografía es ... bueno, bastante rara. Tampoco ha adelantado en el idioma, y después de tres meses de arduo trabajo solo podía decir algunas palabras, dando su testimonio, conduciendo las reuniones, etc. Su Tenienta no conocía el inglés. Sin embargo, las dos entraron y se hicieron cargo de un salón que tiene capacidad para 250 personas. Empezaron completamente como nativas, tuvieron el salón colmado desde el principio, obtuvieron colectas generosas de alimentos y dinero, mendigaban su comida de mediodía y en el lapso de unos dos meses ganaron por lo menos 100 almas y pudieron enrolar unos cincuenta soldados regulares, varios de los cuales ya han sido tomados como oficiales en la obra. Nunca se ha visto antes a mujeres nativas hablar en público, pero ahora hay un buen grupo de ellas que dan su testimonio todas las noche en la plataforma. Muchos de los convertidos son especialmente notables. ¡Un caso fué el de un astrólogo sordomudo, que tuvo que escribir su experiencia y hacerla leer!

" 'Nuestra guerra está colmada de intenso interés. En realidad no sabemos lo que un día puede traer. A una hora estamos comiendo con los dedos (¿emplean Vds. palillos en China?), a la siguiente estamos abriendo una carta de un amigo anónimo con una donación de $5,000 (A menudo decimos a los nativos que si nos dieran un lakh de rupías[1], no sacaríamos de ello ni el precio de un traje nuevo. La mayoría de nosotros generalmente llevamos nuestro guardarropa sobre las espaldas).

" 'Estoy seguro que Vd. estaría encantado de participar de esta vida con nosotros, o quizás, después de sus experiencias chinas, le parecería bastante cómoda. De una cosa estoy seguro, que habiendo puesto su mano al arado pagano, nunca, nunca mirará atrás, sino que dirá, como algunos de nuestros queridos oficiales indios (ingleses), "Preferimos tener la estación más difícil aquí, que la más fácil en Londres."

" '... Nuestro grupo no tiene sueldos, no recibe dinero y teniendo comida y vestido, aprenden a estar contentos con eso. No se oyen quejas o discusiones en nuestro campamento. Tanto jóvenes como niñas van descalzos (por preferencia). En las comidas, tienen agua de arroz de mañana, arroz y curri[2] de legumbres (sin carne) al mediodía y lo mismo a la noche. El uso de té y café se ha abandonado completamente por ser demasiado europeo. Dormimos sobre el piso. No hay mesas ni sillas en el campamento. Yo mismo estoy sentado sobre una alfombra, con mis papeles a mi alrededor en el suelo. Con todo, estamos realmente muy cómodos y felices. Lo más hermoso de todo ha sido el espíritu de unión, amor, devoción y sacrificio que han demostrado todos desde el principio. Tenemos victoria constante y Dios nos está demostrando cómo desenvolvernos y preparar estos oficiales haciéndolos verdaderos nativos... Recuerde que la

(1) Cien mil rupías, moneda india que vale la décima parte de una libra esterlina.
(2) Guisado con salsa picante muy usado en la India.

mera salvación de almas es trabajo relativamente fácil y ni cerca de lo importante que es hacer de los salvados Santos. Soldados y Salvadores.

" 'Estamos orando en fe por Vd. Que el Señor de la mies le bendiga abundantemente y le permita ver y coincidir con Sus ideas para una ola de salvación. ¡Oh, que pudiéramos mirar junto con el Señor Sus planes para la salvación de los hombres! ¡A menudo pienso qué tontos nos consideraremos cuando lleguemos al cielo y veamos lo que podríamos haber sido y hecho con la ayuda de un poco más de inteligencia salvacionista!'

"Un día en la reunión de oración de la mañana, pedí al Sr. Stevenson si podía leer la carta a los que se habían reunido con nosotros. No hubo un alma en todo el grupo que no fuera conmovida por la lectura de esa carta... conmovida hasta lo más profundo. Hablaba del gozo con que otros estaban llevando una vida muy dura a fin de salvar las almas de los hindúes. Creó una especie de competencia: ¿Por qué no tratar de hacer mejor todavía?

"Sin duda esa carta conmovió a la Srta. Stewart, pues se convirtió en infaltable concurrente al Hogar para Soldados. Estas reuniones perdurarán en mi memoria especialmente a causa de dos personas: uno era un sargento mayor, si hay tal persona en la marina; de cualquier modo era el que dirigía a todos los hombres del "Sapphire", que era el nombre del barco; la otra era la Srta. Stewart. Sus mensajes eran puro fuego, el fuego que quema las almas de las personas. Creo que yo dirigí las reuniones y estos dos hicieron el trabajo. En una ocasión vino un oficial y se convirtió. Casi todas las noches hubo algunas almas convertidas hasta que hubo un grupo regular. Estos volvían al barco, pero no a sus camas; quedaban en la cubierta para ocuparse de compañeros que pudiesen llegar tarde habiendo bebido otra clase de espíritu que ellos. Se hacían cargo de estos, los llevaban a un lugar más tranquilo de la cubierta y uno o dos los sostenían mientras los otros se arrodillaban y oraban. A muchos les hacían pasar la borrachera por medio de la oración y podían llevarlos a sus camas sin ser observados por los oficiales. No pocos se convirtieron y me fueron presentados en la reunión de la noche siguiente como trofeos.

"No había formalidad en nuestras reuniones. Hubo un incidente que fue muy singular. Habíamos tenido un testimonio y queríamos expresar nuestro gozo en el canto. Anuncié el himno 'De pie, santos soldados'[1]; pero por una u otra razón, no recuerdo por qué, ya nos hallábamos de pie, así que dije: 'Vamos, ésto no es suficiente, ya estamos de pie: debemos hacer algo más para Jesús.' De modo que grité: '¡Paráos sobre vuestras sillas para Jesús!' ¡Quienquiera conozca a los marineros sabrá con qué celeridad saltaron sobre las sillas! ¡Y qué sonrisas se dibujaron en sus rostros! 'De pie, santos soldados' nunca se había cantado antes con tanto vigor. Por supuesto que la Srta. Stewart se paró en su silla también. Hubo un solo hombre que no lo quiso hacer, y me da vergüenza decir que ese hombre era un misionero. Ese misionero acompañó a la Srta. Stewart a su casa y se expresó enérgicamente acerca de la falta de buena educación que significaba hacer que las personas se pusieran de pie sobre las sillas en una reunión religiosa. El final de la historia vendrá un poco más adelante.

"Mientras tanto llegó mi hermano. Viajaba por su salud para evitar los rigores de un invierno en Inglaterra. Se había convertido hacía unos diez años, pero se había enfriado espiritualmente. Esa noche durmió en mi pieza en la Misión. Determiné no hablarle sobre cuestiones religiosas. Al día siguiente reservó su pasaje al Japón en un vapor que debía partir una semana después, pero nunca se embarcó en él. Los primeros días pasó bastante tiempo jugando cricket en la cancha del

---

[1] "Estad por Cristo firmes."

Club, donde marcó un elevado puntaje que nos sirvió como propaganda, por cuanto, como era de esperarse, fuí a verlo jugar. La gente entonces quiso saber cómo era que su hermano se había "vuelto loco." Mi hermano les hizo una demostración bastante eficaz "volviéndose loco" él mismo delante de todo Shanghai al ponerse en pie en una reunión pública para contarles todos los detalles. La consecuencia fué que mi hermano, en vez de ir a Japón, se vino al interior de la China conmigo. 'Si tú, Carlos,' me dijo él después, 'me hubieras hablado de religión cuando ocupábamos la misma pieza, me hubiera marchado en ese vapor al Japón.' Las directivas de Dios son, a menudo, misteriosas, pero siempre perfectas.

"Mi impresión de Shanghai en esos días fué extraordinaria. El Espíritu de Dios parecía haber descendido sobre el lugar. Se podía salir a las calles a media noche y hallar, aún a los policías, ansiosos de hablar acerca de sus almas. La Srta. Stewart se estaba reponiendo visiblemente. Podía subir las escaleras corriendo, subiendo tres escalones a la vez. Empezó a cantar toda clase de canciones que había aprendido en el Ejército de Salvación antes de venir a China; canciones con tonadas de cantos populares. No nos importaba lo que pensaban otros; alabámos a Dios en alta voz; nuestros corazones estaban llenos de gozo pues manifiestamente el Señor estaba obrando en ellos."

Las cartas de G. B. a su madre contaban la misma historia:
"Mayo 27. Al escribirte de esta manera verás que un cambio se ha producido en mí, y ahora sé que es sencillamente la respuesta a muchas oraciones; Carlos había pedido al Sr. Stevenson, Mr. McCarthy y otros que orasen por mí antes que viniera para que pudiese recibir esta específica bendición: que me rindiese voluntariamente al Señor. Y, oh, he sentido el Espíritu luchando dentro de mí, y un ansia intensa, no satisfecha, tan grande, que no pude descansar hasta haberme ren-

dido; ¡y ahora no puedo expresarte cuánta paz y gozo el Señor me ha dado al creer!"

"Junio 3. Hay una Srta. Stewart que ha venido recientemente a la Misión y ha sido usada maravillosamente por Dios. Las puertas se le han abierto de par en par, y en varias casas ha sido el medio de traer a la gente a sus rodillas en habitaciones donde supongo que jamás nadie se había arrodillado al Señor antes. Nunca en mi vida he sido tan feliz. No puedo cesar de alabar al Señor el que me haya dado la gracia de declararme osadamente para Él y rendirme enteramente para Su servicio. En realidad la vida cristiana es una vida feliz cuando es toda para Jesús."

"Junio 9. Los hombres del 'Sapphire' están defendiendo la fortaleza de una manera espléndida, y muchos han sido agregados a la iglesia de bordo. Carlos ha sido infatigable; estos muchachos le aman tanto como él los ama a ellos."

Y al irse de China, G. B. escribió a C. T.:

"Dic. 6. Oh, Carlos, he estado alabando al Señor por la cordura que te dió al tratar conmigo en Shanghai, por el amor con que me hablaste sin importunarme. Veo claramente la mano del Señor guiándote en ello."

"Pero todas las cosas buenas deben terminar (continuó C. T.). Mi hermano y yo tenemos que ir al norte y la Srta. Stewart al centro de China. Ella se fué primero. Viajaría sola en vapor por el Río Yangtse. Partió de noche. A la mañana, halló que uno de sus compañeros de viaje era el misionero que se negó a pararse en la silla para Jesús. Trabaron conversación y ella descubrió que él estaba intranquilo espiritualmente. El dijo: 'Creo en el Salvador, y supongo que iré al cielo, pero veo que Vds. tienen una religión completamente distinta a la mía. No tengo ese gozo sobreabundante que parece tomar completa posesión de Vds.' La Srta. Stewart empezó a buscar en qué consistía la falta y naturalmente preguntó: '¿Está Vd. dispuesto a hacer cualquier cosa por Jesús? Si está dispuesto a hacer cualquier cosa por Jesús, lo mismo que nosotros, Dios no hace acepción de personas y seguramente le dará el mismo gozo que tenemos nosotros.' 'Bueno', dijo, 'no sé que haya nada que no quisiera hacer por Jesús. Admito que me rehusé a pararme sobre la silla por Jesús y parece que no he tenido mucha paz desde ese incidente.' 'Bueno', dijo la Srta. Stewart, 'Pienso que si estuviera en su lugar me libraría de eso;' él respondió '¿Qué puedo hacer? No hay ninguna reunión aquí.' 'Bueno', dijo la Srta. Stewart, 'si fuera Vd. me pondría de pié sobre la silla por Jesús.' '¡Qué!', dijo, '¿aquí en el barco?' 'Sí', repitió ella, 'aquí mismo en el barco.' Este joven médico se quedó pensativo, pero estaba resuelto a todo y después de un momento se levantó, fue al salón y se puso de pie sobre la silla por Jesús. Si cantó o sencillamente leyó un himno, no sé, pero sé que volvió del salón un hombre diferente al que entró.

CAPITULO IX

UNIDOS PARA COMBATIR POR JESUS

Priscila Stewart fué a trabajar con otras tres misioneras a una ciudad del interior llamada Ta-Ku-Tang. C. T. regresó a Taiyueng-Fu, en el lejano norte. Una animada correspondencia se desarrolló entre ellos la cual podía tener un solo resultado, pero la Srta. Stewart no fué persuadida tan facilmente. La primer carta fue de fecha 9 de Junio, pero el compromiso no fue hasta el 5 de Octubre. Siempre hubo una controversia acerca de cómo sucedió. La versión de C. T. es ésta:

"Me parece que siempre hay un poco de diferencia acerca de cómo sucedió. Ella dice que yo le escribí; yo digo que ella me habló; no digo con la vista, ni con la lengua (se estaba reservando eso), sino con sus actos. No me casé con ella por su hermosa cara; me casé con ella por sus hermosas acciones hacia el Señor Jesucristo y aquéllos a quienes El la envió a salvar. Puedo recordar bien la tarde cuando estuve sentado hablando con un misionero en Taiyueng y se chanceaba porque me había comprometido con la joven más bonita de Shanghai. Pero le digo francamente, con toda sinceridad, que fué una verdadera sorpresa para mí, pues nunca había pensado si su fisonomía era hermosa o no. En verdad, hasta el día de hoy estoy convencido que de todas las muchas buenas dádivas de Dios, la menor de todas es el parecer hermoso."

La versión de la Srta. Stewart es la siguiente:

"Si C. T. estuviera aquí, le diría que yo me declaré a él. No fué así: en realidad, por ciertas razones, le rehusé. Y cuando le diga su contestación verá que es característica del hombre. Su respuesta fué: 'Tú no tienes ni la mente de Dios, ni la voluntad de Dios en el asunto, pero yo sí. Y estoy resuelto a casarme contigo, quieras o no, así que es mejor que te decidas y aceptes la situación.' ¿Qué podía hacer? He ahí la razón por la que hoy soy la Sra. de C. T." Pero la evidencia documentaria da la razón a la Srta. Stewart, pues guardó sus cartas de novio y en una de ellas hallamos esto: "Julio 25, 1887. Pero esto digo, que después de ocho días pasados solo, en ayuno y oración, creo firmemente que el Señor me ha mostrado que tu decisión está mal y no puede sostenerse y que tú misma verás esto luego, si el Señor no te lo ha mostrado ya. . . .

"A medida que pasan los días no puedo sino convencerme más y más de ello; no puedo dudar que sea del Señor, pues debes saber algo de cómo he pasado el tiempo desde que recibí tu carta: todo lo demás ha sido dejado a un lado, ocupación sueño, comida, y he buscado Su faz para indagar Su voluntad; El me ha conducido adelante en rectitud y día tras día me habla, me anima y me da osadía para pedir definitivamente para tí."

Son cartas de amor verdaderamente notables, llenas de la pasión consumidora de su vida, más llenas, en mucho, de mensajes de la Biblia y planes para emplear sus vidas para Cristo, que de ella. La Srta. Stewart, siendo una mujer sensata, le hizo comprometerse a quemar las suyas, así que sólo una ha quedado. Dos de las de él, escritas cuando se estaba reponiendo de una enfermedad grave, llegan a 68 y 69 páginas, respectivamente, de letra finísima. Aquí van uno o dos extractos:

"Julio 25. No te ofrezco una vida fácil ni cómoda, sino una vida de trabajo y dureza; realmente, si no te conociera como una mujer de Dios, ni soñaría en pedirte en matrimonio. Lo hago para que seas un camarada en Su Ejército, para vivir una vida de fe en Dios, una vida de combate, recordando que aquí no tenemos ciudad permanente, ninguna morada segura, sólo un hogar eterno en la Casa del Padre.

Tal será la vida que te ofrezco. El Señor te dirija."

"Oct. 8. Ahora, antes de seguir adelante, quiero rogarte, querida, que los dos pidamos diariamente lo mismo a nuestro Padre: que cada uno ceda el otro a Jesús todos los días de nuestras vidas, para que, estando separados o no, según El disponga, ninguno de los dos haga jamás un ídolo del otro. "Tengo que escribir por este correo para contarle a mi querida madre y a otros acerca de tí, pues no puedo guardarlo en secreto. Me río de veras cuando pienso cuán poco te conozco, mi querida; no sé ni siquiera tu edad. Solo sé, y es más que suficiente para mí, que eres una verdadera hija y amante del Señor Jesús, Quien ha unido mi corazón con el tuyo y el tuyo con el mío, para trabajar juntos para El con toda nuestra fuerza, alma y mente hasta que El venga."

"Oct. 14. Recuerdo que hace dos años en Pingyang, cuatro o cinco de nosotros, jóvenes solteros, estábamos hablando acerca del matrimonio. La mayoría (yo entre ellos) estábamos más bien en contra, y aconsejábamos usar de mucha cautela—por favor, no te rías—por fin yo dije: 'Bueno, si es la voluntad de Dios que me case, que sea con una "Aleluya Lassie"[1] salvacionista,' lo que fue acogido con mucha risa. Bueno, he aquí que el buen Señor ha querido que se cumpla justamente lo que dije.

"Ahora, eso del traje de bodas me lleva a un asunto muy práctico, a saber: nada de lujosos trajes de bodas para nosotros; nuestra ropa debe ser lo más sencillo posible; además, yo soy de la idea de ser registrados en el Consulado y luego tener una verdadera reunión de Aleluya, algo que sea todo para Jesús. Somos extraños y peregrinos aquí. Así que, yo voto por una verdadera boda de peregrinos.

"Te amo por tu amor a Jesús, te amo por tu celo hacia El,

---

(1) "Muchacha aleluya" nombre dado a las salvacionistas por el uso frecuente de la exclamación "¡Aleluya!" en el Ejército de Salvación.

te amo por tu fe en El, te amo por tu amor a las almas, te amo por tu amor a mí, te amo por tí misma, te amo por siempre jamás. Te amo porque Jesús te ha usado para bendecirme y encender mi alma. Te amo porque siempre serás un atizador calentado al rojo que me haga correr más ligero. ¿Señor Jesús, cómo puedo jamás agradecerte bastante por una dádiva semejante?"

"Nov. 10. Oh, Scila, estar en China es una lucha de vida o muerte. Si nosotros no morimos verdaderamente todos los días, nuestras almas morirán, y tendremos que ser dejados a un lado. Si regresamos a Inglaterra, que sea más bien quebrantados de salud que quebrantados espiritualmente. Sí, por la gracia de Dios viviremos Capitán Alma y Teniente Cuerpo, y, si fuera necesario, moriremos Capitán Alma y Teniente Cuerpo. Querida Scila, estemos en angustia por estos chinos. ¡Oh Espíritu Santo, no nos dejes solos, anímanos contínuamente! ¡Avívanos, oh Señor y haznos correr en la senda de tus mandamientos!

"Yo sigo comiendo sólo la comida china y el Señor acaba de darme una enorme bendición por haber mantenido esta regla. No puedes imaginarte cómo el diablo trató insistente·mente de hacerme ceder y seguir el camino fácil. Fué una prueba tener que ir y decir a los de T . . . que no iba a comer con ellos. Siento más que nunca que he hecho lo que debía hacer; almorcé con ellos una vez y todo lo que había allí no hizo más que confirmarme en vivir a lo Chino y en el deseo de humillarme más y más; no puedo menos que preguntarme por qué estos pobres chinos tienen que pensar que nosotros, los extranjeros, damos tanta importancia a nuestros estómagos. Siento que debe ser un poco incómodo para los de T . . . : ellos con sus manteles, servilletas, vajilla y comida extranjera, mientras que yo no tengo más que mi tazón y palillos. ¡Nada de manteles y servilletas para nosotros, querida!

"Enero 10. Mi receta para tí, es cantar todos los días:

"Jesús te amo
Tú eres para mí
Más querido que lo que
Carlos podrá ser."
Su descripción de ella a su madre fué muy ilustrativa:
"Supongo que quieres saber acerca de ella. Bueno, para
decirte la verdad, no puedo darte detalles, excepto de su vida
ante Dios y ante el mundo; no sé su edad, pero pienso que
será algunos años menor que yo, aunque no estoy seguro.
No es muy grande y en cuanto a su cara, bueno, tiene en ella
la hermosura del Señor, su Dios, que vale más que toda la
hermosura del mundo. Escribe cartas muy buenas, siempre
acerca de Jesús. Su letra es grande, a menos que tenga mucho que decir; puede correr escalera arriba y abajo con gran
rapidez; también puede tocar el armonio u órgano y cantar
un poco, pero su voz no era una maravilla en Shanghai. Le
gustan mucho los himnos salvacionistas (a mí también) y
el Ejército de Salvación (a mí también), y estoy convencido
que no se atemoriza ante ningún hombre o mujer sino que
a todos los que encuentra les habla acerca de sus almas. No
tengo ninguna fotografía de ella, así que no puedo darte ni
siquiera una idea de su aspecto. Probablemente Jorge será
más hábil en tales descripciones y podrá satisfacer tu curiosidad.

"¡Ah! sé una cosa más; su nombre es Priscila Livingstone Stewart y se llama a sí misma 'Scila' (¿nombre raro,
no?). ¿Por qué no 'Pris'? no comprendo, tal vez porque es
irlandesa."

El casamiento oficial fué en la costa, a donde tenían que
viajar para hallar un cónsul inglés que efectuara la ceremonia, pero antes de ésta, tuvieron una extra oficial, celebrada
por el bien conocido evangelista chino Pastor Shi, en la estación misionera de la Srta. Stewart.

El Pastor Shi había estado visitando a las cuatro señoritas.
Ellas le habían confesado su gran anhelo de alcanzar al pue-

blo de la ciudad, pero que había barreras debido a su sexo que se oponían. Ya habían ensayado varias estrategemas, aunque a riesgo de sus reputaciones. Las mujeres chinas del pueblo usaban pantalones y solamente las señoras de los mandarines vestían pollera. Entonces decidieron usar pantalones para estar al nivel del "común del pueblo." (Por esta razón, se había prohibido a los misioneros varones, que visitaran su estación). Así, la Srta. Stewart solía tomar un maestro chino y salir a comprar seda en una tienda, caminando siempre, según la costumbre, algunos metros detrás de él. Ella quedaba regateando en la tienda todo el tiempo posible, sabiendo bien que un grupo grande se reuniría, mientras el maestro hablaba a la gente.

Pero cuando vino el Pastor Shi le pidieron que iniciara un culto al aire libre frente a su misma puerta. El consintió, y así se celebró la primera reunión al aire libre en esa ciudad.

"El Pastor Shi predicó y nosotras cuatro nos pusimos de rodillas. Era el mes de marzo y estaba nevando. Calle abajo corría el agua de la nieve derretida; teníamos puestos nuestros pantalones de algodón acolchado y oramos mientras él predicaba el Evangelio. Habiéndonos infundido valor para hacerlo nosotras mismas, cuando él se fué, dos de las muchachas siguieron con el canto, pues tenían lindas voces y tocaban la guitarra; las otras dos no sabíamos el idioma todavía. Nunca ví llorar a un chino excepto en esos días cuando nosotras nos arrodillamos y oramos por sus almas; en esas ocasiones ví las lágrimas que corrían por sus mejillas; nunca había oído a nadie contar una cosa parecida."

Pero el arrodillarse sobre la nieve resultó en un ataque de pulmonía para la Srta. Stewart. Estaba tan gravemente enferma, que sus compañeras decidieron avisar a C. T. El mismo había estado a la muerte por semanas con pleuresía en ambos pulmones, tifoidea, y después pulmonía, siendo vuelto a la vida por los solícitos cuidados de su hermano G. B.

Pero se había restablecido justamente a tiempo para responder al llamado de acudir junto a la Srta. Stewart. Ella pasó la crisis y cuando empezó a mejorar, los chinos dijeron que como su novio había venido desde tan lejos para verla, debían casarse en seguida. ¡El Sr. Studd estuvo de acuerdo con ellos! Así que tuvieron un casamiento . . . fingido: el Pastor Shi no tenía licencia para celebrar matrimonios, pero dejaron que él los "casara" a fin de complacer a los chinos y dejarlos tranquilos. El Pastor Shi insistió en que el Sr. Studd llevara un sombrero nuevo y un par de zapatos y él mismo se los proporcionó. Los zapatos le molestaron tanto que durante la ceremonia tuvo que retirar los pies sigilosamente de ellos; además estaba tan cansado después de haber cuidado a su novia durante su enfermedad, que se durmió durante la plática matrimonial. La novia llevaba una larga faja blanca con estas palabras: "Unidos para combatir por Jesús." Al final de la ceremonia, ambos se arrodillaron e hicieron una solemne promesa a Dios: "Jamás estorbaremos uno al otro de servirte a Ti." Después viajaron a Tientsin, donde fueron casados por el cónsul.

"Tientsin Scila está ahora con el Dr. Irwin y señora. Son muy bondadosos. Yo estoy solo en una posada china, al menos hasta el sábado, en que visitaremos al cónsul. Nos casaremos en nuestra ropa ordinaria: ropa china común de algodón, nada más; la gente no puede comprender muy bien y se horrorizó cuando trascendió la noticia que no teníamos trajes de bodas, ni intención de conseguirlos."

PRISCILA STEWART
Al tiempo del baile
SRA. DE STUDD EN 1921

SRA. DE STUDD EN 1921

CAPITULO X

PELIGROS Y DUREZAS EN EL INTERIOR DE CHINA

La joven pareja fue directamente de su boda a iniciar una obra en una ciudad del interior, Lungang-Fu. Fueron acompañados por la Srta. Burroughes, la amiga y compañera de la Sra. Studd, y más adelante por la Srta. Bewes. Era una China muy diferente a la de hoy: peligros, insultos y en muchos casos el martirio, eran el precio que se pagaba por llevarles el Salvador.

"La primera casa que tuvimos fue una casa de aparecidos. Fue la única que pudimos conseguir en esa ciudad. Estábamos determinados a ir donde no hubiese ningún europeo. Naturalmente, no había casas para los diablos extranjeros, pero un viejo malvado era dueño de ésta y nos la dejó, pues estaba encantada. No era más que paredes blanqueadas desnudas y pisos de ladrillo, pero muy desparejos, con un fogón en el centro y una cama de ladrillos. Nuestro colchón era un acolchado de algodón de una pulgada de espesor. Esa fue nuestra cama durante los tres primeros años, hasta que se infestó tanto de escorpiones que tuvo que ser deshecho. Después tuvimos un tablado de madera.

"Por cinco años nunca salimos de la casa sin una andanada de maldiciones de nuestros vecinos. Gradualmente captamos la confianza de la gente permitiéndoles inspeccionar nuestra habitación, examinar todo y hurgar en nuestras posesiones a su gusto. Luego, cuando la curiosidad de tres meses fue satisfecha, nuestro método de avivar el interés fue una mezcla de prácticas rituales con las del Ejército de Salvación: se combinaron un banjo[1] y una procesión.

_____

(1) Instrumento musical parecido a una guitarra.

"Los chinos nos culparon de todo lo que sucedió en esa ciudad. Hubo un año de sequía y nuestras vidas peligraron, pues nos tenían por responsables. Hicieron un viaje de cinco días para buscar cierto ídolo: debían traerlo y dejar que el sol le diera en la cabeza. En un día señalado, colocaron carteles anunciando que todos debían cerrar las puertas grandes de sus patios y quemar incienso afuera a este dios. Sabían que no pondríamos incienso delante de nuestra puerta y tenían la intención de asaltar la casa. En ese tiempo yo estaba muy enferma. El Sr. Studd temía que la situación fuera bastante seria. Empezaron a tirarnos vidrios y ladrillos, y después, a deshacer la capilla. El Sr. Studd había despedido a todos los chinos cristianos del local, diciéndoles que se fueran a sus casas. Me llevó al patio, luego trepó por la pared y se fué a ver a los mandarines. Halló que estaban fuera de la ciudad. Sabían que era inútil apoyar a los diablos extranjeros, pues la gente se volvería contra ellos. He aquí como escapamos: entre la muchedumbre había un hombre de letras, como le llaman aquí a los maestros; él encaró la multitud y dijo: '¿Qué están haciendo? Mientras están perdiendo tiempo, el día pasa y si no llevan al dios pronto, no le dará el sol en la cabeza. Llévenlo y después vuelvan por aquí.' Ellos tienen mucho respeto a un hombre de letras, así que se volvieron sumisamente y tomaron el dios de piedra. Nunca volvieron, sino que regresaron por otro camino donde vivía la gente rica, saquearon las casas y robaron la plata que habían prometido dar a la ciudad de donde habían traído el dios."

En este suelo aparentemente estéril, tuvieron maravillosas evidencias del poder del Evangelio, tanto en ablandar corazones duros como en producir hombres de Dios que ninguna persecución podía mover.

"En una ocasión (escribe C. T.) mi señora estaba hablando acerca del Evangelio a una mujer china que había venido a casa. Esta parecía interesarse, así que le mostró un cuadro de la crucifixión. Cuando la mujer oyó la historia del sacrificio en el Calvario, estalló en llanto.

"Otra ocasión fué la primera vez que exhibimos proyecciones luminosas. Jamás olvidaré el efecto que causó la escena de la crucifixión, ni la oración del principal de nuestros cristianos. Era un hombre bueno, pero como tan a menudo ocurre, su actitud era de que el sacrificio en sí mismo no tenía mucho valor, pero que la ostentación de dinero, y ofreciendo alicientes a la gente, atraería la concurrencia y con la concurrencia la bendición. Pero la escena de la crucifixión lo deshizo completamente. Su oración fué un largo sollozo, y nunca volvió a ser el mismo hombre desde entonces."

Hubo un individuo que no permitió que se le llamara cristiano hasta que no lo hubiera "llevado a la práctica"; hubo otro que, por su propia confesión, había sido el hombre más ruín de la provincia.

"Al final de una plática sobre el texto, 'Puede salvar hasta lo sumo'[1] (dijo C. T.), después que la congregación se había retirado, un solo chino se quedó, bien al fondo del salón. Cuando fuimos a él, dijo que el sermón había sido una serie de disparates, y agregó: 'Soy un asesino, un adúltero, he quebrantado todas las leyes de Dios y del hombre una y muchas veces. También soy un fumador de opio perdido. No puede salvarme a mí.' Le expusimos las maravillas de Jesús, su Evangelio y su poder. El hombre era sincero y fué convertido de veras. Dijo: 'Debo ir a la ciudad donde he cometido toda esta iniquidad y pecado, y en ese mismo lugar contar las buenas nuevas." Lo hizo. Reunió a multitudes. Fué llevado ante el mandarín y le sentenciaron a dos mil golpes con el bambú, hasta que su espalda fué una masa de carne roja y se le creyó muerto. Fué traído de vuelta por algunos amigos, llevado al hospital y cuidado por manos cristianas, hasta que, al fin, pudo sentarse. Entonces dijo, 'Debo volver otra vez,

---

(1) Heb. 7:25, Versión Moderna.

a...', su propia ciudad, 'y predicar el Evangelio.' Tratamos de disuadirle, pero poco después se escapó y empezó a predicar en el mismo lugar. Fué llevado de nuevo ante el tribunal. Tuvieron vergüenza de hacerle aplicar el bambú otra vez, así que le enviaron a la cárcel. Pero la cárcel tenía pequeñas ventanas y agujeros en la pared. Se reunió el gentío y predicó a través de las ventanas y aberturas, hasta que, hallando que predicaba más desde la cárcel que afuera, lo pusieron en libertad, desesperados de no poder doblegar a alguien tan porfiado y fiel. Vale la pena salvar a semejantes hombres."

Había un tal señor Fan, el mejor evangelista de la estación, de quien C. T. cuenta la siguiente historia:

"Uno de nuestros sirvientes, cuando volvió del mercado, vino a mi señora y a mí diciendo: 'Oh, debían ver al Sr. Fan caminando por la calle; anda como ningún otro.' 'No, supongo que anda en cuatro patas.' Pero el muchacho no pudo ser desviado. 'Oh, no,' dijo, 'todos los demás que caminan por la calle siempre están mirando acá y allá para ver todo lo que pasa, y saludando a éste y aquél, pero nuestro Sr. Fan coloca su nariz derecho frente a él, y marcha detrás de ella; no mira ni derecha ni a izquierda, y no le importa quién está allá ni en ninguna parte; piensa solamente en una cosa y esa es el objeto con el cual va por la calle.' (Hay otros detalles de éste hecho que no figuran aquí.)"

Mucho del tiempo del Sr. Studd fué ocupado en el Refugio para Fumadores de Opio que él abrió para las miserables víctimas de esa droga. Unos cincuenta estarían allí a la vez. "Empezamos a recibir y a curar víctimas del opio. Vinieron dos. En un mes estaban curados; fué realmente una maravilla para ellos y para muchos otros. Después vinieron en multitudes." Durante los siete años unos ochocientos de estos hombres y mujeres pasaron por el refugio, y algunos se fueron, además de curados, salvados.

Cuatro pequeñas personas vinieron a alegrar su hogar

en la China; una quinta estuvo con ellos sólo un día. Nunca tuvieron un médico en ninguna de estas ocasiones, eligiendo más bien seguir con su obra y confiar en el Señor, que hacer el largo viaje que sería necesario y estar ausentes por tanto tiempo. Fué la mano del Señor que salvó a la Sra. Studd cuando nació su primer hija en 1889.

"Por aquel entonces no había ningún médico ni enfermera—(escribió C. T.), sino a días de viaje. La cuestión se presentó así: ¿debíamos dejar nuestra obra tres meses antes del tiempo a fin de tener la pericia de un médico a nuestra disposición, y luego esperar otros dos meses hasta que Scila estuviera bastante fuerte para viajar? ¿Debíamos estar cinco meses ausentes de nuestra obra? ¡No, no podíamos hacer eso! ¿Por qué no llamar al Dr. Jesús? Ella determinó hacer así.

"Vino la hora. Scila había tenido dos meses de instrucción en el Hospital Reina Carlota, en Londres. Se halló en la situación de tener la parte, no solamente de la madre en perspectiva, sino también de su propia doctora. Pero tuvimos un ayudante; era Stanley Smith. Siendo varón, diría el mundo, fué tan inútil como yo, pero no estoy seguro. Tal vez fué el más eficiente de los tres; su padre era médico y comprendía la gravedad del caso; así, estuvo en la pieza contígua orando por nosotros sin cesar. Por cierto no tengo necesidad de aseguraros que el Dr. Jesús arregló todo perfectamente. No fué hasta unos días después que llegó una misionera práctica en estos asuntos. Naturalmente ella en seguida me relevó en la mayor parte del cuidado, pero para gran consternación nuestra, hubo una recaída!

"Algo anduvo mal (escribió a su madre), y pobre Scila sufrió terriblemente. La Srta. Kerr probó todo lo que sabía, pero sin resultado. Pobre Scila, se puso cada vez más débil, y parecía que iba a morir. La Srta. Kerr me dijo, 'Se está consumiendo completamente; nunca podrá vivir en China. Si pasa ésto, es mejor que la lleve a Inglaterra.' Esto pareció despertarme del sueño, un sueño de pesadumbre, ansiedad y fatiga, y dije: 'Daremos nuestras vidas aquí de buen grado, pero no regresaremos a Inglaterra, a menos que el Señor nos lo mande claramente.' Sentía que el Señor debía oírnos y sanar a Scila, pues habíamos confiado en El y El es fiel. Así que dije: 'Bueno, unjamos a Scila con aceite y pidamos a Dios que la sane.' La Srta. Kerr no podía decidirse a hacer eso, y, como la Srta. Burroughes estaba enferma también, me tocó hacerlo solo. Scila fue de la misma idea, así que me arrodillé y en el nombre del Señor la ungí con aceite. Inmediatemente el mal cesó. Fué tan notable que, a la mañana, cuando vino la Srta. Kerr a cuidarla, dijo: '¿Qué ha sucedido? ¡Está sana!' Scila le contó que yo la había ungido y orado, y ella exclamó, '¡Pues es una maravilla!' De manera que, aunque somos pobres pecadores y absolutamente nada, sin embargo, el Señor nos oye cuando clamamos a El."

"Tuve cinco criaturas[1] (escribió la Sra. Studd años después) y nunca vi a un médico. Dios obró maravillosamente.

"Una de las maldiciones de China es que no dejan vivir a sus criaturas mujeres. Dicen que tienen todo el trabajo de criarlas y luego, cuando se casan, la dote que reciben no recompensa todo lo que se ha gastado con ellas. Entré a la casa de una madre una vez y la hallé quejándose lastimosamente. Le pregunté por la criatura. Había nacido al amanecer e inmediatamente fue arrojada al foso o en las pagodas construídas con este propósito con una abertura. Así, los lobos pueden saltar adentro y llevarse la criatura cuando quieren. ¡Cuántas veces he vuelto a casa con el corazón quebrantado! Dios me dió cuatro nenas. Me las dió con un propósito. Quería que esta gente aprendiera una lección. Nombramos a nuestra primera niña Gracia (Engracia), y a las otras Alabanza (Dorotea),

[1] Un sexto, varón, nació después de su regreso a Inglaterra, pero vivió solamente tres días.

Oración (Edith) y la última Gozo (Paulina). Pensaron que el Sr. Studd debía ser un hombre raro para dar a la cuarta el nombre de Gozo. Queríamos que aprendieran que Dios ama tanto a las niñas como a los varones. "Perdimos una criatura; en esa ocasión estaba absolutamente sola con el Sr. Studd. El Sr. Stanley Smith vino cuando se enteró de mi grave enfermedad. Llegó justamente a tiempo para ayudar al Sr. Studd que había ido a la ciudad a comprar una cajita de cuero de cerdo para poner el cuerpito y sepultarlo. Fuí dejada sola en mi pieza. Jamás me olvidaré de esa experiencia. Ha quedado conmigo toda mi vida. Me sentía con el corazón absolutamente quebrantado. La alternativa era si iba a entregarme a la desesperación y que toda mi vida misionera quedara malograda o no. Por lo tanto, mientras el Sr. Studd estuvo con el Sr. Smith, hice una señal en mi Biblia; hice un pacto con mi Dios que no dejaría que ninguna clase de aflicción entrara en mí y arruinara mi vida como misionera. Resolví que no dejaría que mi esposo viera tristeza en mí, pues le afligiría muchísimo. No vió una lágrima cuando regresó."

No se nos dice por qué medio el Señor suplió con regularidad sus necesidades financieras durante estos años, pues cuando dejaron Tientsin en el día de su casamiento, sus posesiones terrestres consistían en "cinco dólares y alguna ropa de cama." Pero Dios les dió una oportunidad notable de comprobar que le es tan fácil proveer a las necesidades de sus siervos en el corazón de la China como en el centro de Londres, aunque ni una sola persona sepa nada de ello.

"Mi propia familia no sabía nada de nuestras circunstancias (escribió C. T.), solamente que estábamos en el corazón de la China. Lo último de nuestras provisiones se había terminado y no había esperanza aparente de que suministros de ninguna clase pudieran llegar de ninguna fuente humana. El correo llegaba una vez por quincena. El cartero había salido recién esa tarde y en quince días traería el correo de vuelta.

Las chicas se habían acostado. Entonces mi esposa vino a mi pieza. Habíamos enfrentado la realidad de la situación. Si el regreso del correo no traía ayuda, nos esperaba el hambre. Decidimos tener una noche de oración. Nos pusimos de rodillas con ese propósito. Creo que habremos estado así unos veinte minutos cuando nos levantamos otra vez. Habíamos dicho a Dios todo lo que teníamos que decir en esos veinte minutos. Nuestros corazones estaban aliviados; no nos parecía ni reverente, ni de sentido común que continuáramos clamando a Dios como si fuera sordo o no pudiese comprender nuestro lenguaje sencillo, o la gravedad de nuestras circunstancias, o el valor de las palabras de su Hijo, Quien declaró que Dios sabía todo antes que se lo dijéramos, o como El mismo dijo, 'Antes que clamen, responderé yo.' Y verdaderamente lo hizo así.

El correo volvió al tiempo establecido. No demoramos en abrir la valija. Dimos una ojeada a las cartas; no había nada y nos miramos uno al otro. Fuí a la valija otra vez, la tomé de los ángulos inferiores y sacudí boca abajo; salió otra carta, pero la letra nos era completamente desconocida. Otro desengaño. La abrí y empecé a leer. Fuimos diferentes después de la lectura de esa carta de lo que habíamos sido antes, y creo que toda nuestra vida ha sido diferente desde entonces. He aquí la carta (miré la firma primero, la cual me era enteramente desconocida): 'He recibido,' dijo, 'por alguna razón u otra, el mandamiento de Dios de enviarle un cheque de £100. Nunca le he visto, solamente he oído hablar de Vd. y eso no hace mucho, pero Dios me ha privado del sueño esta noche con este mandamiento. Por qué me ha ordenado que le envíe ésto, no lo sé. Vd. sabrá mejor que yo. De cualquier modo, aquí va y espero que le sea provechoso. El nombre de ese hombre era Francisco Crossley. Nunca nos habíamos visto ni escrito.

CAPITULO XI

EN EL CAMPUS NORTEAMERICANO

Regresaron a Inglaterra en 1894, después de diez años en China. El año anterior C. T. casi había muerto. En algunas hojas de papel, pues ninguno de los dos llevaba un diario regular, la señora Studd había escrito lo siguiente: "Marzo 27, 1893. Carlos muy enfermo todo el día; parecía que el Señor estaría por llevarlo. Hicimos todo lo posible para aliviarlo, pero en vano. A eso de las 4.30 de la tarde pidió ser ungido con aceite. Le ungimos, Fan, Liu, Ren-i, Guer, Janso, Sra. Wang, Sra. Jang y Sra. Liu, todos presentes. A medianoche respiración más aliviada. A la mañana mucho mejor.

"Abril 2. Quise averiguar los pensamientos íntimos de Carlos acerca de regresar a Inglaterra o dejar China. Dijo que el Señor no le había dicho que regresara. Es algo serio dejar la estación donde Dios lo ha colocado a uno, a menos que tenga un mensaje directo de El en ese sentido, y no había recibido tal mensaje. Podía confiar en Dios y en ningún otro."

La directiva debe haber venido al año siguiente, aunque no se nos dice cómo. El viaje tenía que realizarse a través de toda la China con cuatro niñitas pequeñas. Paulina, la menor, era todavía una criatura de brazos.

"Fué una larga caravana la que recorrió los ocho kilómetros hasta la primera aldea en nuestro viaje. No era nuestra caravana la que fué larga, sino la gente que venía acompañándonos. Todos tuvieron que regresar desde la aldea para poder entrar en la ciudad antes que se cerraran las puertas al oscurecer. En el momento de entrar en la aldea, las dos niñeras chinas de las chicas se aproximaron con lágrimas corriendo por las mejillas, y me dijeron: 'Oh, Pastor, tendrá cuidado de las niñas, ¿no es cierto?' Y entre sus sollozos no había otra despedida sino esa, 'Oh, Pastor, tenga cuidado de nuestras chicas cuando no estemos nosotras.' El humor es una gran cosa en el campo misionero y un poco de ello dará la victoria cuando el corazón esté extremadamente triste.

"No nos atrevimos a llevar mujeres para cuidar las niñas en un viaje a la costa, a causa del efecto de rumores hostiles. Dirían que íbamos a robar estas dos mujeres y llevarlas a la tierra de los diablos extranjeros. Así que tuvimos dos jóvenes como niñeros y ellos fueron tan enteramente devotos y eficientes como las dos mujeres de edad. Jamás olvidaré la escena en Shanghai cuando por fin ellos se dieron cuenta que la hora de separación final había llegado. Allí delante de toda la tripulación estaban estos dos hombres chinos llorando desconsoladamente. Yo estaba haciendo un último adiós, cuando un compañero de viaje tocó mi brazo y dijo: 'Bueno, Sr. Studd, Vd. no vino a la China inútilmente.'

."El viaje no era nada fácil con tres criaturas chicàs. Una parte del trayecto se hizo en sillas llevadas por mulas, otra parte en buque de carga por el río donde había que dormir sobre cajones de altura despareja. Era la época de la guerra entre el Japón y China. Los chinos no tenían ninguna idea de los diferentes países que componían el mundo. Su idea era que había un vasto reino central, como ellos lo llamaban, representado por un círculo. Eso era la China, por supuesto. El círculo era colocado en un cuadrado. Los cuatro espacios vacíos en los ángulos del cuadro donde el círculo no tocaba y que comprendía el resto del mundo, era ocupado por un reino que llamaban el "Reino de los Diablos Extranjeros." Por consiguiente, creían que nosotros los ingleses y los japoneses éramos lo mismo, y la gente hizo correr la noticia que mi padre era uno de los que se habían rebelado contra la China. Cuando viajábamos por el río más cerca de Tientsin, las cosas se presentaban, a veces, con un aspecto peligroso y dondequiera que nuestra embarcación (ahora una barcaza) tocaba la ribera, un gentío se reunía para ver los diablos extranjeros. Pero como siempre, Dios dispuso nuestra liberación de una manera extraña. La mayor de nuestras hijitas hablaba el chino; la gente la vió y le hicieron unas preguntas, '¿cuál es tu nombre, tu edad, tienes algo que comer?', etc. A gran sorpresa de ellos contestó en chino. El resultado fué que una turba amenazante se volvió en admiradora, y arreglaron que grupos sucesivos de chinos se acercaran a hacer las mismas preguntas. En cada ocasión los chinos resumieron el asunto en estas palabra: '¿No veis? esta niña habla nuestro idioma porque come nuestra comida.'

"En Shanghai nos embarcamos en un vapor del Lloyd Alemán. Naturalmente viajamos de segunda clase, pero los camareros eran todos músicos y formaron una verdadera banda que tocaba todas las tardes en nuestro salón. Apreciamos esta banda más de lo que la mayoría se puede imaginar, pues nuestras cuatro niñas se sentaban para escuchar y así teníamos un poco de descanso. El tercer día oímos el sonido de pasitos que venían hacia el camarote y las tres mayores irrumpieron muy excitadas, diciendo: 'No podemos comprender estos misioneros de ninguna manera, pues no hacen más que tocar música y nunca cantan himnos ni oran.' ¡En su vida en el interior de China nunca habían visto un hombre o mujer blancos que no fueran misioneros!

"Finalmente, llegamos a Londres y fuimos regiamente agasajados por mi madre en su hogar en los Jardines de Hyde Park. Las chicas no sabían nada de inglés. Mi madre, muy generosamente, había provisto una niñera para cuidarlas, para que estuviéramos más descansados y pudiéramos ver más a nuestros amigos. La niñera halló en algunas ocasiones, que había aceptado una tarea demasiado difícil, especialmente en una oportunidad cuando encerró a una de las cuatro en el cuarto de baño, como castigo. Esto era demasiado para "El Clan". Así la rodeó y no quiso soltarla ni dejar de vociferar en chino hasta que la puerta fue abierta y la otra miembro del Clan se les reunió.

"En una ocasión, una prima mía y su esposo estaban quedando con mi madre. El se deleitaba en jugar con las chicas, pero siendo un hombre de negocios tenía que escapar y eso no era siempre cosa fácil. Un día acababa de escaparse. Nuestras niñas, sabiendo solamente el chino, no conocían los pronombres de los géneros masculino y femenino. Todas se habían asido de "ella" y llamaban a todo el mundo "Señora", de manera que vinieron corriendo a nosotros muy atribuladas y dijeron, '¿Dónde se ha ido esa señora?' (habían empezado a aprender un poco de inglés para entonces). No sabiendo lo que había sucedido, dijimos, '¿Qué señora?' 'Oh' dijeron, 'esa señora que siempre juega con nosotros.' Ahora bien, sabíamos que la 'señora' de los dos era una persona muy formal, así que dijimos, '¿Pero qué señora?' Su contestación fué, 'Oh, Vds. saben muy bien, es la señora que no tiene cabello arriba de la cabeza.' Se me dijo después que el caballero fué por algún tiempo conocido por no pocos de sus colegas en la ciudad con aquella descripción.

Fué necessario pasar una temporada en Inglaterra. Tanto C. T. como su esposa tenían la salud muy quebrantada. Hasta se temía que los pulmones de C. T. estuvieran afectados, aunque resultó que fué tan sólo el efecto de excesivo trabajo y alimentación inadecuada. Pero descansar para él era solamente cambiar de frentes de batalla. Si Dios lo mandaba a Inglaterra, muy bien. Iría a la pesca de almas en Inglaterra precisamente como lo había hecho en China. La salud no sería un obstáculo.

Visitó el Star Hall, de Manchester (donde él y Francisco Crossley llegaron a ser íntimos amigos), las universidades y muchos otros lugares.

En una ocasión fué invitado al norte de Gales. Siempre había orado y buscado oportunidades de ganar a miembros de su propia familia para Cristo. Ahora tendría una oportunidad. El Dr. Edwardes, director de un colegio teológico, le había pedido que viniera a hablar a los estudiantes y ser su huésped. Esta noticia llegó a los oídos de su prima, Sra. de Jorge Thomas, que vivía cerca. Ella escribió en seguida al Dr. Edwardes y dijo que no podían pensar en permitir que Carlos viniera al lugar y no quedara con ellos, así que, si no tenía inconveniente, que le dejara venir allí. El (C. T.) propuso un convenio muy sagaz y contestó que vendría, siempre que la Sra. de Thomas asistiera a las reuniones. La Sra. de Thomas consintió. Así cuando C. T. llegó, ella lo acompañó a la reunión de la tarde. En el curso de su plática dijo, "La verdadera religión es como la viruela: si uno se contagia, lo da a otros y se extiende." Esto era demasiado para la Sra. de Thomas, y en el camino a casa dijo indignada, "¡Qué cosa horrible dijiste esta tarde, Carlos, comparando la religión a la viruela. Me pareció tan repugnante!" Esto condujo a una larga conversación. De acuerdo con su promesa, ella le acompañó otra vez a la reunión de la noche. Evidentemente había sido tocada y estuvo muy callada en el camino a casa. Cuando llegaron, le hizo una taza de cacao y se la alcanzó. El estaba sentado en el sofá en la sala y continuó hablando mientras ella quedó parada alcanzándole la taza. Ella le habló, pero tampoco hizo caso. Entonces naturalmente ella se impacientó. "Bueno," dijo él, "así es exactamente como tú estás tratando a Dios, que te está ofreciendo la vida eterna." La saeta dió en el blanco. Fué a su pieza y aceptó a Cristo. Dos días después, cuando él estuvo de regreso en Londres, recibió este telegrama: "Tengo un fuerte ataque de viruela. Dorotea."

C. T. se repuso gradualmente, no así la Sra. Studd.

No parecía haber mucha esperanza de regresar a China.

C. T. y su madre siempre se habían tenido mucho cariño y ella no quiso que vivieran en otra parte sino con ella. El Señor proveyó para ellos en otras formas también. Cierto señor, que no conocían antes de su regreso de la China, les envió constantemente cheques por sumas considerables; cuando él falleció repentinamente, Dios movió a otro que les enviara donaciones con regularidad durante muchos años. Comprobaron lo que todos los que ponen a prueba al Señor experimentan, que nunca falta a los que confían en El. Ni ellos ni sus hijas en este período, ni durante el resto de sus vidas, carecieron de lo necesario.

Entonces se presentó una nueva oportunidad. El avivamiento que había empezado entre los estudiantes cuando C. T. y Stanley Smith visitaron Edimburgo, se había extendido al otro lado del Atlántico. El eslabón de unión había sido J. E. K., el hermano de C. T. que a invitación de Moody, había ido a los Estados Unidos después que los Siete hubieron partido para China, y allí recorrió las universidades, contando la historia de los Siete. El fuego se extendió a los estudiantes de Estados Unidos, y dos de ellos empezaron el Movimiento Voluntario Estudiantil, con resultados notables. Centenares fueron enrolados, y de ellos a su vez surgió la Unión Mundial Voluntaria Estudiantil, y después el Movimiento Estudiantil Cristiano. Otro resultado trascendental de esa visita fué la conversión de un estudiante que fué destinado a ejercer influencia mundial: J. R. Mott.

Ahora le tocó el turno a C. T. En 1896 se le invitó a trasladarse a Estados Unidos. Se quedó diez y ocho meses. Su horario estaba completamente colmado de reuniones, a veces, seis en el día; en verdad estuvo demasiado ocupado, y terminó muy cansado. Si no le estipulaban un horario, pocas veces hablaba menos de una hora y a veces dos. Su tiempo libre fué una sucesión interminable de entrevistas con estudiantes. La manera cómo trató con ellos es una enseñanza en el método de traer a los jóvenes a una completa seguridad de Salvación y plenitud del Espíritu Santo. Podemos tan sólo escoger algunos casos aquí y allá en su correspondencia. "Knoxville. Junio 24, 1896. He tenido un día muy bueno hoy; me levanté temprano y estuve orando la mayor parte del día; el Señor me ha estado revelando su Palabra. Siento que he sido tan retrógrado... parece que siempre me vuelvo haragán cuando regreso al hogar. Te ruego ores por mí. Hallo que no entiendo bien la Palabra si no paso mucho tiempo de madrugada con El y entonces El hace brillar las páginas. Generalmente estoy despierto, leyendo y orando poco después de las cuatro."

"Lincoln, Nebraska. Dic. 5. ¡Aleluya! Acabo de hacer una pesca. Regresaba aquí, al hotel, cuando un estudiante se encontró conmigo y empezó a hablarme en la calle acerca de su alma. Nos paramos y hablamos. El se sentía miserable y sus ojos empezaron a llenarse de lágrimas, así que dije: 'Venga a mi pieza y arregle el negocio con el Señor.' Vino, se entregó enteramente a Jesús. Vió que Jesús debía haberle aceptado porque El no puede mentir, dió gracias, pidió el Espíritu Santo y le recibió por la fe, de acuerdo con el mismo principio que Jesús no puede mentir: tiene que dar el Espíritu Santo al que lo pide. Entonces me volví hacia él y le dije que tenía que dejar que el Espíritu Santo obrara en él y a través de él. Parecía comprender un poco, pero su rostro no cambió, estaba todavía lúgubre e infeliz. Le dije: 'Si un hombre tiene un perro, ¿lo guarda generalmente y ladra él mismo?' Se rió, su rostro cambió en un instante y prorrumpió en alabanzas a Dios. 'Oh, lo veo todo ahora, lo veo todo ahora,' y luego se rió, regocijó y oró, todo a la vez."

"Minneapolis. Enero 14, 1897. Después del té tuve una reunión de 7.30 a 8.30 de la tarde. El Señor bendijo a los estudiantes y a algunos otros; pero oí que al presidente le parecía que había empleado un lenguaje muy popular. De cualquier modo, no parece haber molestado mucho al Señor, porque esa noche el joven A. me pidió que fuera a caminar con él; hablamos de su caso y resolvió hacer una completa rendición que completó en mi pieza esa noche; tuvimos un tiempo magnífico. A la mañana siguiente entrevisté a unos pájaros heridos y tuve un tiempo espléndido con dos muchachos. Después, a las dos de la tarde, tuve otra entrevista con un voluntario que nunca había sido convertido y por lo tanto no podía hacer trabajo para Jesús; se sentía afligido y condenado, pero salió gloriosamente a la luz. Recibió la dádiva de la salvación, se rindió y recibió el Espíritu Santo. ¡Oh, el Espíritu Santo descendió sobre nosotros y hubo gloria, gloria en todas partes: alrededor nuestro y en nosotros!

"He sabido que en el Colegio de Blumington, donde estuve en Noviembre, han tenido un tiempo de bendiciones. Desde mi visita ha habido veintitrés conversiones entre los estudiantes."

"Colegio de Ripon, Wisconsin. Enero 21. Tuve un domingo muy ocupado. La primera reunión a las 9 con las jóvenes de la Asociación Cristiana Femenina; el Señor estuvo muy presente y abrió mi boca para hablar Su Palabra. A las 10:30 tuve que ir a la iglesia Metodista Episcopal; tuve un buen tiempo; hablé como una hora. A las 16.30 tuvimos una magnífica reunión de estudiantes: el local estaba colmado y ellos, sumamente interesados; no terminé hasta casi las 18. A las 19 tuve que hablar en una reunión de jóvenes del Esfuerzo Cristiano y luego a las 19.30 una reunión con las cuatro iglesias principales de la ciudad, Bautista, Presbiteriana, Metodista y Congregacional. Hablé durante 91 minutos."

"Nicholasville, Feb. 23 ... Poco después de llegar al hotel vino un estudiante de teología que quería hablar conmigo. Conversamos un buen rato y al fin hallé que nunca había recibido la salvación como una dádiva; estaba tratando de comprarla o ganarla con buenas obras. Así que, cuando se lo hice comprender bien, su rostro se iluminó; se puso de rodillas y recibió la dádiva. Se dió a sí mismo como una dádiva a Dios y recibió el don del Espíritu Santo. ¡Fue magnífico y él estuvo tan agradecido!" "Lewisburg, Colegio de Bucknell. Abril 5. Tuvimos una espléndida reunión de estudiantes a las 18.30. La presencia del Señor fue muy manifiesta. Después de algunos himnos y una oración, hablé por unos treinta minutos; luego todos se pusieron de rodillas y uno después del otro se entregó al Señor: 'Tómame como soy,' 'Iré contigo, Señor Jesús.' Habrán sido unos veinte. Oh, verdaderamente esa es la música más dulce que jamás podrá ser oída por oído alguno y si dulce para nosotros cuánto más dulce para Jesús. Después les hice cantar un himno:

"Veo la sangre que limpia, oh sí,
Me sumerjo y oh, me limpia a mí."

"(En una carta a C. T. desde Indianápolis, Junio 16). Quiero decirle, dando a Dios la gloria, que su visita a Indiana fue seguida por muy buenos resultados. De-Pauw ha tenido un avivamiento que resultó en la conversión de cuarenta hombres. Estuve en Hannover recientemente: después de su visita tuvieron reuniones especiales y unos cuantos hombres fueron alcanzados, entre ellos algunos que habían sido considerados los más reacios del Colegio; la escuela entera ha cambiado."

Entre sus cartas, C. T. envió a Inglaterra un recorte dando algunos detalles elogiosos de su vida. Su comentario al márgen es: "Esta es la clase de disparates que publican los diarios. En una ocasión un hombre se levantó y dijo algo parecido a esto antes que yo hablara, así que me levanté y dije: 'Si yo hubiera sabido que se diría esto, hubiera venido un cuarto de hora más tarde. Vamos a borrarlo con algo de oración.'"

"Conferencia de Estudiantes de Knoxville, Junio 21. Después de regresar a mi pieza (escribe C. T.) y a eso de las 10 de la noche, irrumpió un estudiante y dijo: 'Desde que le oí hablar esta mañana, no he pensado sino en el infierno, porque no me he rendido y no lo puedo hacer.' (aunque no había hablado del infierno ni de nada parecido). Dije: '¿Por qué no puede rendirse?' 'No lo sé.' '¿Lo quiere hacer?' 'Oh, sí.' 'Bueno, hágalo ahora, póngase aquí de rodillas y dígale a Dios que le entregará todo.' 'Pienso que quizás no he estado dispuesto a hacer lo que El me dijo.' 'Bueno, ¿está dispuesto ahora a dejar todo pecado y hacer Su voluntad?' 'Sí.' 'Entonces entréguese a El sencillamente.' Se arrodilló y después de unos minutos se rindió enteramente; en seguida se levantó con un rostro gozoso y radiante, y dijo: 'Está todo bien ahora.' No tenía necesidad de decírmelo.

"Aquí hay una carencia de espiritualidad terrible: exceso de risa y chanza pero no un poder espiritual verdadero y profundo. ¿Y por qué? Porque lo *temen*. ¡Imagínate! Temen que las mentes puedan sufrir de tensión, así que, en vez de darles menos reuniones, muy a menudo las diluyen con el agua de tonterías.

"A la tarde leí y oré; los otros habían ido en bote para una excursión y helados. No tomé merienda a propósito y dirigí la reunión de la tarde. Fue magnífica; yo hablé durante una hora y cuarenta minutos. Los muchachos estuvieron más silenciosos al final que al principio. El Señor estuvo con nosotros en poder. Muchos se quedaron a hablar o arreglar entrevistas. Dos vinieron esa noche. Uno, estudiante de medicina, estaba vacilante en cuanto a ofrecerse como misionero, pues tiene una madre y hermana dependientes de él. Le conduje por la antigua senda. Vió el amor de Dios, se rindió y se fué contento. No les digo a estos muchachos que se ofrezcan para el campo misionero. Les digo que se rindan a Dios y que vayan regocijándose en El; El, a Su manera les aclarará todo. Oh, no hay ningún gozo en el mundo, como el ser usado por Dios para bendecir a otros. El lugar está ahora como ardiendo con fuego divino y uno lamenta que este efecto no se produjera antes, como podría haberse producido si las pláticas hubieran sido más espirituales y que tocaran los corazones.

"Al día siguiente tuve entrevistas durante toda la tarde y noche, un tiempo verdaderamente glorioso. Un hombre me dijo cuando empecé a interrogarle, pues parecía que algo estuviese mal, que había sido convertido, era salvo y miembro de la iglesia Episcopal. Así que le dije, '¿Están perdonados todos sus pecados?' 'No, todos no.' '¿No es algo peligroso que algunos no sean perdonados?' 'Supongo que sí.' '¿Quiere que sean perdonados?' 'Sí.' Le expliqué un poco y entonces se arrodilló para confesar; iba a confesar los pecados que había cometido en alta voz, de modo que yo le oyera, pero le detuve y dije que no los quería oir, pero sería bueno que se los dijera a Dios. Así nos pusimos de rodillas y él los confesó a Dios; luego, en alta voz, pidió perdón. Le pregunté, '¿Le ha perdonado?' (citando el pasaje, 'Si confesamos', etc.) 'Sí, me ha perdonado.' 'Entonces déle las gracias.' Y lo hizo. Después se rindió y pidió el Espíritu Santo, y dió las gracias. Cuando yo hube terminado de orar, se levantó con lágrimas en los ojos, me estrechó la mano y dijo: 'Nunca tuve una experiencia como ésta antes.' ¡Gloria sea a Dios! Como te puedes imaginar, me fuí a cenar tan lleno de gozo como un globo de gas. Oh, verdaderamente, estas almas valen más que diamantes; quiero más salvar un alma que ser la Reina Victoria.

"Al levantarme de la cena, un hombre con el rostro muy triste vino a verme. Me dijo que no podía vencer cierta clase de pecado. Lo llevé a mi pieza. Me dijo que era un estudiante de teología, que había sido convertido pero recientemente había caído en este pecado que le dominaba. Conversamos durante un buen rato, dijo que lo aborrecía y quería dejarlo. Vió su absoluta impotencia ante el problema. Le dije: '¿Se ha rendido?' 'Sí, lo he hecho, pero he vuelto a pecar.' '¿Ha pedido perdón desde entonces?' 'No.' 'Bueno, ese es el primer paso. Lo quiere hacer ahora?' 'Sí.' Nos pusimos de rodillas, confesó, pidió perdón y lo recibió; era perfectamente consciente de lo que hacía; luego hizo una completa entrega de sí mismo nuevamente, y yo le dije, 'Ahora pida el Espíritu Santo.' Pero no comprendió y discutió acerca de eso mientras estuvimos de rodillas. Le mostré la diferencia entre los apóstoles antes y después de Pentecostés. Admitió que si estuviese lleno del Espíritu Santo, no estaría cometiendo pecado. Por fin pidió que fuese llenado del Espíritu, y entonces yo oré pidiendo a Dios que quitara el deseo pecaminoso y no lo dejara volver más. ¡Oh, puso todo su corazón en ello! y se levantó nuevamente diciendo, 'Lo sé, porque siento que El me ha dado la victoria.' Así que le dije, 'Entonces arrodíllese otra vez y déle las gracias.' Así lo hizo. Antes se dibujaba desesperación en su rostro, pero ahora estaba transformado. Vertía lágrimas de gozo y se fué lleno de gozo.

"(El día siguiente) Anoche ví a ... y conversé con él. Es el que había sido dominado por un pecado. Dijo que todo estaba bien. Dios le había dado completa victoria y era un nuevo ser; fuimos debajo de un árbol y arrodillándonos, tuvimos algo de oración.

"El siguiente fué H., y el Señor me condujo de una manera extraña. Después de un rato dijo que era salvo, que sus pecados habían sido perdonados. '¿Por qué lo cree?' 'Oh, yo lo siento.' '¿Qué le hace sentirlo?' 'Oh, estoy tratando de tener a Jesús como un ejemplo.' 'Oh,' dije yo, 'entonces esté bien seguro que está condenado.' Se me escapó antes que lo supiera e hizo la obra del Señor, pues el individuo se quedó completamente pasmado; me preguntó otra vez, y lo repetí; quedó de tal manera asombrado y convicto que preguntó en las mismas palabras del carcelero de Filipos, '¿Entonces qué debo hacer para ser salvo?' Así que le indiqué lo que debía hacer. Después de un rato se puso de rodillas y recibió la salvación como una dádiva; luego se rindió y pidió el Espíritu Santo. ¡Se fué completamente cambiado!"

"Monmouth, Nov. 19. Ayer tuve un tiempo espléndido con las almas: entrevistas todo el día; la última fué con un reincidente que había caído profundamente en el pecado. Tenía un semblante tan sombrío y obstinado como la desesperación misma, pero una lucha de tres horas dió completa victoria. Yo estuve con él una hora; después tuve que ir para una reunión; otro estudiante siguió con él y a mi regreso, dos horas más tarde, hallé que recién había logrado la victoria. Hubieras visto su semblante, ¡Oh, tan iluminado! ¡Era una maravilla!

"Después del té vino el director de la Asociación Cristiana de Jóvenes del Colegio; hizo una completa rendición, pidió la dádiva del Espírtu Santo y se fué sabiendo lo que había recibido, feliz, lleno de fe y determinado a hacer obra personal en la salvación de almas. Hay tanta necesidad de ésto. Parece la misma historia en todas partes: tinieblas espirituales a causa de esta falta de obra personal. Hubieras visto ayer el rostro radiante del Presidente de la Asociación Cristiana de Jóvenes del Colegio; había sido creyente dos años y no había ganado ningún alma. La primera la ganó la noche anterior en mi reunión, y ayer dijo que jamás había sido tan feliz, tanto que no podía dormir.

"La misma noche, vino S. y dijo que le habían pedido que hablara en la capilla al día siguiente. En seguida el Señor parecía decirme que yo tendría que hablar, pero no dije nada. Dios detuvo a S. en su plática unos diez minutos antes que se cumpliera el fin del tiempo que le habían dado para hablar; no podía pensar ni una frase más, aunque se había preparado para hablar vienticinco minutos; toda palabra le dejó y tuvo que sentarse. Entonces me pidieron a mí que hablara, aunque estaba sentado al fondo del salón. Caminé tan presto como pude mover las piernas y empecé en seguida. Oré primero tan sólo estas palabras, 'Oh, Señor, haz que mi lengua se mueva tan de prisa como mi corazón, por Cristo Jesús,' y contestó abundantemente. Hablé con todo el fervor que tuve al hacer cien tantos en cricket contra los australianos. ¡Oh, es tan bueno saber que el Señor está con uno! "Luego, S. vino conmigo a mi pieza para platicar. Se entregó completamente, confesando, rindiéndose y recibiendo el Espíritu Santo. Oh, un cambio tan grande como no puedes imaginar: no se le conocería como la misma persona; estamos como ebrios del Espíritu. Oh, una libertad tan grande en oración. Nos reímos, dimos gracias y oramos ante Dios.

"Dios ha hecho que las cosas me sean bien claras y me ayuda a exponerlas claramente a otros. He aquí, en síntesis, lo que les digo: 'La seguridad de la salvación depende del hecho que Jesús pagó la pena de su pecado, no en ningún sentimiento suyo; Cristo murió por Vd. por lo tanto Vd. legalmente pertenece a El.' Después de algunas otras explicaciones digo, '¿No quiere, de rodillas, de una manera práctica y seria, rendir todo lo que tiene a Jesús?' 'Sí.' Entonces él o ella lo hace y les pregunto si Jesús los ha aceptado. Si no saben, les pregunto sencillamente si Dios es mentiroso, lo que en seguida produce la necesaria seguridad pues es imposible que Dios haya mentido. Luego le digo al interesado que, en una frase sencilla, pida el Espíritu Santo, y lo hace. Entonces pregunto, '¿Ha sido dado?' Por el mismo método viene la contestación 'Sí'; le digo luego que agradezca a Dios, (1) por haberle aceptado, (2) por haber dado el Espíritu Santo. Después agrego: 'No se preocupe, ni se aflija, ni piense, ni se esfuerce; no se afane por nada, tan sólo confíe y obedezca Su voz. Regocíjese y sea feliz en Jesús siempre. El sentimiento vendrá a su debido tiempo, pues es un hecho que Dios ha dado el Espíritu Santo. No estorbe a Dios tratando de ayudarle, sino, desista de impedirle Su trabajo en Vd.' Vienen carilargos y se van radiantes, alegres.''

Capítulo XII

SEIS AÑOS EN LA INDIA

"Esa iglesia es un lugar que se debe eludir, si uno no quiere convertirse." Esto suena como la iglesia primitiva en Filipos y Efeso, pero es lo mismo aun hoy cuando los predicadores creen en el Espíritu Santo. La observación se hizo con respecto a la iglesia del Sr. Studd en Ootacamund, en el sur de India, donde fué como pastor de la Iglesia Unida durante seis años, desde 1900 a 1906.

Desde el tiempo de su conversión, C. T. había sentido la responsabilidad que tenía su familia de llevar el Evangelio a la India. Había sido el último deseo de su padre. C. T. había escrito a su madre desde la China: "Jorge me ha dicho cómo la gente conoce el nombre de Studd en Tirhoot (norte de India) y cómo acudieron muchos a verle cuando estuvo allí; ¿pero, qué han visto? Studd el cultivador de añil, Studd en busca de riquezas, pero nunca Studd buscando la salvación de las almas de los nativos ¿Verán a Studd el embajador de Jesucristo?"

Ahora se le dió la oportunidad de ir él mismo. El Sr. Vincent, el viejo amigo de su padre, le instó a cumplir el deseo de aquel y dirigirse a Tirhoot para celebrar reuniones entre los colonos, prometiendo hacer todos los arreglos. C. T. aceptó y estuvo unos seis meses en Tirhoot. Entonces recibió el ofrecimiento de ocupar el pastorado de la iglesia independiente de Ootacamund, bajo los auspicios de la Sociedad Anglo India de Evangelización.

Su obra debía realizarse entre toda clase de personas: los colonos en los campos de Mysore y Madrás, entre los cuales

emprendió largos y arduos viajes; la población de Ootacamund, europeos y mestizos; los soldados en el vecino Hogar
de Soldados, entre quienes era sumamente popular; los oficiales y sus familias y empleados del gobierno, que acudían en
gran número a este hermoso lugar serrano en los meses de
calor, incluso el gobernador de Madrás y su esposa, Lord y
Lady Ampthill, con quienes se trataron mucho, pues Lord
Ampthill había estudiado en Eton. Fueron invitados con frecuencia a la casa del gobernador. Esto les proporcionó muchas
oportunidades de trabar relaciones con personas a quienes rara
vez se les habrían expuesto las cosas espirituales de una manera sencilla y natural. Lord Ampthill fué muy amable con
C. T.; cuando estuvo muy atacado de asma, los llevó a él y
a su esposa a quedar en la Casa de Gobierno en Madrás arre-
glando que su propio médico le hiciera una operación especial
en la nariz. Durante esta visita, C. T. conoció también a Lord
Kitchener, quien cuando le fué presentado, dijo, "¡Ah, sí, por
supuesto, todos conocemos a C. T.!"

Como siempre, se aplicó directamente a ganar almas, tanto
en la Iglesia Unida como entre los colonos, hallando corazones que respondieron en lugares donde menos se esperaría;
un buen número confesó a Cristo como su Salvador personal.
La Sra. Studd escribió a Inglaterra en cierta ocasión: "Creo
que no pasa una semana sin que Carlos tenga de una a tres
conversiones." Pero la atracción del mundo, era muy fuerte
en este popular lugar de veraneo, y tan sólo permanecieron
firmes aquéllos que se entregaron enteramente a Dios, y que
obtuvieron una salvación que quitó el amor del mundo de sus
corazones.

Una de las primeras personas que él condujo a la certeza
de la salvación, fué la esposa de un coronel, luego a un ex-
alumno de Eton que fué contemporaneo suyo y había remado
en los ocho de Eton.

C. T. tomó parte en una gira de cricket a fin de tener

oportunidad de celebrar reuniones con los soldados por las noches después de haber jugado con los equipos de los regimientos. Su destreza de otros tiempos se manifestó nuevamente y en 1914 hizo dos "centurias" (cien tantos) dobles: una hazaña que se había realizado solamente una vez antes en el cricket indio. Durante la gira trabó amistad con un oficial político creyente, Coronel W. G. Grey quien le persuadió que visitara al Obispo de Madrás. Cuando C. T. regresó, el coronel le preguntó cómo le había ido. C. T. contestó: "Un poco reservado al principio, pero halló que yo amaba al Señor Jesucristo lo mismo que él, ¡y desde entonces todo anduvo perfectamente bien!" Lord Curzon, el virrey, tuvo una larga conversación con él en ocasión de una visita a Ootacamund, y le pidió que viniese como invitado especial al Durbar[1] de Delhi, para representar a India en un partido de cricket contra un once de Inglaterra.

Una conversión notable fué la de un empleado superior de las oficinas militares. No había abierto su Biblia por veintitrés años, pero fué persuadido a asistir a la Iglesia Unida por su hijito, que dijo, "Tú *tienes* que venir a oir al Sr. Studd: habla hasta de pan y manteca en el púlpito," (refiriéndose a algún incidente que C. T. había relatado para ilustrar cómo el Señor suple las necesidades de todos los días). Fué y volvió a ir. Luego escribió al Sr. Studd, "Cada domingo en la Iglesia Unida he sido golpeado con más y más fuerza. Esta última semana sentí que tenía que decidirme. Hubo una tremenda lucha entre Dios, yo y el diablo. Gracias a Dios, El triunfó." El cambio fué tan notable que su sirviente indio comentó, "¿Qué le ha sucedido al patrón? Antes siempre hablar muchas palabras malas: ahora siempre hacer mucho trabajo de iglesia." (aludiendo al culto familiar que había empezado en

---

[1] Recepción oficial ofrecida por el Virrey de la India todos los años.

su hogar).

Entre los colonos también tuvo resultados alentadores, especialmente por medio de obra personal. Pero la dificultad era seguirlo con una obra de edificación en los lugares apartados. Su manera sencilla y directa de exponer el Evangelio alcanzó a sus corazones, como escribió a su esposa: "Todos dicen, '¿Por qué no lo explican otros de un modo tan claro, sencillo y directo como éste?' "

Pero toda esta obra se realizó penosamente, y no solamente en la India; desde algunos años antes, C. T. había sido un mártir del asma. Apenas dormía sino entre las dos y las cuatro de la madrugada. Noche tras noche lo pasó en una silla luchando por respirar. "Carlos está deshecho," escribió la señora, "y casi el menor movimiento le ocasiona el asma." Sin embargo, este fue el hombre que más tarde, por la fe, se internó en el corazón de Africa y vivió allí por diez y ocho años. No es de extrañarse que aun su esposa se haya opuesto al principio y que después su expresión favorita fuera: "El Dios de lo Imposible."

La Sra. Studd y las cuatro hijas, Engracia, Dorotea, Edith y Paulina, la mayor de las cuales tenía entonces doce años, le siguieron a Ootacamund. Era un lugar ideal para las muchachas y pasaron años felices allí. Su padre les enseñó a cabalgar, y al mismo tiempo valor, que consideraba una de las mayores virtudes. Las hizo subir a un petizo que arrojó a cada una sucesivamente por la cabeza la primera vez que lo montaron. La Sra. Studd protestó, pero él contestó, "No debes inculcarles temor, o serán cobardes. Deben aprender a cabalgar en 'Gamecock' (Gallo de riña), porque si dominan a 'Gamecock,' podrán andar en cualquier caballo."

Las cuatro se decidieron para Cristo durante su estada en la India, y C. T. describe el singular culto de bautismo:

"Se aproximaba el día en que debíamos abandonar la India y las muchachas querían ser bautizadas. Pertenecíamos a la Iglesia Unida, de la cual yo era pastor, así que no éramos anglicanos ni de la C.M.S. ("Church Missionary Society", Sociedad Misionera de la Iglesia, también anglicana). El ministro anglicano era ritualista[1], el misionero era del otro extremo[2]. Por consiguiente tuve que bautizar a las chicas yo mismo. ¿Pero dónde?' No había ningún lugar apropiado. De todas maneras, nos vino la visión y no le fuimos desobedientes. Mandé al jardinero que cavara uno de los canteros más grandes del jardín hasta una profundidad apropiada. Entonces fuí a una casa de comercio y compré uno de los más grandes cajones forrados de zinc que pude hallar y lo coloqué en el cantero. Yo me paré fuera del cajón en otro pozo, pero sin agua. El tiempo era muy frío, así que en la mañana del día señalado hubo una cuadrilla de muchachos indios llevando calderas y cacerolas de todos tamaños con agua caliente, que echaron en el cajón. Tuvieron que persistir en el trabajo, pues a último momento hallamos que el cajón tenía una grieta por donde perdía el agua. La concurrencia en casa fue muy buena; el culto preliminar tuvo lugar en la sala. Cantamos y oramos. Entre los asistentes había un viejo misionero de la C.M.S. y su esposa, con faces radiantes, pues ellos también amaban a las niñas, un misionero bautista con su esposa, la Srta. Amy Carmichael y varios otros misioneros. Pedí a uno de ellos que hiciera a las muchachas, una por una, las preguntas que quisiera. Pasaron bien por la prueba y entonces fuimos al cantero. Una tras otra entraron y salieron, mientras que se cantaban himnos apropiados. Temo que las chicas, enseñadas en una escuela tan extraordinaria como la nuestra, habían embebido el espíritu chistoso que nos poseía, pues después de la ceremonia las muchachas se chanceaban, diciendo que yo había bautizado a dos de ellas con los nombres cambiados.

---

(1) y (2) La Iglesia Alta, también conocida como Ritualista o Anglo Católica, y la Iglesia Baja o Evangélica, son dos tendencias de la Iglesia Anglicana.

Volvimos a la sala y allí participamos de la Santa Cena de un modo que, supongo, se diría muy poco convencional. El misionero de la C.M.S. dijo que nunca había gozado tanto de un culto de Comunión. Soy de la opinión que la esencia de un buen convite, sea comida o almuerzo, no es el mantel, ni siquiera la bondad de los manjares, sino la compañía. Pienso exactamente lo mismo de la Santa Cena."

Se necesita agregar tan sólo una cosa más respecto a su estada en la India: C. T. nunca se desvió de su actitud de absoluta dependencia de Dios para la provisión de todas sus necesidades aunque recibió una asignación de la Sociedad Anglo India de Evangelización, pues cuando aceptó el puesto escribió a su esposa: "Solamente recordemos ahora una vez más que Dios será nuestra porción y que voluntariamente y con gozo le confiamos nuestras vidas y las de nuestras hijas; si El nos faltare, nuestra situación sería desesperante, ¿pero cómo puede faltarnos? Sería blasfemia de mi parte sugerir tal cosa. Gloria sea a El por habernos concedido este segundo privilegio; pero nuestra norma debe ser confiar en El y tan sólo en El, ni un poquito en ninguna Sociedad; si nos pagan los gastos, muy bien, pero no voy a confiar en Dios y ellos; confiaré tan sólo en Dios y tú harás lo mismo.

CAPITULO XIII

UN HOMBRE PARA HOMBRES

Su regreso a Inglaterra en 1906 les dió una prueba más de la fidelidad de Dios. Las niñas necesitaban educación, para la cual no había facilidades en Ootacamund. Un colegio de pupilas sería lo mejor, ¿pero cómo se podrían pagar los gastos? Diez y ocho años antes la joven pareja había ido hasta el último límite de rendición a Dios: habían arriesgado todo, confiados en la fidelidad de Dios. Ahora sabían que a menos que el Señor supliera su necesidad, no tendrían ninguna esperanza de dar a sus hijas una educación tan buena como ellos mismos habían disfrutado. Pero confiaban en Dios y ahora había llegado la ocasión de probar Su fidelidad. Confiaron el asunto a El y ésto es lo que El hizo: dió a las niñas exactamente la educación que sus padres habrían elegido para ellas, si hubieran tenido los medios para costearla. Tocó el corazón de alguien para que enviara a tres de ellas a uno de los mejores colegios para niñas en el país, en Sherbourne, haciéndose cargo de toda su educación—podrían pasar las vacaciones con su abuelita—y a tres de ellas para completar su educación en Lausana, Suiza. Maravillosa como fué esta provisión, hubiera sido como nada para los padres si no hubiera sido acompañada por la única gran bendición que realmente importaba: la salvación de sus almas. Dos años después C. T. escribió:

"Es un gozo tremendo ver a todas mis hijas francamente del lado del Señor. Siento que por eso sólo le debo al Bendito Salvador cada gota de sangre y afecto en cuerpo y corazón. Quisiera ser como El. Estaba vestido de amor como con una capa."

Pastores y obreros parecían darse cuenta ahora de su magnífica oportunidad de emplear a un destacado deportista convertido para alcanzar hombres. Asociaciones Cristianas de Jovenes, Hermandades, Institutos Policiales, Salones Centrales Wesleyanos, le invitaron y volvieron a invitar. En aquellos dos años, 1906–1908, debe haber hablado a decenas de millares de hombres, muchos de los cuales nunca asistían a un culto, pero fueron atraídos a oírle por su fama deportiva. Captó la atención y conmovió hasta lo más profundo a sus grandes auditorios, y muchos fueron los que se decidieron por Cristo. Su método de hablar de una manera franca, como de hombre a hombre, sin ambages, empleando el lenguaje común del pueblo, junto con su humor, apeló enormemente a los oyentes. Por ejemplo, un diario de Birmingham, que tenía fama de hablar despectivamente de las obras misioneras y religiosas, sorprendió a sus lectores con el siguiente comentario: "El Sr. Studd es un misionero digno de ser imitado. Y así pensó toda esa banda de estudiantes de Handsworth que le vitoreó entusiastamente. Este hombre con la corbata roja, el cuerpo delgado y atlético, y el rostro juvenil, después de más de veinte años de trabajo, está rebosando de vida y humor; nada es pesimismo en él, nada tibieza; ama y sigue; enseña lo que cree, mantiene una faz animosa y radiante a través de todo. Ninguna sutileza parece confundirle; su fe es tan valiente como su palabra clara y directa."

Un ejemplo de la manera en que solía empezar una plática a hombres es el siguiente en un almuerzo de hombres de negocio:

"Señores, habéis participado de una comida suntuosa; estaréis prontos para una plática sencilla. No os voy a encantar con lujo de estilo académico o de púlpito. Hablaré en lenguaje común, en lo que todos estamos acostumbrados a emplear cuando nos hallamos empeñados en la verdadera batalla de la vida o en conversaciones íntimas.

En un tiempo tenía otra religión, afeminada, solemne, formal, escudriñando la Biblia en busca de verdades ocultas, pero ninguna obediencia, ningún sacrificio. Después vino el cambio. Se me presentó la realidad de las cosas. El lenguaje apacible se volvió intrépido. El juego de salón con las niñeras se volvió verdadero cricket en la cancha pública. Las palabras se tornaron hechos. Los mandamientos de Cristo fueron, no meramente algo para recitar los domingos, sino órdenes de batalla para ser obedecidas, si no se quería perder el respeto propio y la virilidad. El asentimiento a un credo renació como acción decisiva de obediencia. La ortodoxia se volvió realidad. En vez de decir 'Señor, Señor' muchas veces con voz reverente y al mismo tiempo continuar sordo a los mandamientos más sencillos, empecé a considerar a Dios como realmente mi Padre dependiendo y confiando en El como tal. En vez de hablar de comunión, disfruté de ella. En vez de ser falto de naturalidad y reservado, me volví natural y poco convencional. Hablé de Dios y Jesucristo como Amigos y Parientes Personales, Reales y Vivientes. *Ellos* nunca me han amonestado por ello. Si un hombre está dispuesto a obedecer y sacrificarse, pronto aprende lo que es la bienaventurada realidad de la comunión con Jesucristo, el Hijo de Dios: relaciones familiares y sociales. En otras palabras, dejé la religiosidad y ceremonias y me hice cristiano. Observo que, en el Nuevo Testamento, reverencia no es aparente respeto y manifiesta desobediencia, sino obediencia, confianza y amor filiales."

Llevó su evangelismo a las calles y a las casas de los que le invitaban; instaba a tiempo y fuera de tiempo. Este es un ejemplo: estando en una casa de campo en Dorset, condujo a su huésped y al camarero a Cristo. El dueño de casa escribió después, "He pensado muchas veces en Vd. y su conversación. No creo que sea tanto la falta de fe con lo cual se tiene que contender, sino la propia debilidad, que hace difícil para el espíritu de honradez aceptar el 'don'. Yo sé que Vd. dirá 'Acepte' (y he aceptado, gracias a Dios)..." Y unos días antes, C. T. había recibido una carta que decía, "El camarero de Clyffe me visitó y en el curso de la conversación me contó que al llevarle el agua caliente a la mañana le guió al Señor, y como resultado, él aceptó a Jesucristo como su Salvador."

En otra ocasión estaba quedando con su gran amigo Dr. A. T. Wilkinson, de Manchester, el mejor amigo de los últimos años de su vida. El doctor hizo venir un coche de plaza para llevarlo a la estación y dijo al cochero que el pasajero era C. T. Studd, el jugador de cricket. El cochero dijo que se acordaba de haberlo visto jugar en la cancha de "Old Trafford." Doctor Wilkinson contó ésto a C. T., y como resultado el pasajero subió con el cochero y trató de ganarlo para Cristo mientras iban a la estación. El cochero nunca olvidó ese viaje.

CAPITULO XIV

LA MAS GRANDE EMPRESA

Llegamos ahora al último y más importante período de la vida del Sr. Studd: China, después India y ahora el corazón de Africa. El llamado vino repentinamente, mientras todavía pensaba en volver a la India. Se hallaba en Liverpool en 1908, y vió un aviso redactado de una manera tan rara que en seguida captó no solo su atención sino su sentido del humor también. Decía así, *"Caníbales quieren misioneros."* "Por cierto que los quieren, y por más de una razón," dijo para su coleto, "Entraré a ver quién es el que ha colocado semejante cartel." Como había sospechado, era un extranjero, Dr. Karl Kumm. Pero Dios estaba en ese impuso casual, pues en esa reunión llamó a C. T. a la mayor obra de su vida.

"Karl Kumm había caminado a través del Africa (escribe C. T.) y estaba contando sus experiencias. Dijo que en el centro del continente existían muchas tribus que nunca habían oído la historia de Jesucristo. Nos dijo que a esas regiones habían ido exploradores, y cazadores de caza mayor, árabes y mercaderes, funcionarios europeos y hombres de ciencia, pero ningún cristiano jamás había ido a contarles de Jesús. *La vergüenza penetró profundamente en mi alma.* Dije: '¿Por qué no vas tú?' 'Los médicos no lo permitirán,' dije. Vino la respuesta. '¿No soy yo el Buen Médico? ¿No puedo llevarte allí? ¿No puedo mantenerte allí?' No había excusas, tenía que ir."

¿Pero cómo? No tenía dinero. A los cincuenta años de edad, después de quince años de mala salud, ¿cómo podía afrontar el Africa tropical? La primera sugestión de Karl Kumm fué que atravesasen el Africa juntos desde el lado del

---

Niger; se convino en ésto; pero, como C. T. dijo después al Dr. Wilkinson, "Esta fué la única vez que Dios estuvo de acuerdo con los médicos, porque cuando estuve pronto para ir, en contra de las órdenes de los médicos, el Señor me puso en cama con fiebre palúdica y dijo claramente '¡No!' El siguiente plan fué un viaje al Sudán Meridional, unos 1.700 kilómetros al sur de Khartoum, a fin de investigar las condiciones exactas.

Karl Kumm había subrayado el rápido avance del mahometismo en esas regiones y la urgencia de establecer una cadena de estaciones misioneras a fin de detenerlo. C. T. presentó el desafío y su disposición de abrir el camino, ante un grupo de hombres de negocios que se constituyeron en una comisión para apoyar el proyecto, pero con una condición: debía tener la autorización del médico. Entonces el asunto fué detenido de pronto, el informe médico fué absolutamente contrario.

"A veces exceso de amor es tan malo como exceso de odio (escribió C. T.). La comisión rehusó permitirme ir, a menos que prometiera no seguir más al sur de Khartoum, a causa de lo que había estimado el médico; él dijo que si me aventuraba más al sur de Khartoum nunca volvería. Cuando yo me negué a dar la promesa, declinaron ayudarme a hacer el viaje, retirando los fondos necesarios para ese propósito."

Sin dinero, desautorizado por el médico, abandonado por la comisión, pero con el mandato Divino de ir, ¿qué podía hacer? "La única cosa honrada." Una vez más arriesgó todo por obedecer a Dios. Cuando joven había arriesgado su carrera, en China había jugado su fortuna, ahora arriesgó su vida. ¡Un jugador para Dios! Se unió a las filas de los grandes jugadores de la fe: Abraham, Moisés, etc., en Hebreos XI, y a la verdadera sucesión apostólica: "Hombres que han expuesto (jugado) sus vidas por el nombre de nuestro Señor Jesucristo." (Hech. 15:26). No es extraño que escribiera una vez, "Ninguna manía tan grande como la del jugador, y ningún jugador para Jesús fué jamás curado, ¡gracias a Dios!" Su contestación a la comisión fué la siguiente, 'Señores: Dios me ha llamado que vaya, e iré. Abriré el camino, aunque mi sepultura no sea más que un peldaño para que hombres más jóvenes me sigan." Llevó a cabo las palabras de su Maestro, "El que perdiere su vida por causa de mí o del Evangelio la salvará." Los siguientes veinte años habían de probar la verdad del último párrafo, "la salvará."

Se había dispuesto su partida para dentro de unas tres semanas y no tenía dinero. ¿Qué había de hacer? Para el día siguiente tenía una reunión en Birmingham, debiendo hablar desde la misma tribuna que el Dr. Jowett. Ya se había anunciado que saldría dentro de unas semanas, y nadie sabía que el día anterior todas sus esperanzas, desde el punto de vista humano, habían fracasado.

"Me hallé en la plataforma sin saber lo que podía decir, dadas las circunstancias. Mientras hablaba el que presidía, me vino un pensamiento repentino. Era la voz de Dios. '¿Por qué no vas?' '¿Dónde está el dinero?' repliqué. '¿No puedes confiar en que yo lo proveeré?' fué la contestación. Era como el sol que aparecía a través de las nubes. '¿Por supuesto que sí,', contesté. '¿Entonces, dónde está la dificultad?', fué la respuesta. El que presidía cesó de hablar y yo me levanté y hablé exactamente como lo hubiera hecho si la comisión no hubiera retirado los fondos. Al día siguiente fuí a Liverpool a dirigir las reuniones de fin de semana en la Misión de Linacre. Fueron muy buenas. El lunes de mañana, al despedirme, un amigo que me había sido completamente desconocido antes de ese fin de semana, puso £10 en mi mano ¡Imagináos mi excitación y júbilo! Tenía que pasar por Liverpool para ir a Londres. Al atravesar la ciudad le dije al cochero que se detuviera en la Oficiana Bibby y en consideración de las £10 reservé mi pasaje a Puerto Said, telegrafiando a la comisión lo que había hecho. Naturalmente las £10 no me pagarían la ida a

Puerto Said, mucho menos a Khartoum y 1.700 kilómetros más al sur y el regreso, pero Dios envió lo necesario de una manera maravillosa, haciendo posible mi partida."

Emprendió viaje el 15 de Diciembre 1910. Había pisado solo el lagar, pues aún su esposa desaprobó su actitud, pero el Señor estuvo con él y llenó su alma con gloria y con visiones de la obra que se realizaría. El mismo día que salió, Dios le concedió una notable revelación. Nada más que un hombre solo, bien pasado de la edad de explorador, emprendiendo un viaje tan aventurado con apenas un hermano cristiano dispuesto a apoyarlo, lo menos que podríamos esperar es que el Señor le asegurase del éxito de su empresa; pero en lugar de eso el Señor le dió un mensaje asombroso:

"Al dejar Liverpool, cuando me retiré a mi camarote la primera noche, Dios me habló de una manera muy extraña. Me dijo: 'Este viaje no es solamente para el Sudán, es para Todo el Mundo No Evangelizado.' Para la razón humana la cosa era ridícula, pero la fe en Jesús se ríe de las imposibilidades."

No parecía que hubiera relación alguna entre la ida de este hombre a un rincón del Sudán y todo el mundo no evangelizado. Pero ahora miramos hacia atrás a través de veinte años y vemos que la Cruzada de Evangelización Mundial, que fué el resultado de su viaje, ya ha implantado el Evangelio en el corazón de tres continentes: Africa, Asia y América del Sur, además de Arabia y Africa Occidental. ¿No podemos aprender otra vez la lección de lo que Dios está esperando realizar por medio del hombre que crea en El y le obedezca absolutamente? C. T. escribió al Dr. Wilkinson contándole la promesa exacta que Dios le dió y cómo la tomó:

"Mi alma arde por hacer la obra de Cristo. Me parece oir a Jesús decir, 'Pasa y posee la buena tierra del mundo. Yo te he entregado todo lugar que pisare la planta de tu pie.' (Gracias a Dios los tengo grandes)."

Mientras tanto puso todo su corazón en las cartas que escribió para alegrar, consolar y animar a su esposa, y sin duda estas cartas deben haber contribuído a demostrarle que Dios estaba verdaderamente con él y hacer que ella fuera más tarde una colaboradora tan ardiente:

"Dic. 26, 1910. De alguna manera Dios me dice que toda mi vida ha sido una preparación para los próximos diez años o más. Ha sido una ruda disciplina. ¡Oh, la agonía que ha sido! ¡El desprecio de la gente del mundo! ¡La pobreza! ¿Y no he sido tentado? ¡Tentado a cesar de trabajar para Cristo! ¡Médicos! ¡Parientes! ¡Familia! ¡Cristianos! ¿Quién no ha declarado que tenté a Dios al levantarme y acometer otra vez? No he sido yo, ha sido Cristo que me ha sostenido y lo sé. Y ahora la Colina ha sido conquistada. Es como 'Albuera'[1]... '600 inmortales soldados británicos se mantuvieron invencibles sobre la colina fatal.' Solamente que éste es un pobre débil gusano de una criatura que Dios ha elegido para echar en el horno ardiente y caminar con El, y sacar otra vez. ¡Y ahora! Ah, sí, parece estar vertiendo salud y fuerza en mí y un ardiente, consumidor deseo de vivir, vivir para Cristo y los hombres. ¡Gloria! ¡Gloria! ¡Gloria! ¡Jesús es supremo! El es mi principal amor y mi Jefe. Y ahora, querida Scila, toda esta separación es para nuestro bien, y lo que es mucho mejor, es para la gloria de Dios y el honor de Cristo. Creo firmemente que: (1) Tu salud será restaurada. (2) Llegarás a ser una tea que arda para Cristo mucho más que antes, con un poder que yo, pobre y débil, nunca podría tener. (3) Nuestras hijas serán fogosas guerreras cristianas, y a Dios sea toda la gloria. Pienso, y pienso, y pienso y siempre en la misma dirección: *Una Nueva Cruzada.* Los pensamientos pasan en tropel por mi mente, y Dios me habla cada vez que me acuesto asegurán-

---

(1) Localidad en España donde se libró una batalla en 1811, durante la llamada Guerra Peninsular, cuando los ingleses bajo Wellington ayudaron a los españoles contra Napoleón.

dome que va a realizar una obra milagrosa. Querida Scila, ¿te acuerdas de Shanghai? Bueno, esos días van a repetirse, pero en una escala magnífica. Oh, esta Nueva Cruzada, arde en mi cerebro y en mi corazón. Tiene que efectuarse.

"Marsella, Dic. 23. Una vez más en el umbral de la obra más grande para Jesús de nuestra vida y de estos tiempos, los médicos te declaran débil, delicada, y más o menos terminada, y, humanamente hablando, creo que es un hecho. Pero *Jesús* te puede devolver vida y salud. El tiene una gran obra para tí. Necesitas el toque de Jesús. ¿No quieres dejar los médicos, que nunca te podrán hacer fuerte, y consultar a Jesús? Querida, vé a Jesús, entrégate a El y creo firmemente que irás alrededor del mundo conmigo ganando a miles para Jesús. *Pero* no hay otra manera en que tú y yo podamos vivir, sino por fe en Jesús. Los médicos me hubieran asustado hasta la sepultura mucho tiempo atrás, si les hubiera prestado atención, pero vivo, y vivo por fe en Jesús y en el poder de Dios. Tú debes hacer lo mismo. Yo prosigo la marcha confiando en El. Hay grandes cosas adelante. Acompáñame en esta Cruzada. Son los cojos que toman la presa. Es cuando somos débiles que somos hecho fuertes. Debemos convocar a los cristianos para la guerra. Tú serás mi mano derecha, la tea ardiendo. Tú serás mi acicate para espolearme hacia cosas mayores. Combatiremos mientras vivamos, y luego El nos dará esa corona gloriosa, y tú la ceñirás, no yo. Dios te bendiga, mi amada. Te amo más en tu vejez, de lo que te amé en tu juventud."

"Enero 11. Consagrémonos de nuevo a Jesús en nuestra vejez. El ha hecho tanto para nosotros ... Por veinticuatro años nos ha mantenido activos, y ha guardado y salvado nuestras hijas. Quiera Dios darnos, como un regalo de bodas de plata, el hacer esta noble obra para El en Africa. Temo que con frecuencia hemos sido fríos y tibios en Su servicio; terminemos estos diez ó veinte años que restan de nuestras vidas, juntos en Su servicio, en los lugares elevados del campo. Esta será nuestra última obra para Jesús y las almas de los hombres. Nada sino ésto podrá ser la cumbre de nuestras vidas. No hay otra terminación para nosotros digna de Jesús, el Evangelio, o nosotros mismos: así que tú y yo lo haremos, lo haremos para Jesús, y otros se levantarán y nos seguirán. Dios te bendiga, querida."

En Khartoum tuvo una demora de algunas semanas. Como un gran admirador del General Gordon, estuvo contento de la oportunidad de ver algo del escenario de sus últimos días. Habló varias veces en la iglesia anglicana a invitación del Obispo Gwynne, Obispo de Khartoum; su presentación del Evangelio en una forma no usual captó el interés de algunos de su auditorio y condujo a la conversión al hijo de un famoso clérigo escocés. También presidió la primera misión entre el Batallón de Fusileros de Northumberland a la sazón destacado allí. Hubo mucha bendición. El Sirdar[1] Sir Reginaldo Wingate, se interesó grandemente en la proyectada gira, pues tenía mucho interés en que se estableciera una obra misionera en el Bahr-el-Gahazal. Invitó a C. T. a cenar en el Palacio varias veces. C. T. consiguió algunas camisas de etiqueta, pero las halló unos cinco centímetros cortas de mangas, así, cortó los puños y los cosió en las mangas del saco de manera que asomaran un poco. Pero cuando se puso el saco encontró que "los gemelos estaban mal colocados pues miraban hacia arriba en lugar de hacia abajo." Pero luego se consoló agregando, "Pero Lord Curzon siempre mandaba hacer sus camisas así ¡por consiguiente probablemente pensaron que era un gran magnate!" En una ocasión se sentó al lado de una Sra. Wherry, que dijo, "Estuve en el partido de Cambridge contra Australia, en Cambridge, en 1882, cuando Vd. jugó

---

(1) Oficial inglés de alta graduación al mando de tropas indígenas, en este caso, gobernador militar del Sudán.

y los venció. Vd. hizo el tiro ganador hasta la línea donde yo estaba sentada y la pelota rodó debajo de mi pollera; me agaché, la levanté y tiré de vuelta; siempre me he arrepentido de haberlo hecho. Debía haberla guardado y hecho poner una banda de plata alrededor y presentarla a Vd." Acompañado por el Obispo Gwynne emprendió viaje hacia el Sudán Austral. Allí se encontraron con el Arcediano Shaw de la C.M.S., y los tres siguieron a lomo de mula y a pie en una gira de dos meses y medio por el Bahr-el-Ghazal. El camino conducía a través de regiones infestadas de paludismo y enfermedad del sueño, y fué tan penoso para los animales que murieron veinticinco burros de veintinueve que llevaban. Pero a pesar de ser la estación de las lluvias, C. T. gozó de perfecta salud durante toda la gira, hasta regresar a Khartoum, donde tuvo un fuerte ataque de paludismo. Hallaron una población muy necesitada del Evangelio, pero poco numerosa. La C.M.S. ya estaba trabajando en el Alto Nilo. Parecía absurdo iniciar una nueva misión pues la obra podía hacerse con la extensión de las operaciones de la C.M.S. en la medida de dos o tres estaciones; y esta fué la solución a la cual se llegó finalmente.

Pero durante la gira había llegado a sus oídos informaciones más importantes aún. Se les dijo que más allá de la frontera sur del Sudán, en el Congo Belga, existían vastas masas de población tan depravadas y desamparadas como las que habían visto, que nunca había oído de Cristo. La información fué la base de otro mensaje de Dios a C. T. y una comisión de internarse aun más en el continente.

"Bajando el Nilo en el viaje de regreso a Khartoum, Dios habló otra vez. '¿Te atreves a volver a pasar lo demás de tu vida en Inglaterra, sabiendo que esta muchedumbre nunca ha oído acerca de Jesucristo? Si lo haces, ¿cómo te presentarás un día ante mi trono?' Eso resolvió la cuestión. Después de semejante palabra era imposible tener el valor de quedarse en Inglaterra."

- -

Diez y ocho meses más tarde, dos hombres, uno pasado los cincuenta y dos años y el otro tan sólo de veinte, estaban internándose en el Africa, a través de las fronteras del Congo Belga, hacia el mismo corazón del continente; era la primera avanzada de la Misión del Corazón de Africa, que fué el primer paso hacia una Cruzada mucho más grande. C. T. había regresado de Khartoum ardiendo por esta Nueva Cruzada y la había lanzado en seguida. Entre otros lugares, había visitado Cambridge conmoviendo profundamente a la I.C.C.U.[1] con el desafío del mundo no evangelizado. Hombres que son ahora dirigentes en la obra cristiana recibieron un nuevo ímpetu misionero, como Howard Mowll (obispo en China, ahora arzobispo de Sidney(Australia), Arturo Pitt-Pitts (secretario de la C.M.S. en Kenya, Africa) y Graham Brown (obispo en Jerusalém). Escribió una serie de folletos, que fueron, no tan sólo la fundación de la Cruzada, pero que, con la pasión de Cristo por los perdidos ardiendo, han sido un llamado a las armas que ha enviado a docenas de hombres y mujeres al campo misionero del exterior. *El Oprobio de Cristo, El Jehad de Jesús, El Soldado de Chocolate*, son "los llamados más enardecedores de la literatura misionera moderna," así dijo el Dr. Eugenio Stock, que fué secretario de la C.M.S.

"*Debemos* ir en cruzada por Cristo (escribió C. T.). Tenemos los hombres, los medios y las comunicaciones, el vapor, la electricidad y el hierro han nivelado las tierras y atravesado los mares. Las puertas del mundo nos han sido abiertas de par en par por nuestro Dios. Oramos y predicamos; doblamos las rodillas; recibimos y administramos la Santa Comunión

(1) "The Cambridge Inter-Collegiate Christian Union (Unión Cristiana Inter-Colegial de Cambridge)."

de la Pasión de Cristo; recitamos el Credo triunfalmente; todos somos optimistas; clamamos 'Firmes y adelante, huestes de la fe,' ¿y luego? ... ¿y luego? ... murmuramos, '¡Te ruego que me des por excusado!!!' ¡Qué gloriosos simuladores somos! "¡Quinientos millones de paganos no han sido aun evangelizados, según se calcula! No obstante, nuestras grandes Sociedades Misioneras ya han alcanzado pleamar, y si no han empezado ya a cercenar, lo están meditando seriamente. Mientras tanto el corazón de Asia, el corazón de Africa y casi todo el continente de América del Sur, no han sido tocados con el Evangelio de Cristo.

"En Junio pasado, mil cateadores, negociantes, comerciantes y buscadores de oro esperaban en la desembocadura del Congo para arrojarse en estas regiones en cuanto el gobierno abriera la puerta, pues según rumores existía allí abundancia de oro. Si tales hombres oyen tan fuertemente el llamado del oro y lo obedecen, ¿puede ser que los oídos de los soldados de Cristo estén sordos al llamado de Dios y al clamor de las almas moribundas? ¿Son tantos los jugadores por el oro y tan pocos los jugadores por Dios?

" 'Mis montenegrinos', dijo el Rey Nicolás, 'de aquí en adelante derramarán su sangre en pro de sus compatriotas perseguidos.' ¿Cuándo podrá decir Dios al diablo, 'Has visto mis cristianos de hoy día? Ya no buscan oro ni placer, ni honores ni comodidad. De aquí en adelante mis cristianos derramarán su sangre por la causa de Mi amado Hijo y la salvación de los hombres más necesitados.' Sí, ¿Cuándo? ¿Cuándo veremos a una verdadera 'Iglesia Militante aquí en la tierra'?"[1]

Presentó luego, en forma general, los principios de la Nueva Cruzada en la siguiente manera.

"Creyendo que una mayor demora sería un pecado, algu-

---

(1) Expresión empleada en una oración de la liturgia anglicana.

nos de los hijos más insignificantes de Dios, pero que confían en el Omnipotente, han decidido, de acuerdo con ciertos principios sencillos, según el Libro de Dios, efectuar un esfuerzo definitivo para hacer que la evangelización del mundo sea un hecho. Con este fin nos hemos asociado bajo el nombre de 'Los Etcéteras de Cristo', e invitamos a otros del pueblo de Dios a unirse con nosotros en esta gloriosa empresa. Nosotros no somos sino los nadie de Dios, en otras palabras los Etcéteras de Cristo. Nos regocijamos en Dios y le agradecemos por la buena obra que se está realizando en las regiones ya ocupadas por las Fuerzas Regulares de Dios. Buscamos atacar y ganar para Cristo tan sólo aquellas partes del imperio del diablo que están más allá de las extremas avanzadas del ejército regular de Dios. Los Etcéteras de Cristo constituyen una misión unida; una hermandad cristiana y por lo tanto internacional; una Cruzada de Evangelización mundial suplementaria.

"Nuestro método es indagar y descubrir qué partes del mundo quedan actualmente sin evangelizar y luego, por medio de fe en Cristo, de oración a Dios, de obediencia al Espíritu Santo, de valor, determinación y supremo sacrificio, efectuar su evangelización con la mayor rapidez posible."

"La Cabeza, el Comandante, el Director de esta Misión es el Trino Dios.

"David escogió cinco piedras lisas del arroyo para matar a Goliat. Por lo tanto hemos elegido los cinco siguientes artículos como base de nuestras operaciones, a las cuales todos los adherentes deben atenerse.

"(1) Absoluta Fe en la deidad de cada Persona de la Trinidad.

"(2) Creencia absoluta en la plena inspiración de las Escrituras del Antiguo y Nuevo Testamento.

"(3) Comprometerse a no conocer ni predicar a otro sino a Jesucristo y El crucificado.

"(4) Obediencia al mandamiento de Cristo de amar a todos los que aman al Señor Jesús sinceramente y amar a todos los hombres sin acepción de personas.

"(5) Fe absoluta en la Voluntad, el Poder y la Providencia de Dios para suplir todas nuestras necesidades en Su servicio. Los fondos para esta obra se solicitarán *únicamente a Dios*. A ningún otro se le pedirá jamás ni una donación ni suscripción. Ninguna colecta para la Obra Etcétera se levantará en ninguna reunión que se celebre o sea reconocida por esta hermandad. Si buscamos primeramente el Reino de Dios y Su justicia, tenemos la palabra de Cristo que Dios proveerá a todas nuestras necesidades. Si degeneramos en cualquier otra cosa, cuanto antes dejemos de existir, mejor para nosotros, para el mundo y para la causa de Cristo.

El Evangelista Etcétera debe ser un varón de Dios y no un hijo del hombre. No es el sirviente asalariado de la Comisión Etcétera. Es un siervo de Jesucristo, con quien ya ha ajustado condiciones de servicio. No conoce otro Señor. No tiene ni una sombra de duda de que Dios suplirá sus necesidades; lleva su libreta de cheques consigo siempre y no tiene temor que los cheques no sean pagados. Si la muerte le sobreviniere en el campo de batalla, sabe que eso es una muestra especial del favor de Cristo, quien de esta manera le ha honrado y promovido más pronto de lo que tendría derecho a esperar. Como mira a Dios para suplir sus necesidades, así también debe mirar a Dios para obtener dirección y luego, deberá obedecerle.

"¡Hemos estado aguardando demasiado tiempo uno al otro para que empezara! ¡El tiempo de esperar ha pasado! ¡La hora de Dios ha sonado! ¡Se ha declarado la guerra! ¡En el Santo Nombre de Dios levantémonos y edifiquemos! 'El Dios del Cielo, El peleará por nosotros,' como nosotros para El. No edificaremos sobre la arena, sino sobre la piedra viva de las palabras de Cristo y las puertas y los secuaces del infierno no prevalecerán contra nosotros. ¿Hombres como nosotros, hemos de temer? Ante el mundo, ante el somnoliento, tibio, infiel, afeminado mundo cristiano, osaremos confiar en nuestro Dios, aventuraremos nuestro todo para El. Viviremos y moriremos para El y lo haremos con Su gozo inefable cantando fuerte en nuestros corazones. Mil veces preferimos morir confiando tan sólo en nuestro Dios, que vivir confiando en el hombre. Y cuando llegamos a esta actitud, la batalla ya está ganada y el fin de la gloriosa campaña, en vista. Tendremos la verdadera Santidad de Dios y no ese algo enfermizo de habla y palabras elegantes y lindos pensamientos; tendremos una Santidad Varonil, de fe osada y obras para Jesucristo."

LAS CUATRO HIJAS
Engracia (Sra. de Munro)
Dorotea (Sra. de Barclay)   Edith (Sra. de Buxton)
Paulina (Sra. de Grubb)

CAPITULO XV

A TRAVES DE TRIBUS CANIBALES

El separarse de su esposa parecía aún más penoso esta vez. Ahora ella estuvo de acuerdo con él en que el sacrificio debía realizarse aunque la parte más dura sería la de ella, pues se quedaría en casa, no sabiendo más que una vez en el mes como estaba su esposo, separado de ella por siete mil millas. El Señor habló con ella y le dió la victoria unos días antes que él partiera.

"Aquella noche antes de acostarme (escribió ella), tuve una experiencia. Me senté al lado del fuego y al pensar en todo lo que me habría de suceder, empecé a llorar. No lloro a menudo; pero lloré amargamente esa noche. Luego pensé, 'Esto no puede ser, estaré enferma mañana e incapaz de ayudar a nadie.' Viajando en el tren ese día a la estación de Waterloo, había estado leyendo un libro en el cual había dos citas de la Biblia, uno era Salmo 34 y la otra Daniel 3:29. Había decidido que en mis primeros momentos libres leería esos pasajes, así que abrí mi Biblia. Las primeras palabras parecían pasmarme. La primera era 'Bendeciré', significa determinación, valor, 'Bendeciré a Jehová', haré al Señor feliz, y eso no se podría lograr con llanto; 'Bendeciré a Jehová *en todo tiempo*,' ¡ahora! Y antes que llegara al final de ese versículo, las lágrimas habían desaparecido y llegué al punto donde pude decir, 'Haré al Señor feliz ahora.'

"Entonces continué leyendo, 'Busqué a Jehová, y él me oyó, y libróme de *todos mis temores*.' 'Este pobre clamó, y oyóle Jehová, y librólo de *todas sus angustias;*' y luego el último fué el más sorprendente de todos, '*El guarda todos sus huesos*, ni uno de ellos será quebrantado'; y junto con esta promesa me fué dado Daniel 3:29, 'No hay otro dios que pueda librar como Este.' Sentí que todo temor se había desvanecido, todos mis temores, todas mis preocupaciones, todo lo que 'dejada sola' iba a significar, todo el temor de paludismo y flechas envenenadas de los salvajes, y fuí a la cama regocijándome. Esa noche me reí con 'la risa de fe.' Me levanté de las rodillas y escribí esa experiencia a mi esposo y la envié por correo a Marsella, aunque él todavía no había dejado el país.'

En la víspera de su separación, en un destello de inspiración, C. T. puso el sentimiento de ambos corazones en una sentencia que llegó a ser el lema de la Cruzada. Un joven estaba conversando con ellos y dijo a C. T., "¿Es cierto que Vd., a la edad de cincuenta y dos años, se propone dejar su país, su hogar, su esposa y sus hijas?" "¿Qué?", dijo C. T., "¿ha estado hablando esta noche del sacrificio del Señor Jesucristo? *Si Jesucristo es Dios y murió por mí, entonces ningún sacrificio podrá ser demasiado grande para que yo lo haga por El.*"

Después, en el andén, un momento antes de salir el tren, escribió sobre un pedazo de papel dos líneas de poesía improvisada, que reveló de una manera hermosa el motivo íntimo de la acción de ambos, lo firmó y dió a su amigo, Capitán Downes:

"Que mi vida entera sea
Una cruz oculta, que a Tí revela."

Escribió a su esposa desde a bordo:

"Feb. 10 de 1910. Bueno, mi querida, Dios fué bueno al mantenernos tan ocupados esa última noche. El sabía que yo no podía soportar mucho y así nos libró y puso gloria en nuestras almas. Siempre te recordaré al llegar corriendo con la cámara fotográfica. Ansiaba, decirte adiós o besarte otra vez, pero no me animaba. Las lágrimas vinieron a mis ojos cuando pensé en las tuyas allá y otra vez lágrimas de gozo al pensar cómo El te consoló. Ahora démosle gracias anticipadamente, no tan sólo con los labios, sino con nuestras vidas. Tú no sabes, como yo sé, que tú pagas el precio mayor, pero no me animé decírtelo; te admiro de veras, querida, y siempre lo haré; Dios nos dará Sus cien tantos, y el resultado y el honor deberá ser siempre de acuerdo con la magnitud del sacrificio. No te preocupes. El Señor será el Vencedor y nos conducirá a un lugar rico. Nunca he sentido tanto el poder de Dios desde esos días en Shanghai. Verdaderamente esto ha sido como la ida de los Siete. Adiós, mi querida Priscilla. Empezamos arriesgando todo para Dios y terminaremos como empezamos, amándonos mutuamente hasta lo sumo; solo el amor hacia Jesús será mayor."

En una carta al Dr. Wilkinson le contó, en su estilo característico, del "fuego que ardía" en él:

"La Comisión bajo la cual trabajo, es una Comisión pequeña, muy rica y conveniente por cuanto siempre está en sesión: la Comisión del Padre, el Hijo y el Espíritu Santo.

"Tenemos a un multimillonario que nos apoye, con mucho la persona más acaudalada del mundo. Tuve una entrevista con El. Me dió una libreta de cheques gratis y me invitó que girara sobre El. Me aseguró que su Firma viste la yerba del campo, cuida de los pajarillos, cuenta los cabellos de las cabezas de los niños. Dijo que el Socio Principal prometía proveer a todas nuestras necesidades, y, para más seguridad, uno de los Socios, o mejor dicho dos, acompañarían a cada miembro de nuestras expediciones y nunca nos dejarían ni nos fallarían. Hasta nos mostró algunos certificados de anteriores clientes: Un viejo rudo con larga barba y rugosa faz, dijo que en una ocasión le habían llegado provisiones y habían sido entregadas por cuervos negros y en otra ocasión por un ángel de alas blancas. Otro viejito que parecía tan cicatrizado y marcado como una cáscara de nuez, dijo que había sido salvado de la muerte innumerables veces, pues había determinado someter a prueba la seguridad de que aquel que pierda su vida por causa de la Firma la hallará. Contó historias de escapadas y penalidades, viajes y cárceles—eran más

maravillosas que las de las novelas o de las Mil y Una Noches—y con fuego en los ojos y risa en su voz agregó, 'Pero
de todo ello me libró el Socio.' Dijo que el juego para
Cristo era el mejor juego del mundo y que la cura del descanso obligatorio le resultaba un poco dura, teniendo aun el
afán del juego; pero el Socio Principal había mandado ese
descanso diciéndole que no debía ser egoísta y apasionado al
respecto. Que había tenido un turno largo y bueno y había
hecho el mayor puntaje hasta ahora y sería mejor que quedara quieto un poco, con el saco puesto, y animara a los otros.
"Me hizo bien ver a este viejo guerrero; parecía un poco
de mercurio candente, y uno se sentía quemado de vergüenza ... y siempre desde que le ví y oí, he tenido como un telé-
fono de bolsillo llamándome y diciendo a intervalos, '¡Dále
viejo, un buen golpe ahora. Tienes la vista buena y sus tiradas
se están debilitando. Toma el mango largo, faltan tan sólo
algunos minutos hasta que se quiten los palos. ¡Dále! ¡Dále!
¡Bravo! ¡Una vez más!!!"
El único acompañante de C. T. fué Alfredo B. Buxton, hijo
de su viejo amigo de los días de Cambridge, Rev. Barclay, F.
Buxton. Alfredo se acababa de graduar en Cambridge, pero
renunció a completar su curso de medicina para venir con
él. Juntos viajaron a través de Kenya y Uganda, hasta las
márgenes del Lago Alberto.
"Muchas fueron las dificultades y los obstáculos en nuestro camino (escribió C. T.): no habíamos pasado por allí antes, no conocíamos el idioma de los indígenas entre quienes
habíamos de viajar por algunos meses; mientras que, en cuanto al francés, el idioma de los funcionarios belgas, yo no
sabía sino un poco de francés 'de perro' y Buxton un poco de
francés 'de gato', el pequeño remanente que no habíamos olvidado del escaso caudal acumulado en el colegio en días pasados. Pero siempre entrevistamos a los funcionarios juntos y era
notable cuán a menudo si el perro no· atinaba a ladrar, el

gato pudo emitir un maullido.

"Muchos fueron los leones en la senda, todos con el semblante muy feroz; pero recordamos que 'Cristiano' de antaño se encontró con leones, pero al animarse a proseguir a pesar de ellos, halló que estaban invisiblemente encadenados[1]. Algunos decían, 'Los belgas no les dejarán entrar, porque son británicos.' Contesté, 'Eso está por verse, y yo voy a comprobarlo'.

Hasta el heroico Obispo Tucker dió su dictámen solemne: no podríamos arrostrar con éxito las muchas fiebres mortales y peligros a los cuales estaríamos expuestos; nunca saldríamos vivos. Luego nos encontramos con el león de la fiebre. Mi compañero era muy joven y no muy fuerte. No había llegado aún su vigésimo primer cumpleaños. Estando todavía en el Africa Oriental Británico, no nos habíamos acercado aún a la verdadera región de la fiebre, pero sufrió un ataque tenaz que lo mantuvo en cama por una semana. Pero la fe que hace solamente lo razonable no es sino un 'bastardo'; el 'heredero' es aquella fe que gozosamente intenta lo imposible, en la voluntad y el poder de Dios, así que seguimos adelante.

"En Masindi hubo un incendio en el campamento que destruyó una de nuestras tiendas de campaña y otras cosas útiles. También nos encontramos con otro león, un verdadero comedor de hombres esta vez, que ha tenido muchas víctimas en el pasado. Mi compañero recibió un cablegrama de su familia diciendo que otro misionero les había asegurado que él era demasiado joven y del todo inapto para trabajos de explorador en el Congo, disuadiéndole de proseguir en los términos más enérgicos. El joven tuvo que afrontar lo que quizás fuera la cuestión más difícil y perturbadora de toda su vida: una cuestión que ha hecho desviar a muchos y perder un eterno peso de gloria. Para aquellos que consultan

---

(1) Del libro "El Peregrino", de Bunyan.

carne y sangre la cuestión es algo terrible, que conduce a una decisión falsa e infiel. Pero para el cristiano fiel no debe haber sino una respuesta a la cuestión acerca de quién ha de venir primero, el Padre Celestial o la familia sobre la tierra. Su decisión de seguir fue la de un verdadero 'Varón de Dios.' Dios ha honrado esa decisión de una manera maravillosa. Muchos otros de edad más madura han penetrado en el Congo y han sido víctimas de la fiebre una y muchas veces, pero este jovencito en la fe no tuvo, durante los dos años siguientes, ni una hora de fiebre. Dios también ha honrado a los mismos miembros de su familia, permitiéndoles enviar un año más tarde otro cablegrama, esta vez para expresar su gozo por la decisión de un hermano menor[1] de venir a reunirse con nosotros en el Congo Belga."

Un viaje de tres días entre la selva desde Masindi los trajo hasta las playas del Lago Alberto. "Esta mañana arribamos al pie de las colinas al este del Lago Alberto y miramos hacia los cerros del otro lado, el Congo Belga, nuestra tierra prometida. ¿Puedes imaginarte nuestros sentimientos? Fue una vista preciosa y allí, efectivamente, estaba la columna de humo sobre los mismos." Atravesaron el lago y se cerró la boca de otro león, pues fueron bien recibidos por el funcionario belga y se les permitió entrar en el Congo. Esa noche, la primera en ese territorio, acamparon en las playas del lago:

"Se aproximaba la noche. Tomamos avena para la cena y dimos una vuelta por la selva para tratar de cazar un ciervo, pues no teníamos muchos víveres. Cuando oscureció los mosquitos y moscas del lago fueron una verdadera plaga.

"Dormí al aire libre bajo el mosquitero, pero tuve que meterme bajo la tienda durante la noche pues comenzó a llover. Las moscas hacían de soprano a los gruñidos o ladridos de los cocodrilos; el lago estaba tan solo a diez y ocho metros

[1] Jorge Buxton, que debía emprender viaje cuando estalló la guerra. Se alistó y fué muerto en la Fuerza Aérea en 1916.

de nuestra tienda. No había pensado antes que los cocodrilos hicieran algún ruido. No era del todo agradable tenerlos tan cerca y tomé la precaución de mantener un buen fuego ardiendo entre mi cama y el lago.

"Sé que pertenezco a Dios (escribió ese primer día en el Congo Belga), sé que sólo deseo Su gloria y la salvación de los demás, y sé que El lo sabe. Nunca estuve mejor ni más fuerte desde hace años y años, pero lo que es mejor, sé que Dios está con nosotros. El me habla y su bendita Palabra tiene más significado que nunca para mí; me impele a voces más y más y me hace arder para osarme a efectuar grandes cosas para El.

"Nuestro camino conducía a través de la feroz tribu Balenda (continuó), que últimamente había muerto a Emin Bajá, y de quienes las otras tribus alrededor tenían un terror muy grande; era difícil obtener porteadores, y los pocos que vinieron con nosotros solamente se aventuraron a hacerlo porque estarían viajando con blancos. Poco antes de esto un hombre blanco había hecho la travesía desde Uganda, fue llevado ante el Cacique Pulu, que lo hizo desnudar y azotar, y le envió de vuelta desnudo y avergonzado. Poco después que hubimos pasado por allí, un cazador de elefantes inglés fue herido en el hombro por un indígena de esta tribu con una flecha envenenada y murió.

"Un día en estas regiones, el Sr. Buxton y yo tomamos una senda equivocada, separándonos así de los porteadores; viajamos por más de tres horas subiendo y bajando colinas muy escarpadas, entre aldeas densamente pobladas; nuestras bicicletas fueron un estorbo la mayor parte del tiempo. No teníamos ni alimentos ni dinero y ningún conocimiento del idioma. Rendidos de cansancio y con un terrible vacío clamoroso adentro, nos hallamos en una situación bastante difícil. Encontrándonos con un hombre que llevaba un canasto de mazorcas de maíz y batatas, requisamos una provisión, pero luego nos vimos confrontados con el problema de cómo pagarlas. La necesidad es la madre de la revelación y se nos ocurrió como un destello. ¿Por qué tienen tantos botones los pantalones de un explorador? ¡Pués para ser cortados y usados como monedas en el Africa Central, naturalmente! Unos pocos despidieron a nuestro amigo, contentos hasta lo inimaginable, pero cómo su señora los iba a coser en su ajustado impermeable negro sin causarle mucho dolor, es un enigma al cual todavía no hemos hallado solución satisfactoria.

En la próxima aldea un poco del lenguaje de señas por parte de aquella 'rara avis,' un hombre con ropa, resultó un gran éxito. A los pocos minutos tuvimos un fogón, un cocinero y mucha compañía amable. La manera de cocinar fué admirablemente sencilla, no malogrando los alimentos por exceso de condimentos. Al no tener ni cacerola, ni parrilla, ni sartén, ni siquiera una bolsa de papel, nuestro cocinero echó la comida en el fuego y la sacó otra vez, cocida a punto. Media hora después; comiendo con bastante apetito, pronto nos hallamos con renovadas fuerzas con una sensación más agradable que lo que dicen que disfrutan los frecuentadores del 'Ritz' (elegante restaurant de Londres). Algunos botones más saldaron la cuenta. Sus dientes afilados proclamaron que nuestros amigos en este trance eran caníbales, pero como los dos éramos delgados y duros, no fueron tentados más de lo que pudieron soportar, de manera que ni éllos ni nosotros sucumbimos; así que nos separamos 'Dei gratia' los mejores amigos y en medio de mucho aplauso.

"Kilo es un gran centro de minas de oro, y allí fuimos detenidos inevitablemente por tres meses enteros, debido a dificultades de transporte. Nos volvimos moradores de tiendas y llevamos una vida sencilla. Con una tienda de campaña, una palangana y un cajón cada uno, ¿qué más puede desearse en la estación de las lluvias? Además, tres piedras al aire libre formaban una cocina económica de lujo. Nunca se sabe de cuánto se puede prescindir hasta hacer la prueba.

"Aquí se me permitió probar la fiebre africana tan a menudo hasta conocerla de memoria, pero sin cobrarle mayor cariño. Fué como ser sumergido repetidas veces por el diablo, y en una oportunidad parecía que me había sumergido demasiado. Pero como cada vez al asomarse de nuevo, uno balbuceaba: 'Te chasqueaste otra vez, viejo,' finalmente se molestó tanto que fué a sentarse ceñudo y nos dejó en paz. Esa sumersión grande fué un asunto serio: la fiebre subió, la debilidad aumentó, todas las medicinas habían fallado y parecía que había llegado el momento de desaparecer, pero la hora más obscura trajo un brillante destello de memoria: 'Está alguno enfermo entre vosotros? llame a los ancianos de la iglesia y oren por él ungiéndolo con aceite,' etc. Gracias a Dios por el salvador sentido del humor; no había sino un 'anciano' y él estaba en su vigésimo año; no importa, 'Un día es como mil años'. ¿Pero donde está el aceite comestible, ni siquiera de lino ¿Y el de la lámpara? Qué ¿kerosene? ¿Por qué nó? Es aceite, y eso es todo lo que dice el Libro. Después de todo, no nos conviene ser demasiado estrechos de mentes. El 'anciano' trajo el kerosene, mojó su dedo en él, ungió mi frente y luego se arrodilló y oró. Cómo lo hizo Dios, no sé, ni me importa, pero esto sé, que a la mañana siguiente, habiendo estado enfermo a la muerte, me desperté sano. *Podemos* confiar en El de menos, pero *no podemos* confiar en Dios demasiado".

Allí recibieron su primera correspondencia de Inglaterra. C. T. tuvo la noticia de que era "Un Abuelo Pioneer". Había nacido su primera nieta, Ana, la nena de su hija Dorotea, casada con el Rev. Gilberto A. Barclay. "Agradezco a Dios de veras por su gran bondad", escribió C. T.; "que Dios las bendiga a las dos. Casi traté de estar preocupado, pero Dios me dió paz y seguridad al respecto."

"Desde Kilo a Arebi, (continuó C. T.), nuestro camino

conducía a través de la gran selva de Ituri, por la cual pasó el explorador Stanley; el lugar es famoso, y con razón, por sus sendas resbaladizas y precipitosas, donde los árboles ocultan la luz del sol, donde se marcha al son de '¡Caen! ¡Caen! ¡Caen! La gotas caen'[1] y donde los habitantes de la selva son los pigmeos invisibles. La selva era muy hermosa en algunos lugares y a veces era como marchar por una catedral interminable cuyas columnas estaban edificadas con árboles gigantescos. No vimos casi ni un alma, ni un animal. Podíamos oír el canto del faisán africano, pero muy pocas veces los pudimos ver, y nunca bastante cerca como para tirarles. Los víveres eran escasos y nos alimentamos principalmente de bananas asadas, pan y té. He caminado por muchas sendas en mi vida, pero nunca he conocido otra como ésta. Le hubiera dado trabajo pasar hasta a una cabra. Las colinas eran precipitosas; las sendas: una sucesión de hoyos y troncos de árboles, y todas regularmente enjabonadas de noche y mañana por el diablo para asegurar que fuesen resbaladizas. Con todo nuestro cuidado y con la ayuda de palos largos como usan los alpinistas, nos caímos muchas veces. No había tiempo de pensar pues los pies estaban arriba y la cabeza abajo antes que se supiera lo que había sucedido. El viaje por la selva era de once días, pero fuimos detenidos por una quincena a mitad de camino, porque nuestros porteadores se rehusaron a seguir y no podíamos hallar otros. La selva no es buena ni para fiebre ni para reumatismo, pero Dios atendió a ambos perfectamente, como siempre.

"Desde Arebi a Dungu el camino era mejor y pudimos usar bastante las bicicletas. Nunca habíamos visto Dungu, pero el pensamiento de él era placentero. Allí descansaríamos nuestros fatigados pies y sentiríamos haber llegado por fin a nuestra meta; allí empezaríamos nuestra obra. El contratiempo fué ocultado a nuestros ojos, gracias a Dios, y una vez más

---

(1) Parodia de una canción popular inglesa.

aprendimos que el contratiempo es más bien Su dirección. El había preparado algo mejor para nosotros. Nuestro descanso y cuartel general habían de ser cuatro días más al oeste, bien en el mismo corazón de Africa donde se encuentra Niangara, según asevera el explorador Dr. Jorge Schweinfurth. Después de una semana en Dungu esperando a algunos de nuestros porteadores, partimos para Niangara. Un viaje de tres días en canoa por el Río Welle nos condujo hasta allí.

"En Dungu tuvimos la gran felicidad, de conocer a un amigo verdadero, fiel y leal, aunque hasta entonces habíamos sido absolutamente desconocidos: el Conde Fernando de Grunne. Le debemos muchos grandes favores.

"Si un hombre es fiel a Dios, con seguridad perderá algunos amigos, pero Dios siempre proporciona otros y fieles para tomar su lugar. El Conde de Grunne nos fue un verdadero amigo en nuestra necesidad, no en palabras solamente, sino en hechos. Ninguna molestia, ningún favor eran demasiado grandes para que él lo hiciera. A él, bajo Dios, le debemos nuestras concesiones en Niangara y Nala, y realmente, debido a sus amables expresiones y recomendaciones a otros en favor nuestro, las otras doce concesiones también. Murió en Dungu justamente un año más tarde, como muere un héroe, apresurándose a ir a pelear las batallas de su patria, aún estando débil por un severo y prolongado ataque de fiebre. Ni en su lecho de muerte se olvidó de nosotros dictando una carta que para mí vale más que su peso en oro."

Por fin lograron el deseo de su corazón: llegar a Niangara, el mismo corazón de Africa. Fueron nueve meses de árduo viaje hasta llegar a la meta; vivieron la mayor parte del tiempo en tiendas de campaña y como dijo después: "Nos encontramos en muchos trances difíciles, pero siempre hallamos a Dios allí; al fin empezamos a estar alertas, más aún, empezamos a desear esos trances para ver como Dios nos sacaría de ellos". Fue notable como Dios les condujo a este lugar, pues ellos no habían planeado eso al principio; habían pensado iniciar la obra en Feradje, a diez días de viaje de Niangara. Luego, cuando se cerró esta puerta, y cuando sucedió lo mismo en Dungu, fueron obligados a seguir hasta Niangara. Pero ahora cuán agradecidos estaban por esos "contratiempos".

Por muchos kilómetros alrededor de Feradje y Dungu, el país está cubierto de paja de un metro y medio a cinco metros cuarenta de altura con escasa población. Pero después de atravesar el río en Dungu, el paisaje cambia; la vegetación es más exuberante; en lugar de campos cubiertos de paja se hallan árboles gigantescos y la maleza enmarañada de la selva tropical; por todas partes se ven grupitos de chozas techadas de paja y rodeados por plantaciones de bananas y palmeras. Habían entrado en el borde de la gran selva tropical que se extiende por cientos de kilómetros hacia el sur y contiene, aunque lo ignoraban entonces, la población más grande de todo el Congo. A más de ésto, Dios, en su manera maravillosa, les había dado la ayuda de este alto funcionario católico romano, que no solamente les dirigió a todos estos centros estratégicos de población en esta región selvática, sino que les ayudó también a obtener concesiones en éllos. La primera etapa de ésta empresa de fé había sido coronada con un éxito mayor que el que habían soñado obtener.

Capitulo XVI

EL MISMO CORAZON DE AFRICA

Se llegó a Niangara, el mismo corazón de Africa, el 16 de Octubre de 1913.

"Entonces no sabíamos si nuestra obra se desarrollaría hacia el norte o hacia el sur (escribió Alfredo Buxton); pero estuvimos inclinados, de acuerdo con los consejos que se nos dieron, a establecer nuestra estación cuatro horas de camino hacia el sur, cerca de la aldea del gran Cacique Okondo. Después, al principio de Diciembre, el Sr. Studd empezó a tener una fuerte convicción que debíamos tener un lugar en o cerca de Niangara como sede central y para la recepción de nuevos misioneros. La idea se desarrolló hasta que salimos definitivamente a buscar un sitio. Las reservas del gobierno, la población indígena y la ribera baja del río, nos obligaron a salir más afuera de lo que habíamos esperado; estábamos por abandonar la búsqueda, cuando llegamos a un hermoso bosque de palmeras. Estuvimos tan contentos con el lugar que al día siguiente fuimos para empezar a limpiar la maleza. Pero apenas habíamos empezado cuando apareció el principal de una aldea cercana y declaró que no podíamos ocupar el terreno. Sabiendo que el gobierno consideraba absolutamente indispensable el consentimiento indígena, comenzamos a deseperarnos, pero en ese momento el mismo hombre nos dijo que conocía un sitio mejor, al cual nos podía guiar por la selva. ¡Era ciertamente mejor! Un buen manantial, terreno más alto, tierra fértil y abundancia de palmeras. Ese era indudablemente el lugar. Al otro día salimos nuevamente y empezamos a desmontar. Otra vez la misma historia, pero más indígenas, palabras más acaloradas y ademanes más fuertes para demostrar que no nos querían y no podíamos tener el terreno.

"Nuestro paso siguiente fué un viaje de cinco días hacia el sur a Nala. El camino era bastante malo y tuvimos que hacer buena parte del trayecto a pie, debido a la condición de los senderos entre la selva.

"Los árboles de caucho y palmeras a lo largo del camino eran muy pintorescos, especialmente cuando nos acercamos a Nala. El lugar es un centro excelente. Azandes hacia el oeste, Mangbettus hacia el este y Medje y Mayogos hacia el sur, sin contar los Pigmeos. Naturalmente todo es selva. Medja y Nepoko al sur de Nala, son los lugares más densamente poblados del Congo. Es una maravilla como Dios nos ha conducido hasta este país repleto de habitantes, que probablemente no se hubiera descubierto si nos hubiéramos atenido a nuestros planes primitivos.

"El Sr. Studd inmediatamente gestionó del gobierno una concesión en Nala. Algunos días después de nuestro regreso a Niangara, el cacique dió su consentimiento a nuestra ocupación del codiciado sitio, del cual tomamos posesión en seguida. Así Dios nos había obligado a ir hacia el sur, rehusando concedernos una concesión en Niangara, hasta que Nala fuese Suya."

De esta manera se consiguieron las dos primeras estaciones. Se empezó inmediatamente a trabajar en Niangara, desmontando, plantando y edificando. La primera casa misionera fué construída en pocas semanas a un costo de £6, y se la designó con el nombre de "Palacio de Buckingham". Estando allí C. T. fué librado del peligro mortal de una víbora.

"La mano protectora de Dios está sobre nosotros. Esta mañana acabábamos de desayunar cuando los 'muchachos' vinieron a decirnos, '¡hay una víbora en su cama!' Fuí y hallé debajo de mi frazada una víbora delgada verde cuya picadura es mortal, según dicen los indígenas. Había dormido con ella la noche anterior. Me fué imposible no recordar aquel nota-

ble episodio en Enero pasado del Salmo XCI, que me había sido dado en varios lugares cinco veces en dos días, poco antes de salir de Inglaterra. Había mandado a Sus ángeles que me guardaran . . . y no se habían dormido."
Las autoridades pidieron entonces al Sr. Studd que fuera a Nala a fin de fijar los límites de la nueva concesión.

"Esto parecía un llamado de Dios a hacer una jira extendiéndonos más hacia el sur (escribió el Sr. Buxton); muchas veces habíamos considerado el internarnos en la Provincia de Ituri, pues habíamos oído que tenía una población muy numerosa. Por este tiempo estábamos tratando de persuadir al Sr. Studd que volviera a Inglaterra a hacerse cargo allí de la dirección; su propia debilidad parecía excusa suficiente para tal proceder. Pero sintió que era la voluntad de Dios que viese esa región antes de volver, así que fué. ¡Qué país hallamos!".

"Nuestra jira fué el mayor éxito que hemos tenido (escribió C. T. al Dr. Wilkinson). La concesión de Nala fué mensurada y tomamos posesión de ella: saqué una buena fotografía de la escena final, cuando se reunieron los caciques. Expresaron su voluntad y placer de que ocupáramos el lugar y en lugar de firmas estamparon sus impresiones digitales. Pero lo más interesante fué después de Nala, pues allá estábamos explorando campo nuevo. Pasamos entre un pueblo que había estado en guerra dos meses antes; todos llevaban arcos y flechas, aun los niños pequeños, pero fueron perfectamente amistosos con nosotros. Hace diez años el primer hombre blanco fué a ellos con treinta y cinco soldados, para subyugar el país. Se le dijo una noche que si avanzaba al día siguiente sería muerto; avanzó y él y treinta y tres de sus hombres fueron muertos cocidos y comidos. Vimos el lugar donde debían estar sus restos. Hace menos de cinco años, el Destacamento de Medje recibía flechas todas las noches tiradas por los indígenas dentro de su local, y cada nuevo viajero que llegaba tenía que correr el riesgo de sus ataques al recorrer la senda. Hoy son tranquilos y amistosos.

"Día tras día corren adelante y detrás de nuestras bicicletas, gritando, riendo y cantando sus cantos; nunca viste tal alboroto ni tanto entusiasmos. Desde el alba hasta el oscurecer están con nosotros, a nuestro alrededor. Son como una muchedumbre excitada rodeando la tribuna al terminarse un gran partido de cricket. Parecía que se le partía a uno la cabeza, pero eso le sucedía solamente al rostro, por tener que reír y sonreír contínuamente. Pero la neuralgia era poca cosa cuando el corazón estaba tan lleno de gozo al haber encontrado el verdadero pueblo tras el cual Dios me había enviado durante estos años.

"Habíamos buscado y buscado y aquí estaban. En 1911 sobre el Nilo, Dios dijo, 'Debes ir y ver y hallarlos, están allá del otro lado de la frontera de Sudán y no te atreverás a dejarlos solos.' Cómo ha combatido el diablo en contra de ellos... pero Dios es más poderoso que él y nos ha traído a nosotros, dos tontos, dentro de su misma guarida. Aquí estaba esta gente recibiéndonos de la manera más amistosa. Llevaban nuestras bicicletas gratis a través de ríos y arroyos, a través de puentes rotos, desvencijados, arruinados, y arriba y abajo por quebradas y barrancos. Solían conducirnos de la mano; hombres, mujeres y niños caminaban a nuestro lado. Una joven me tomó de la mano de un lado, ayudándome a subir una quebrada y otra, de más edad, hizo lo mismo del otro lado; una llegó hasta poner su brazo alrededor de mi cuello; y así marchamos adelante entre la muchedumbre que cantaba y se reía, todos tan alegres y contentos; pensé de lo que dirían algunas personas si hubiesen visto nuestra marcha triunfal. '¡Qué vergüenza! ¡Qué escándalo! ¡Y él un misionero! ¿Habéis visto algo semejante?' ¡Bueno, seguimos viviendo felices! Ellos no hablaban bangala y nosotros no hablábamos swahili, así que teníamos que entendernos por señas. Imagínese, nos rodeaban cientos de éllos, a veces unos quinientos, todos corriendo; a menudo corríamos rápidamente en las bicicletas, pero las mujeres y muchachas corrían se reían y gritaban tan de prisa como los hombres y muchachos. A veces parecía la caza del zorro.

"Nunca perdíamos de vista a las aldeas, y los habitantes de cada una salían en tropel para agregarse a la muchedumbre. Era lo más gracioso del mundo observar a una mujer tener la primera vista de uno andando en bicicleta: su semblante demostraba terror, como si hubiera visto al diablo; luego, de pronto, se tornaba en una sonrisa grande; entonces dejaba su trabajo y corría detrás de nosotros, participando del alborozo, como sólo lo puede hacer una mujer africana.

"Bueno, aquí está nuestro 'Eldorado'[1]. Aquí hay una tierra y un pueblo para el cual ha sido desconocido el Bendito Nombre desde todo tiempo. ¿Los dejaremos así? No, no lo haremos. Venderemos nuestro guiso de lentejas y compraremos con ello nuestra primogenitura para declarar la gloria de Dios a este pueblo. Oirán y oirán con resultado, por el Poder del Espíritu Santo."

Otro viaje largo se emprendió a Poko, cinco días de camino al noroeste de Nala y luego otros seis días hasta Bambili. Ambos eran buenos centros para emprender obra misionera y para ambos se gestionaron y acordaron concesiones. En dos años se había penetrado al corazón de Africa, se había explorado y se habían elegido cuatro centros estratégicos cubriendo algunos cientos de kilómetros y tocando unas ocho tribus. Cuán maravillosamente había prosperado Dios a los hombres que osaron obedecer al Espíritu Santo y dejar los resultados a El. Ahora había llegado el momento de ocupar los centros y evangelizar. Ya les había llegado noticias de un grupo de cin-

---

[1] Se designa con este nombre en inglés a un país fabuloso que en un tiempo se creía existía en la América del Sur, donde abundaban el oro y las piedras preciosas.

co misioneros en camino; así que C. T. y su joven compañero se separaron, C. T. para continuar el largo viaje de quinientos kilómetros desde Bambili al Río Congo. Luego tenía que ir mas de mil cien kilómetros hasta la boca y después a Inglaterra a fin de conseguir más reclutas y Alfredo Buxton para ir al encuentro del nuevo grupo, iniciar la obra en Nala y continuar el trabajo de reducir el idioma a escritura.

Durante la ausencia de C. T. se celebró el primer culto de bautismo en Niangara, el 19 de Junio de 1915, siendo doce los que fueron bautizados.

"Cuando todos hubieron contestado satisfactoriamente a varias preguntas (escribió Alfredo Buxton), fuimos al río y Coles me los pasó uno por uno y yo les bauticé en el Nombre del Padre, Hijo y Espíritu Santo. Después cantamos juntos un himno apropiado. Sonaba especialmente apacible y conmovedor y en extraño contraste al estampido del revolver de Coles que tiraba al agua para ahuyentar a los cocodrilos".

En Nala, donde se celebró el primer culto de bautismo seis meses después, cada uno de los diez y ocho que fueron bautizados se llevó de vuelta una piedra grande del arroyo; fueron apiladas en un montón en el centro de la estación, como testimonio de su dedicación a Dios. Estas piedras están todavía allí, ahora alrededor de la sepultura del niñito Noel Grubb, nieto de C. T., que falleció en Nala en 1921, el día de su primer cumpleaños.

"Cada uno de estos bautismos de Nala (escribió Alfredo Buxton) haría un título atrayente para el *"Grito de Guerra"* (órgano del Ejército de Salvación):

Ex caníbales, Borrachos, Ladrones, Asesinos, Adúlteros y Blasfemadores Entran al Reino de Dios.

"En las reuniones para la confesión de pecado, tuvimos algunos testimonios notables: 'No hay lugar en mi pecho para todo el pecado que he cometido'. 'Mi padre mató a un hombre y yo ayudé a comerlo'. 'Cuando yo tenía tres años, recuerdo que mi padre mató a un hombre porque él había muerto a mi hermano; yo también comí del guiso.' 'Yo hice hechizo con las uñas de un hombre muerto y con la 'medicina' mate a un hombre.' "A cada uno se les dice cuando primero viene: '¿Para qué has venido? Porque te digo francamente que no conseguirás mucho dinero aquí; nuestros hombres tienen lo suficiente para vivir, pero lo único en que tenemos verdadero interés es conseguir que los hombres aprendan acerca de Dios y leer su Palabra.' A pesar de semejante acogida, todos han contestado: 'No nos interesa nada el dinero, lo que queremos es Dios!' "

Posteriormente, uno de los primeros convertidos, que era un viejo ex soldado, hizo uso práctico de sus experiencias de canibalismo para sofocar una rebelión entre unos tripulantes de la canoa de una tribu salvaje ribereña, que estaban conduciendo a C. T. hasta Aruwimi, gritándoles: "¡Sigan con su trabajo! Recuerden que en mi tiempo he comido hombres mejores que Uds." ¡Y no hubo más dificultad!

Una de sus más grandes ayudas para un trabajo de evangelismo tan amplio fué el descubrimiento de un idioma comercial, tosco pero de inestimable valor, denominado Bangala, que se empleaba para negociar entre las tribus y entre blancos e indígenas. En seguida se dieron cuenta de sus posibilidades y determinaron concentrarse en él y desarrollarlo. Por este medio podrían conseguir contacto inmediato con todas las tribus de esa región, en lugar de demorar su obra de evangelización por muchos años más, esperando hasta aprender el idioma de cada tribu. Bangala fue para ellos lo que el griego fue para Pablo y lo que ha sido el indostánico para los misioneros en la India.

Persistieron concentrándose en Bangala, a pesar de la crítica de otros cuerpos misioneros, que sostuvieron que era un idioma demasiado pobre para ser un medio adecuado de impartir verdades espirituales. Pero recibieron decidido apoyo del gran filólogo, Rev. R. Kilgour, Secretario Editorial de la Sociedad Bíblica, que más adelante publicó el Nuevo Testamento en Bangala, y de los peritos en idiomas de la Sociedad de Tratados Religiosos, que publicó el primer Texto y Vocabulario en el idioma y más adelante un libro de extractos del Antiguo Testamento. Que han sido notablemente justificados en su persistencia, lo comprueba el hecho de que hoy el Vocabulario de Bangala, que fue compilado por Alfredo Buxton, y las traducciones de todo el Nuevo Testamento y tal vez la mitad del Antiguo, son empleados por no menos de seis misiones, incluso los opositores de antes, que trabajan entre unas cien tribus y cubren unos 1.700 kilómetros entre el Nilo y el Congo.

- -

C. T. tuvo muchas pruebas en su viaje al interior de A-frica, pero la más severa de todas fueron las noticias que recibió de Inglaterra. Poco después de su partida, su esposa se enfermó repentinamente en un viaje a Carlisle. Se halló que su corazón se había dilatado varios centímetros. Por, días fue mantenida viva tan sólo con estimulantes, hasta que, después de una visita de Lord Radstock y de la oración de fe, empezó a mejorar. Pero aún entonces su mejoría era solamente parcial, y quedó delicada, sin perspectivas de mayor restablecimiento. El dictàmen del médico fue que "tendría que vivir sosegadamente, en todo sentido de la palabra, por el resto de su vida." Tenía que retirarse todas las noches a las siete y no levantarse hasta el mediodía siguiente.

Pero ningún dictamen médico podía detenerla ahora de plegarse a la Nueva Cruzada. Tenía ante ella el ejemplo de su esposo y su victoria de fe sobre toda debilidad corporal. Más aún, tenía el llamado de Dios. Sabía ahora que era Dios que había conducido a su esposo a iniciar la Cruzada y que El la estaba llamando a la lucha junto con C. T. Así que, sin hacer caso de su condición, tomó las riendas del movimiento en Inglaterra. Al principio se atuvo a las instrucciones del médico en cuanto a las horas de levantarse y acostarse, pero quebrantó todas las reglas en la cantidad de trabajo que hacía. Más tarde, como veremos, se dió de lleno a la obra.

Desde su cama y diván de inválida formó círculos de oración, editó folletos mensuales por millares, escribió a menudo veinte o treinta cartas por día, planeó y editó los primeros números de la "Revista de la H.A.M."[1] en su forma original de un corazón. Sus hijas la ayudaban en el trabajo, siendo el esposo de Engracia, el señor Martín Sutton, el primer presidente de la Comisión, hasta su muerte ocurrida repentinamente un año más tarde; Edith y Paulina vivían con su madre y ayudaban de varias maneras.

Por lo tanto, cuando C. T. llegó a Inglaterra a fines de 1914, halló una sede bien establecida en el No. 17, Calle Highland, Upper Norwood, desarrollando vigorosamente esa parte de la obra.

Verdaderamente lo insensato de Dios es más sabio que los hombres. En dos años el corazón de Africa había sido explorado por un abuelo físicamente arruinado, mientras que la sede en Inglaterra había sido establecida por una inválida desde su diván. Tal fue la fundación de la H.A.M. Exactamente de acuerdo con el plan de Dios, que requiere una sola cosa para su realización, no educación, ni talentos, ni juventud, sino fe. Por fe Abraham... por fe Moisés... por fe C. T. Studd.

Por última vez en la vida C. T. viajó de aquí para allá en Inglaterra, instando y rogando al pueblo de Dios que se levantara y se sacrificara por las almas perecientes con por lo menos tanto celo y heroísmo como estaban desplegando en la Guerra Mundial, que estaba entonces en su período más intenso. No quiso moderarse. Pocas veces ha abogado alguno en

---

(1) H. A. M.: "Heart of Africa Mission" (Misión del Corazón de Africa).

la causa de los paganos como él abogó. Estaba débil y extenuado de sus largos viajes. Tuvo frecuentes ataques de paludismo. A veces iba a la tribuna con fiebre y predicando hacía bajar su temperatura a normal. Por ejemplo, en Colwyn Bay escribió:

"Nov. 2, 1915. Hughes Jones, mi hospedador, trajo un médico, que me prohibió salir a hablar esa noche diciendo que debía regresar en seguida a casa. Me reí y hablé esa noche durante hora y media; al día siguiente dos horas en Carnarvon; luego Bangor, tres reuniones y después Aberystwith. ¡Oh, estos viajes de tren! Tan lentos y tan fríos... pero Dios está siempre allí."

Se hizo cargo de la revista y lanzó los llamados más conmovedores que podrían escribirse.

"Hay más del doble de oficiales cristianos uniformados (pastores, etc.) acá, entre los cuarenta millones de habitantes pacíficos y evangelizados de Gran Bretaña, que el total de las fuerzas de Cristo luchando al frente entre mil docientos millones de paganos ¡Y sin embargo los tales se llaman soldados de Cristo! ¿Cómo los llamarán los ángeles? me pregunto. La brigada de los "Salvemos-a-Inglaterra-primero' están en la sucesión apostólica de los "Te-ruego-que-me-des-por-excusado.'

"El llamado de Cristo es a dar de comer al hambriento, no al que está harto; a salvar los perdidos, no los de dura cerviz; no llamar a los burladores sino a los pecadores al arrepentimiento; no a edificar cómodas capillas, templos y catedrales en Inglaterra, en los cuales adormecer a los que profesan ser cristianos con hábiles ensayos, oraciones formales y programas musicales artísticos, sino a levantar iglesias vivientes entre los desamparados, rescatar los hombre de las garras del diablo y arrebatarlos de la misma boca del infierno, alistarlos e instruirlos para Cristo y formarlos en un Ejército Todopoderoso de Dios. *Pero ésto tan sólo puede realizarse por una religión del Espíritu Santo candente, no convencional y sin trabas,* donde no se rinde culto ni a la Iglesia, ni al Estado, ni al hombre, ni a las tradiciones, sino solamente a Cristo y a El crucificado. No a Cristo por medio de cuellos de fantasía, trajes, báculos de plata o cruces de oro en la cadena del roloj, o por campanarios de iglesia o los manteles preciosamente bordados del altar, sino por *sacrificio y heroísmo temerarios* en las trincheras avanzadas.

"Cuando se está luchando cuerpo a cuerpo con el mundo y el diablo, emplear delicadas confituras bíblicas es como tratar de cazar leones con una cerbatana; se necesita un hombre que se largue del todo y dé golpes a diestra y siniestra tan fuerte como pueda darlos, confiando en el Espíritu Santo. Es la experiencia, no la predicación, que lastima al diablo y confunde al mundo, porque es incontestable; la preparación no es la de la escuela, sino del mercado; es el corazón cálido y libre y no el cerebro equilibrado que vence al diablo. Tan sólo cristianos semejantes a rayos son los que cuentan. Una reputación perdida es el mejor título para el servicio de Cristo.

"Estoy determinado, más que nunca, a que no se nos restrinja con ningún círculo o límite que no sean los de nuestro Señor mismo, 'Hasta lo último de la tierra' 'A toda criatura'. Yo pertenezco y siempre perteneceré al partido del 'Dios Grande.' No quiero tener nada que ver con el partido del 'Dios Pequeño'.

"La dificultad es creer que El pueda dignarse a emplear individuos despreciables como nosotros, pero por cierto que quiere insensatos y Fe más bien que talentos y cultura. Todo lo que desea Dios es un corazón. Cualquier zapallo viejo servirá de cabeza; con tal que estemos vacíos. Todo está bien, pues entonces nos llenará de Espíritu Santo.

"El bautismo ardiente del Espíritu Santo cambiará a cristianos blandos y suaves en héroes vivientes y fervorosos para Cristo, que avanzarán y combatirán y morirán, pero no se quedarán marcando el paso. Emprendamos una carrera al cielo;

si sobreviene un accidente, significa ser arrojados en los brazos de Jesús; tales accidentes son las más preciosas bendiciones de Dios. No sea un tren de carga.

"Los insensatos actúan como si no conocieran al diablo, aparentando no verle; otros colocan una loza sobre su supuesta sepultura. Sed sabios; no lo desconozcáis ni enterréis; matadlo con la bayoneta del evangelismo.

"Hugo Latimer[1] fué una vela inextinguible; el diablo lo incendió y desde entonces se ha estado maldiciendo por su insensatez. ¿No quiere algún otro tentar al diablo a hacerse el tonto otra vez?

"¡Clavad el pabellón al mástil! Eso es lo que se debería hacer y por lo tanto es lo que tenemos que hacer. ¿Qué pabellón? El pabellón de Cristo, la obra que nos ha dado para hacer, la evangelización de todos los no evangelizados. *Cristo desea, no los que toman bocaditos de lo posible, sino los que agarran lo imposible*, por fé en la omnipotencia, la fidelidad y la sabiduría del Todopoderoso Salvador que dió el mandamiento. ¿Hay un muro en nuestro camino? ¡Con la ayuda de nuestro Dios lo saltaremos! ¿Se encuentran leones o escorpiones en la senda? ¡Los hollaremos bajo nuestros pies! ¿Hay una montaña que nos interrumpe el paso? Diciendo. '¡Quítate y échate en la mar!' marcharemos adelante. ¡Soldados de Jesús! ¡Nunca os rindáis! ¡Clavad el pabellón al mástil!

"Los que miran a Jesús, se vuelven langostas a su propia vista, pero gigantes a la vista del diablo.

" 'Venid en pos de mí,' dice Jesús. 'Lo haré,' decimos, pero de algún modo nos olvidamos que Cristo no se agradó a Sí mismo, se hizo deliberadamente pobre para salvar a otros y

---

(1) Hugo Latimer, obispo de Worcester, uno de los mártires evangélicos del reinado de María la Sanguinaria en Inglaterra, que fué llevado a la hoguera junto con el Dr. Ridley, obispo de Londres y le dijo entonces: "Ten buen ánimo, Maestro Ridley, pues hoy por la gracia de Dios encenderemos una vela en Inglaterra que jamás será apagada".

fué el primer misionero foráneo. Todos oramos pidiendo ser semejantes a Jesús, pero rehusamos pagar el precio. ¿Cómo puede ser Dives[1] semejante a Jesús?

"Las migajas de Dives no constituyen un rico plato para presentar al Rey Jesús. Probad 'torta' en su lugar y no os olvidéis de poner en élla todo lo que tenéis."

"Pero ¿qué sucederá si C. T. muere?" Esta pregunta frecuente y pueril debe tener su contestación. Aquí va de C. T. mismo. "Todos gritaremos ¡Aleluya! El mundo habrá perdido su mayor tonto y con un tonto menos para estorbar Dios hará maravillas aún mayores. No habrá ceremonia fúnebre, ni coronas, ni crespón, ni lágrimas, ni aún la marcha fúnebre. Todos nos felicitaremos mutuamente. 'Y yo, si soy ofrecido, me regocijo y os congratulo: y vosotros también regocijáos y congratuladme a mí.' Fil. 2:17, 18 (versión inglesa de Lightfoot). La marcha nupcial, por pedido especial. Nuestro Dios vivirá y lo demás no importa. La primera ceremonia fúnebre de la Misión del Corazón de Africa se realizará cuando Dios muera, pero como eso no sucederá hasta después de la eterniad, tened buen ánimo todos. ¡Adelante! ¡Aleluya! 'Morir es ganancia.' "

En Julio de 1916, todo estaba listo para su regreso al Africa. Un grupo de ocho fué equipado. Incluían a su hija Edith, que iba a casarse con Alfredo Buxton. Las reuniones de despedida fueron fijadas para el 14 de Julio; el aviso decía, "Día entero de oración y alabanza, desde las 10 de la mañana hasta las 10 de la noche. Salón Central, Westminster. Inaguración de la Cruzada de Cristo con la despedida del Sr. C. T. Studd y acompañantes para el Corazón de Africa. Se solicitan encarecidamente vuestras oraciones a favor del grupo que emprende viaje desde la estación Padington el lunes 24 a las

---

(1) Nombre con que se designa al rico de la parábola del rico y Lázaro, del latin **dives**—un rico.

19.40. Serpentinas estarían fuera de lugar, pero una ducha de Aleluyas está siempre en temporada."

Ni él ni la Sra. Studd tuvieron la idea más remota que esta sería su despedida de Inglaterra para siempre, y casi su despedida de ella sobre la tierra, pues en los trece años siguientes se verían solamente por una quincena escasa, hasta reunirse para siempre delante del Trono.

CAPITULO XVII

C. T. ENTRE LOS INDIGENAS

El grupo viajó por la costa occidental de Africa hasta la boca del Río Congo; fueron en total unos mil docientos kilómetros río arriba por vapor fluvial y quinientos kilómetros a través de la selva a pie. El arribo a Nala fué una experiencia sorprendente para C. T. Dos años antes había dejado tras sí tan sólo una concesión no ocupada, unas pocas casas desiertas en medio de un bosque de palmeras.

"Tuvimos una recepción maravillosa en Nala (Escribió). Fué una muchedumbre vasta y alegre. Habían esperado por dos años. La esperanza diferida hizo entristecer sus corazones a veces e indujo a algunos a decir que nunca volvería. Pero cuando la esperanza diferida se convierte en una esperanza realizada, el corazón se robustece notablemente. La gente, indígenas y cristianos indígenas, salieron un largo trecho a recibirnos. El amado viejo Sambo (el primer convertido en Nala) había venido un día de viaje a darme la bienvenida. Era como una Procesión del Lord Mayor[1]. Cuatro hombres llevaban un tambor grande de madera sobre las cabezas y un negrito arriba lo golpeaba con todas sus fuerzas; luego había clarines y voces armonizando notablemente. Además, había apretones de manos con la 'peculiaridad Nala', que deberá ser ahora el apretón de manos del Cruzado: primero se dan las manos de la manera usual, pero antes de separarlas del todo, uno de los individuos le rodea el pulgar con su mano al otro. Es muy gracioso, especialmente cuando los dos tratan de tomarse el pulgar mutuamente. Hacen recordar las dos ví-

---

(1) Procesión cívica que se realiza en Londres.

boras que se tragaron las colas una a otra. Así que marchamos directamente a la casa que me habían preparado y allí, nosotros sobre los escalones y éllos en el patio, todos alabamos a Dios *fortissimo* con la Doxología. Despúes tuve el lujo de ser otra vez un 'Caballero del Baño'[2].

"Me llamó mucho la atención la quietud de los nativos durante el culto; su reverencia fué en proporción inversa a la comodidad de sus asientos, que eran bancos formados, no de tablas, sino de tres palos de escoba horizontales, colocado a uno siete centímetros uno de otro. Después de sentarme en uno, sentí como el sereno del Sr. Jacobo que se sentó por una hora sobre un cajón de madera y luego, al levantarse, se dió vuelta e indicando el cajón dijo, '¡Ah, durante todo el tiempo me pareció que había un clavo allí!'

Había unos sesenta cristianos en Nala, aunque no todos del mismo calibre, como tampoco lo son los que componen las congregaciones en Inglaterra. Hallé a algunos y los hallo todavía, hombres realmente ejemplares. Pero cuando recordé lo que era eso cuando Alfredo y yo vinimos solos aquí, hace tres años, quedé realmente maravillado del cambio que se había operado."

Siguió luego una visita rápida a Niangara y el primer casamiento de blancos en el corazón de Africa.

Afredo Buxton había permanecido cuatro años en el puesto del deber, a pesar de llamamientos urgentes para que volviese a Inglaterra a reclamar su prometida.

"El Comisionado no pudo venir aquí para el casamiento de Alfredo y Edith (escribió C. T. Studd); así que tuvimos que ir a Niangara a cinco días de viaje. Al atravesar el puente del rió Nala, aquí cerca, me vinieron las palabras, 'Con mi bordón pasé este Jordán, y ahora estoy sobre dos cuadrillas.'

---

(1) La Orden del Baño es una distinción inglesa acordada por el rey para premiar servicios, etc.

¿No íbamos cuatro a Niangara, con muchos indígenas cristianos, y dejando atrás diez misioneros más con lo demás de los cristianos? Jamás olvidaré la fuerza que tuvieron esas palabras para mí. "El día de bodas fué un día muy ocupado. Temprano por la mañana fuimos río arriba en dos canoas al local de nuestra misión para los cultos en inglés y bangala, en la capilla. ¿Capilla? Era la primera casa que habíamos poseído en Africa, la denominábamos 'Palacio de Buckingham,' y nos costó nada menos que £6. Almorzamos debajo de las mismas palmeras que habían servido de reparo a nuestras tiendas cuando primero obtuvimos la concesión y empezamos a edificar. Fué en verdad un día de recuerdos. Allí fué que recibí sólo la correspondencia que me informó que habíamos perdido nuestros dos grandes campeones, Lord Radstock y el Sr. Martín Sutoon, y Dios en seguida había dado fe para creer y seguir adelante, como si nada realmente importara sino el apoyo de Dios. El día anterior habíamos caminado al lugar en Niangara donde habíamos vivido por semanas en nuestras tiendas, sin poder hallar un lugar apropiado para empezar nuestra obra. ¿Y no fué allí que de pronto vino la noticia que el cacique había cambiado de idea y nos dejaría tener el sitio que deseábamos? Allí fué que le dimos té y dejé que Alfredo le pusiera bastante azúcar, mientras yo fuí a llevar la buena noticia al Conde de Grunne hallando que estuvo tan contento como nosotros. Allí dormimos la misma noche con corazones llenos de gozo, pues el asunto había sido arreglado rápidamente. Allí también había dormido con la víbora y había sido librado. Por lo menos una palabra verdadera ha dicho el diablo, '¿Teme Job a Dios de balde?' Por cierto que no; ni Job ni sus sucesores pueden hacer eso.

"El culto fué lindo y no demasiado largo. Mi ordenación, la de D. L. Moody y el Dr. Torrey, fué autoridad suficiente para celebrar la ceremonia religiosa. La capilla estuvo llena y los novios estuvieron tan bien como si hubiera sido una boda en la Iglesia de San Jorge, Hanover Square (Londres). Luego siguió la fiesta nativa y las felicitaciones, que ocupó el tiempo hasta nuestro regreso en las canoas. Tuvimos que apresurarnos para terminar a tiempo para la ceremonia legal, a la cual asistieron todos los funcionarios belgas con sus uniformes de gala, medallas y órdenes. El comisionado estuvo de pie al lado del jefe de distrito, quien, mientras leía el preámbulo, temblaba con la correspondiente nerviosidad, pues ¿No era ese el primer matrimonio entre blancos que se celebraba en el Corazón de Africa? Veinte minutos bastó para la ceremonia y después todos vinieron para el té, café, torta de bodas y el francés más raro que jamás se había oído en el "Chateau". La última cosa fué la cena con el comisionado, un asunto largo.

"Los novios, a pesar de cualquier ansiedad o nerviosismo, se portaron bastante bien, lo que aumentó las elevadas ideas del comisionado y el juez respecto al valor británico. Después de la boda hicimos tomar una fotografía de los novios. Resultó ser un 'retrato viviente'. Alfredo decía claramente, 'Ahora sí que lo he hecho y me siento todavía resignado'; mientras que Edith parecía decir, 'El futuro me es desconocido, pero estoy resuelta a seguir creyendo.' "

Con qué gozo C. T. se dedicó ahora a la obra, haciendo de Nala su cuartel general y distribuyendo su personal misionero para ocupar Niangara, Poko y Bambili, los otros tres centros estratégicos de la Provincia de Welle. Ocupó de esa manera los cuatro rincones de un cuadro irregular de territorio, más o menos la mitad de la extensión de Inglaterra, que contenía unas diez tribus.

"Abril 1917. La obra aquí es una maravilla mayor que mi comprensión (escribió); la mano de Dios se ve en todo. Llegamos aquí, hace tres años y medio siendo dos extraños; los indígenas sumidos en tal pecado que no se puede expresar, el medio de comunicación aún por aprenderse. Sin embargo, ahora hay alrededor de cien convertidos bautizados. Muchos caciques están empezando a construir escuelas y otras casas en sus centros para que podamos ir a instruirle a ellos y su gente. Por todas partes tenemos puertas abiertas para nosotros y nues· tros cristianos nativos.

"Ochenta y uno han sido recién bautizados. Tuvimos reuniones bautismales durante muchos días antes; algunas, especialmente aquellas en las cuales los candidatos dieron sus testimonios, fueron sumamente interesantes y bastante lóbregas también. He oído que algunas personas quisieran enterarse del lado oscuro de la obra misionera, los tales deberían venir y oír los testimonios de los convertidos. Creo que no hubo dos que no confesaran el haber cometido adulterio con frecuencia. La hechicería también era practicamente universal. Entre esta gente el adulterio y la fornicación, lejos de ser considerado pecados, se tienen por algo natural. ¿Puede imaginarse cual es la situación, cuando la opinión pública está del lado del pecado; cuando tales costumbres han seguido por generación tras generación durante cientos de años? Cuando la continencia no ha sido practicada ni conocida por tantas generaciones, las personas se degradadan más que los mismos animales. ¡Ahora quizás puede imaginarse lo que significa una conversión! Verdaderamente, como dijo Pablo, no es una recreación, sino una *nueva* creación. Piense otra vez que el pecado es el único pasatiempo que tienen y la única cosa por la cual parecen vivir. Si cada conversión en Inglaterra es un milagro, cualquier conversión aquí es un milagro mil veces mayor.

"El día anterior a los bautismos todos hicieron otra vez su solemne confesión de fe y prometieron abandonar todo pecado andando como es digno de su Salvador. He aquí el testimonio de un tal Jabori, 'después que hubo resucitado de los muertos.' Puede imaginarse cómo prestamos atención al oir ésto, pues allí estaba el mismo Jabori, uno de los candidatos al bautismo. Cuando inquirimos el asunto, hallamos que muchos otros testificaron del hecho y finalmente Jabori mismo contó esta historia ante todos: 'Yo era un gran guerrero; los belgas me solían mandar a tomar aldeas y caciques que querían subyugar. Una vez me enfermé gravemente, perdí el conocimiento por completo y morí. Mis amigos habían cavado mi sepultura y me estaban colocando en ella, cuando me levanté y dije que había visto a Dios mismo, Quien me dijo que no pasaría mucho tiempo antes que vinieran los ingleses y nos enseñaran acerca del Dios verdadero. Conté esta visión a muchos, que fueron muy impresionados, y por causa de ésto solían referirse a Dios con el nombre de "Inglés" '. Todo ésto fué confirmado por muchos allí presentes. Dios, como en Mateo I, todavía obra por medio de sueños que da a esta gente.

"El estanque bautismal queda cerca del camino de Rungu, donde corre el río debajo de un tosco puente de caballetes. Una numerosa concurrencia se había reunido y ocupado el puente y una ribera del río, mientras que la otra ribera era reservada principalmente para los candidatos. La primera veintena incluía a tres caciques, dos de los cuales habían construído capillas en sus aldeas. Puede estar seguro que hubo mucho gozo en Nala ese día.

"Pero si el día de los ochenta y un bautismos fué notable, hubo otro día más grande por venir. Lo mejor llegó último. En Enero pasado, unos quince o veinte miembros de la iglesia nativa salieron voluntariamente a predicar por tres meses 'en las regiones de alrededor y más allá.' Les pagaron la regia suma de tres francos por cabeza para pensión, alojamiento, gastos de viaje y varios, por los tres meses. Todavía algunos, a su regreso a Nala devolvieron al fondo de la iglesia, del cual se habían pagado sus salarios, un franco unos y medio franco otros. Pero esta vez, más de cincuenta querían ir a predicar. Fué una lección en cuanto a la manera de evangelizar estas regiones: nosotros, los evangelitas blancos, tenemos cinco porteadores cada uno para llevar nuestros efectos. Ellos se llevaron cada cual los suyos. Cada hombre o mujer llevaba una cama, pero ésta consiste solamente en una estera de paja; por toda ropa de cama lleva una frazada delgada, si es que lleva una. El único canasto con alimentos que posee está siempre fuera de vista y detrás del cinturón, del cual cuelga un cuchillo de monte y una taza enlozada; un sombrero de paja, fabricado por él mismo y un taparrabo, y ahí tenéis al misionero del Corazón de Africa completo.

"La última reunión improvisada fué a la sombra del mango. He aquí los últimos consejos que les dí:

"(1) Si no quieren encontrarse con el diablo durante el día, encuéntrense con Jesús antes del amanecer.

"(2) Si no quieren que el diablo les dé un golpe, golpéenlo primero, y golpéenlo con todas sus fuerzas, de manera que esté demasiado estropeado para responder. 'Predicad la Palabra': es la vara que el diablo teme y odia.

"(3) Si no quieren caer, caminen: ¡y caminen derecho y ligero!

"(4) Tres de los perros con los cuales el diablo, nos da caza, son:

Orgullo.

Pereza.

Codicia.

"Después de una oración final y la bendición, corrieron adelante a preguntar, '¿Cuánto tiempo quedaremos afuera?' Contesté, 'Si están cansados, vuelvan al fin de un mes; si no, regresen al fin de dos meses; ¡si pueden aguantar tres meses, muy bien!' '¡Oh, no!' dijo uno de faz radiante, con una boca como un sapo y la risa de un pavo, 'Yo no regresaré hasta un año', mientras que otro agregó, 'A mí no me verán otra vez por dieciocho meses.' Y se fueron cantando:

"Yo amo a Jesús,
Y el me ama a mí:
Y nada más me importa,
Así que gozo inefable me posee.
Aleluya."

"A su regreso, después de describir sus viajes y peripecias, evidenciados por el estado andrajoso de la poca ropa que poseían, Sambo, el primer convertido en Nala, dijo, 'Pero no hubo nada afuera que haya podido quitar el gozo adentro.''

"Agosto 1917. Hay ahora unos cincuenta hombres más que desean el bautismo. Uno de ellos es mi cortador de leña y sacador de agua; su nombre es Bondo. Es un hombre palabrero: pronuncia oraciones raras que necesitan interpretación y sus discursos son punzantes. Hace algún tiempo entreveró su oración de esta manera: 'Gracias, gracias, Padre Celestial, muchas gracias. Has matado a mi padre y a mi madre, muchísimas gracias. También me has dado salvación y lavado mis pecados y cambiado mi corazón; te doy muchas, muchísimas gracias, Padre Celestial; y ahora quiero que conviertas a mi mujer, y si tengo una mujer quiero que la laves de sus pecados y cambies su corazón, y si tengo dos mujeres, quiero que hagas lo mismo para las dos, muchas gracia Padre Celestial, amén.' Por supuesto, lo que dijo de su padre y madre era solamente una manera de expresar que habían fallecido, y que no tenía nada que decir contra Dios por eso.

"El otro día, cuando apuntó su nombre para el bautismo, Alfredo le preguntó, 'Pero Bondo, ¿qué de tus dos mujeres?' 'Oh, eso está bien,' dijo él; 'Tengo que tener salvación, y realmente no necesito más que una mujer y pienso que es mejor ir al cielo que tener dos mujeres; sí, creo que es mucho mejor ir al cielo que tener tres mujeres, así que anote mi nombre, ¡¡por favor!!' Pero lo mejor de este pequeño discurso de Bondo es la revelación de lo que los indígenas mismos consideran ser nuestra actitud contra la poligamia."

"Mayo 31, 1918. Cuanto más cerca a estos indígenas se viva, mejor. Si los mantienes fuera de tu casa lo pasarás tan mal como ellos, y tendrás tan mala opinión de ellos como ellos de tí. Pero si eres íntimo con ellos y los haces tus amigos, serán las personas más cariñosas y alegres del mundo y harán que broten las lágrimas de tus ojos muchas veces.

"El otro día no me sentía nada bien, así que me quedé en cama más que de costumbre. Seis de nuestros cristianos de una aldea vecina vinieron para un culto temprano. Viéndome de lejos en el corredor en cama, cambiaron de dirección en seguida y vinieron hacia mí con profunda consternación, lo que fué disipado en parte cuando les aseguré que el nombre de mi enfermedad era mayorme 'pereza'. Entonces se sentaron alrededor de mi cama. Habiéndose terminado la conversación, me preguntaba cómo podía deshacerme de esta gente demasiado cariñosa sin ofenderles, para poderme vestir. De pronto, para mi sorpresa, me encontré con todos arrodillados alrededor de mi cama, uno después del otro derramando su corazón en oración a mi favor. Cuando hubieron orado los seis y antes que yo pudiera tener mi turno, el que presidía pronunció la bendición, ¡y fué una bendición graciosa por cierto! Pero el humor de la misma me quitó el deseo de llorar. Así que, siendo por fortuna poco convencional, tomé mi turno después de la bendición. Sin embargo, estos no eran de nuestros cristianos más destacados, sino algunos de los hermanos 'más débiles'. Podrán ser débiles o fallar en cuanto a muchos talentos; pero yo sabía que poseían el mayor de todos los dones de Dios, 'Amor'. Estos seis, hace tan sólo un año, eran pagano consumados, crudos y viciosos, pero aquí estaban con soltura al hablar, capaces de orar sin pedírseles, improvisadamente y sin libro."

"Octubre 10. El progreso es realmente maravilloso; la gente viene a nosotros de todas direcciones y de muy largas distancias. Tenemos bautismos casi semanalmente. Los convertidos están evangelizando por todas partes. Muchos caciques nos están implorando que les enviemos instructores y llegan hasta construír capillas y casas para nosotros.

"Cuatro hombres vinieron en un viaje de veinte días a Nala y cuando se les preguntó el objeto de su venida, dijeron, 'Todo el mundo sabe que hay mucho conocimiento de Dios en Nala.' "

En giras también tuvo resultados notables, no ya explorando el terreno, sino visitando a los caciques y evangelizando a la gente.

Escribe de su visita al Cacique Aboramasi:

"Habiendo emprendido viaje de tarde, no pudimos cumplir la acostumbrada etapa. Así, acampamos al anochecer en una pequeña aldea, un caserío arenoso al lado del camino con un galpón abierto, donde pasé la noche muy bien.

"Al otro día temprano los porteadores siguieron adelante; yo seguí más tarde en mi bicicleta. Llegué a un arroyo ancho desbordado a ambos lados. Por una casualidad un joven se hallaba en la margen opuesta. Vino a mi llamada y llevó mi bicicleta al otro lado y luego volvió por mí. Me tomó a cuestas, dió tres pasos en el agua, se tambaleó y cayó hacia adelante ¡y yo sobre su cabeza! No había nada que hacer sino soltar una buena carcajada y seguir camino gozoso, como el etíope después de su bautismo.

"Alcanzando a mis porteadores después de un tiempo, los hallé regateando con un hombre que había cazado un mono grande. Las chuletas de mono son excelentes, ¡para los negros! Después de mucho discutir compré el mono. Yo quería el cuero para componer la caja de mi banjo y ellos anhelaban la sustancia. Pero desafortunadamente creo que comieron tanto el cuero como la carne, pues nunca lo volví a ver. Probablemente lo pusieron en la sopa.

"Nos pusimos en marcha otra vez. Se levantaron los cajones, ¡pero de uno salía un líquido negro! El hombre había vuelto el cajón al revés y la tapa de mi lata de melaza casera de Nala no se había mantenido firme. Al abrir el cajón hallé 'Pan Melazoleum', papeles, libros, cartas, documentos, ropa, habitando todos en demasiada armonía fraternal. Hacía un calor excesivo; nos hallábamos en una llanura abierta. Tuve que mandar por agua y lavar la melaza de cada papel y después ponerlos a secar al sol. De esta manera perdimos dos buenas horas y nos sentimos freídos vivos en el proceso.

"No llegamos a la aldea de Aboramasi hasta la noche y todos estábamos muy cansados. No pensamos sino en cenar y dormir. Pero Dios nos tenía reservado algo mejor que irnos apresuradamente a la cama. Comí algo de arroz. El cacique vino con su gente. Cantamos himnos y luego tuvimos culto; estábamos al aire libre con un buen fogón y claro de luna. El cacique y la gente estuvieron tan interesados que se quedaron hablando de las cosas de Dios y de ellos mismos. Nos olvidamos de nuestro cansancio en el gozo de hablarles de Jesús y hallar que era apreciado, de modo que al fin cuando todos hubieron regresado a sus casas y pude retirarme tranquilo a mis cobijas, era la una y media de la madrugada, pero con todo, uno se sentía tan alegre como una alondra.

"Al día siguiente el cacique, su colega y un gentío vinieron y ocuparon mi casa todo el día. Uno no podía sino recordar a aquellos judíos que pasaron todo el día con Pablo hablando de las cosas del reino de Dios. Hablamos y cantamos. Tenemos ahora más de noventa himnos, y muy buenos, sin duda alguna; no se tiene que pensar si el sustantivo o el verbo están jugando a las escondidas con uno, como se tiene que hacer tan a menudo con lo que se llama hermosa poesía. La nuestra os da bien en el rostro cada vez y proporciona buenos y ardientes textos para la predicación. Un favorito dice así:

> "El camino al infierno es ancho,
> El diablo lo tiene bien barrido;
> Muchísima gente viaja por él.
> Porque la locura los ha poseído.

"El camino al cielo es difícil,
Hay un río que pasar,
Pero hay una sola canoa para cruzarlo,
El nombre de la canoa es Jesús."

"Luego hay otro con una tonada muy atrayente. Las palabras quieren decir:

"Dios no ama al Sr. Haragán,
El diablo ata a los tales:
Hombres de trabajo no tienen dificultades
No, Dios no ama la pereza.

"Dios cuida de los hombres de Jesús."
Pero el diablo los tienta.
Hombres de fe caminan tras su Salvador."

"Y tenemos uno con una tonada popular del Ejército de Salvación; una de las estrofas les agrada especialmente a los indígenas, pues toca sus tribulaciones aquí. Esta es la traducción:

"No hay impuestos que pagar en el cielo,
Se puede descansar allí gratis.
Ni azotes, no hay ni uno.

Coro:
Vamos, vamos a la aldea de Dios,
La aldea de gozo y amor."

"Los cantamos a toda voz cuando estamos en marcha y en todas partes. Es gracioso oir a un individuo con un impulso repentino de energía prorrumpir sobre el techo de su casa en 'Dios no ama al Sr. Haragán'.

"Tuvimos cultos todo el día y después proyecciones luminosas de noche. Yo tuve que manejar la linterna y también explicar las vistas. Luego les dí algo propio, instándoles que aceptaran a Cristo. No hablo muy bien en bangala, así que le dije a Boemi, 'Ahora te toca a tí. Quizás no entendieron muy bien mi edición, así que dáles la tuya. Entonces Boemi empezó, 'Hermanos, voy a decir algunas palabras en caso que no hayais comprendido las palabras de Bwana (C. T. S.)'; pero del cacique y toda la gente vino una verdadera tempestad de '¡Wapi! ¡Wapi!' Que traducido quería decir: 'Qué disparate,

si entendimos cada palabra.' De manera que ves que el Dios
de milagros vive aún y puede hasta interpretar mis frases
torpes e inadecuadas a la gente. Después el cacique se levantó
y habló en su propio idioma a la concurrencia y ellos respondieron. Entonces llegó un momento que las riquezas del
cielo y la tierra no pueden comprar, pues dijo, 'Yo y mi gente y mi cacique hermano y su gente queremos decirle que
creemos estas cosas acerca de Dios y Jesús y todos queremos
seguir el mismo camino que Vd., el camino al cielo'."

Mientras tanto se había abierto y ocupado una nueva
puerta: la puerta a la provincia de Ituri. Viniendo a Nala
desde el Congo, el Sr. Studd había sido guiado a regresar por
una ruta no acostumbrada. En cierto lugar un cacique le visitó
y le ofreció un sitio si quisiera venir a enseñarles. Resultó
ser la hermosa colina de Deti, de la cual se obtiene una vista
magnífica de la selva y llanuras por leguas a la redonda. Esta
llegó a ser la primera estación en la provincia de Ituri y de
ella se desarrolló la gran obra de Ituri, que tanto en número
como en buena voluntad de la gente para aceptar el Evangelio, ha sobrepasado en mucho la obra en la provincia de
Welle. Uno de los primeros convertidos fué el ciego Ndubani,
que había sido cegado frotándole los ojos con ají picante
para impedir que fuese cacique. Tuvo un sueño en el cual
vió llamas que se levantaban al extremo de un camino por
el cual andaba, y oyó una voz que le decía, "Espera al
hombre blanco con el libro y él te dirá cómo puedes escapar
de las llamas." Ha sido un fiel testigo desde entonces, caminando a tientas con su bastón por las aldeas, conducido por
su hijo, predicando el Evangelio. El gran cacique de esa región, Abiengama, fué un caníbal y recientemente había
capturado y comido a catorce porteadores. Pero cuando su esposa principal oyó por primera vez del Dios grande y amante,
exclamó, "Siempre pensé que debía haber un Dios así." Los
primeros misioneros a ser enviados allí fueron el Sr. Ellis

y señora. El Sr. Studd los visitó en Junio 1918 y quedó maravillado de lo que vió:

"Pude quedar un fin de semana en la colina de Deti para ver la obra y por cierto que es maravillosa. Hallé que el tinglado de culto había sido muy ampliado y la Sra. Ellis me dijo que estaría repleto al día siguiente, domingo. Poco después del amanecer la gente empezó a llegar. Deti está situado sobre una colina elevada. Es una cuesta bastante difícil y todos los asistentes tuvieron que trepar. Desayunamos temprano, luego fuí a mi pieza por un rato, y poco después, cuando se hubo tocado el tambor, me dirigí al..., bueno, supongo que debo llamarlo templo, aunque es tan sólo un galpón con techo y paredes de paja. Hallé el lugar absolutamente atestado de cuerpos negros y relucientes, más juntos que las arvejas en una vaina. Parecía que cada cuerpo negro tocaba otros cuatro cuerpos, como una cantidad de pastillas de limón que han sido expuestas al calor y se han pegado unas con otras; tuve que trabajar algunos minutos para pasar por esa masa de carne asada y pararme en un extremo, apretado contra la pared de paja. Podía sentir el calor del hervidero de hombres, mujeres y niños; cada cuerpo brillaba, bien frotados con aceite, y cada rostro brillaba con una mirada intensamente expectante, como cuando un niño espera que vuele el pájaro del lente de la cámara fotográfica.

'Entonces empezó el culto. Era en kingwana, para mí una lengua desconocida. El canto me pareció muy bueno: a tono y bastante animado. Se podían distinguir las palabras individualmente; para mí esa es la prueba del buen canto, no meramente la emisión de un agradable zumbido. Luego, la Oración Dominical y otra oración y un pasaje de las Escrituras, con himnos intercalados. Entonces llegó mi turno. Tenía que hacerles una plática. Estaban presentes varios sub caciques del Gran Cacique Abiengama, sentados frente a mí; yo estaba de pie y mis rodillas tocaban las suyas; tan apiñados estábamos. Empecé algo nerviosamente. Odio el hablar pòr intérprete; pero la vista de esa muchedumbre anhelante que escuchaba pronto me produjo la debida temperatura de fiebre pues pensé: ¿Cuándo veré a esta gente otra vez? Y tuve la experiencia de ese verso que ví una vez en la sacristía del Rev. Webb Peploe, aprendiendo así el secreto de su intensamente fervorosa manera de predicar:

"Predicaré como si no hubiera de volver a predicar,
Y como un moribundo a hombres moribundos!"

'Parecía casi imposible hablar frase por frase, así que me largué ora corto, ora largo, confiando en que el intérprete agarrara el sentido y lo expresara correctamente. A medida que proseguimos tuvimos notables experiencias, pues al terminar Munganga, ora un sub cacique, ora otro, que conocían bangala, exclamaban o indicaban a Munganga algún detalle que había omitido. Luego un himno, Ellis habló algunas palabras y así finalizó. Jamás pude olvidar aquel culto, aunque hubiera querido, ¡la expresión viva y anhelante de los rostros, atentos para no perder palabra! ... Y luego mi mente volvió hacia el tiempo, justamente un año antes, cuando Deti no era sino la cima de una colina, sin otra cosa que la paja de elefante y la maleza de la selva africana. Allí, Afredo Buxton, Ellis y yo, habíamos ido a inspeccionar el regalo de Abiengama de la cima de la colina, y allí nos habíamos retirado a un lado a sentarnos sobre la yerba o un tronco de árbol, para dar gracias a Dios por su dádiva del lugar en el cual empezar nuestra obra. Una vez más vino el mensaje a mi corazón, 'Esta es la mano de Dios, y ¡Lo que Dios ha efectuado!' "

Tres años fueron ocupados de esta manera y entonces C. T. tuvo que decir adiós a su "Timoteo" Alfredo Buxton. Durante seis años habían trabajado juntos. Alfredo le había sido "como un hijo con el padre, ha servido conmigo en el Evangelio." ¿Ha habido otro ejemplo de un joven a la edad de veinte años internándose en el corazón de un país salvaje, dejado solo después de dos años, reduciendo el idioma a escritura y formando la primera Iglesia de Jesucristo entre un pueblo ignorante, semi desnudo y extremadamente depravado? C. T. ya había escrito a Inglaterra acerca de él después de sus primeros viajes de exploración juntos:

"Debo mi vida seguramente al cuidado y atención de Alfredo bajo la protección de Dios; verdaderamente ninguna madre jamás cuidó a su hijo con más ternura y eficiencia que él me cuidó a mí. Durante casi dos años vivimos juntos en la más estrecha intimidad posible, ocupando la misma choza y casi siempre la misma tienda o pieza, en muchas pruebas, en enfermedad y dolor, en duelos y en los muchos malignos ataques del diablo, que son inevitables para los que atacan sus fortalezas vírgenes. Nadie sino Dios podrá jamás saber la profunda fraternidad, gozo y afecto de nuestra cotidiana comunión social y espiritual, pues no hay palabras que la puedan describir."

La despedida pública fué en el templo de Nala.

"Un rápido desayuno (escribió Alfredo) y todos se congregaron en el templo. Hablé de la obra que me esperaba y cuán ineficaz era para ella; les recordé las palabras de C. T. el día anterior, de cómo el espíritu de Elías posó sobre Eliseo, y le pedí a C.T. que me impusiera las manos. Al sentarme, él se levantó y me susurró: 'Entonces debes hacer lo que te digo,' y colocando su silla me dijo que me subiera a ella. Lo hice y entonces, cuando habló, me dí cuenta de lo que se proponía hacer: este hombre, del doble de mi edad, misionero durante más de cinco veces el tiempo que yo, que había hecho diez mil veces más para Dios que yo, este hombre, se negaba a imponer sus manos en mi cabeza y elegía mis pies en su lugar. No pude hacer otra cosa que someterme, pero cuando hubo terminado su oración, me bajé de la silla y dije: 'Bwana, me ha hecho una treta hoy, pero fué una treta de amor'; me fué difícil continuar, pero cuando por fin pude, dije: 'Pero quiero que recordéis la lección que os ha enseñado hoy. Jesús una vez le lavó los pies a Pedro; yo no me opuse como Pedro, porque quería que Bwana me impusiera las manos; pero quiero que recordéis que aunque Jesús lavó los pies de sus discípulos, con todo era siempre su Señor y su Director; es el mismo caso de Bwana y yo hoy.'

"Media hora más tarde estábamos en camino. Todo Nala vino a despedirnos y con adioses y apretones de manos cada pocos metros, nos tomó tres horas para recorrer lo que generalmente nos tomaría una."

Con Alfredo habían ido su esposa y cuatro más que necesitaban un descanso, y Susana, la primera criatura blanca nacida en el corazón de Africa. Había sido dedicada a Dios en el templo de Nala, junto con varias criaturas negras, hijos de padres cristianos.

Esta situación dejaba muy reducido el personal en el campo misionero. No habían podido venir refuerzos durante los últimos diez y ocho meses a causa del apremio de la guerra en 1917 y 1918 y unos pocos habían abandonado la obra. Entonces siguió un período de intensa prueba, prueba por la falta de obreros, por mala salud, pero, sobre todo, por la angustia de la apostasía. Algunos de los cristianos más prominentes cayeron en el pecado, y C. T. se convenció más y más de la necesidad de una obra más profunda de Dios en los corazones de la gente. Experiencias posteriores en Ibambi aumentaron y confirmaron esta convicción y les impelieron a implorar a Dios más ardientemente que nunca que les concediera un derramamiento del Espíritu. La secuela se verá en otro capítulo más adelante. La pequeña compañía de seis perseveraron tenazmente, uno en Deti, uno en Poko, uno evangelizando en la provincia de Ituri y Bwana (C. T.). con dos señoritas. la "nurse" Arnall (ahora Sra. de Stanford) y Srta. Bromberger, en Nala.

"He estado padeciendo horriblemente (escribió a su madre

en mayo 1920) con terrible irritación en piernas y brazos y muchas úlceras malas en los pies y tobillos; la irritación es a veces enloquecedora; pero realmente deberíamos tener algo, considerando cuán poco hemos sufrido. "Me parece que las desilusiones constituyen el mayor sufrimiento. Como dijo Pablo, 'Vivimos, si vosotros (nuestros convertidos) estáis firmes en el Señor,' y la desilusión de un cristiano apóstata parece quitarle a uno toda vitalidad.

"(Y a su esposa) El corazón se le desgarra a uno por causa de las acciones de algunos de esta gente y especialmente de los cristianos viejos; engaño, mentira e impureza han sido frecuentes, de manera que muchas veces uno casi ha perdido ánimo y clamado, '¿A quién le tocará ahora?' Sin embargo hay algunos fieles y nos regocijamos en ellos, como también en Dios."

Entre las cosas alentadoras de estos días se hallaban las reuniones de oración en la madrugada, que él inició:

"Debieras oir a esta gente en la reunión diaria de oración a las cinco en la parte central de la casa. La tenemos antes de la salida del sol. La reunión está anunciada para las cinco y treinta, pero acuden a las cinco y empiezan a cantar y orar; ¡y oh, las plegarias que oran! Nada baladí, sino tiros ardientes de sus mismos corazones.

"Una noche me había quedado trabajando hasta muy tarde; eran las dos de la madrugada y no valía la pena desvestirme por una hora y media, así que pensé acostarme como estaba. Iba a apagar la vela, cuando noté una figura negra ahí cerca sobre una silla. Cuando miré, prorrumpió en su excusa por haber venido. '¡No pude dormir. Tengo que recibir el Espíritu Santo! ¿No quiere orar por mí?' ¿Hubo jamás semejante descarga eléctrica, galvanizando a nueva vida un aturdido rendido de cansancio como era yo en ese instante? ¡Nunca! Esto era verdadera medicina. Oramos y luego le procuré una silla plegadiza y lo acomodé en ella junto al fuego, mientras que yo me acosté sobre la cama.

"Muchas veces pienso que son tan sólo las oraciones de esta gente (y por supuesto de todos Vds. en Inglaterra) lo que me mantiene vivo. Cualquier otra cosa puede escaparles de la memoria, pero nunca olvidan de rogar de esta manera en sus oraciones: 'Y ahí está Bwana, Señor. Es un hombre muy anciano (sesenta), su fuerza no vale nada. Dale la tuya Señor, y el Espíritu Santo también.' ¿Te conté del hombre que oró de esta manera por mí? 'Oh Señor, en verdad has sido bueno al hacer que Bwana viva diez años sobre la tierra, ahora haz que viva dos años más.' "

La ayuda vino en la primavera de 1920. La Sra. Studd y la comisión en Inglaterra, habían sentido tanto la necesidad de enviar refuerzos, que se pusieron a orar, y aunque no sabían realmente de ninguno en ese momento, enviaron un cablegrama en fe en el verano de 1919, "Refuerzos salen *este* año." Dios respondió y siete días antes de terminar el año, el primer grupo partió. Incluía a su hija menor, Paulina y su esposo. Fueron seguidos, después de un mes o dos, por otros dos grupos, todos de hombres ahora desmovilizados de la guerra; y desde entonces hubo una corriente contínua de reclutas, de modo que en tres años los obreros aumentaron de seis hasta casi cuarenta.

Mientras tanto las regiones de más allá estaban llamando urgentemente. C. T. nunca había olvidado esas grandes muchedumbres que les habían seguido cuando andaban en sus bicicletas en el primer viaje por la selva de Ituri; ahora estaba recibiendo informes tanto de evangelistas nativos como de misioneros, de miles que clamaban para ser instruídos. El regreso de Alfredo Buxton en 1921 para hacerse cargo de la obra en Nala, le permitió ir más lejos. Así que, con todo el gozo del evangelista "pionero", volvió su rostro hacia la mies blanca de la provincia de Ituri.

"Cómo podía pasar los mejores años de mi vida viviendo para los honores de este mundo, cuando miles de almas están pereciendo todos los días?" —C. T. S.

EQUIPO DE CRICKET "CABALLEROS DE INGLATERRA," 1884. (C. T. Studd de pie, último a la derecha).

ALGUNOS DE LOS AMIGOS DE C. T. EN EL CORAZON DE AFRICA, 1926

Capítulo XVIII

¡SIEMPRE ADELANTE, NUNCA RETROCEDER!

En la selva de Ituri, cuatro días de viaje al sur de Nala, vivía un gran cacique llamado Ibambi. Era evidente que su aldea era el centro de una población numerosa. Para alcanzarla era necesario caminar durante horas por una senda donde la selva virgen había sido desmontada por unos cien metros a cada lado. Altas palmeras con sus hermosas coronas, crecían por todas partes en profusión desordenada y todo a lo largo de la senda bajo su sombra, rodeadas de bananos con sus enormes hojas verdes y grandes cachos de fruta, se hallaban infinidad de casitas de bambú construidas con esmero. Estas pequeñas viviendas eran verdaderas obras de arte, con sus paredes de bambú ligado con fibra de palmera y techo y puertas de hojas.

Parecía haber gente sin fin, con sus cuerpos casi desnudos relucientes con aceite de palmera, su cabello tieso, negro, trenzado prolijamente en toda clase de formas fantásticas y sus curiosas cabezas de forma alargada. Su única ropa era un pedazo de corteza muy burdo alrededor de los muslos; los hombres llevaban bastante más que las mujeres como, por ejemplo, sombreros de paja, a menudo tejidos con hermosos dibujos de colores y mantenidos en su lugar por largos alfileres de marfil.

Para el observador superficial parecen felices y sanos, gritando la noticia de choza en choza que pasa un hombre blanco, y hombres y mujeres, muchachos y muchachas, salen en tropel con lanzas y arcos en mano, con el abandono de niños, corriendo, cantando y riéndo al agruparse alrededor de su bicicleta.

Pero la experiencia demuestra una historia muy diferente. Deteneos en una aldea con algunas medicinas y vedlos acudir: niños con llagas de pies a cabeza, hombres y mujeres con úlceras abiertas en sus piernas, el leproso sin dedos en manos y pies, bebés con su blanda cabecita deformada por la cuerda atada estrechamente alrededor de la misma, según la costumbre general que exige que la forma de sus cabezas sea larga y angosta en vez de redonda. Habladles y observad sus rostros, las arrugas en las frentes de los viejos, no meramente de vejez, sino de temor, obscuridad y diabolismo; crasa sensualidad y crueldad en casi todos los rostros. Tratad de penetrar en sus vidas como mejor lo pueda un hombre blanco y enteráos de la completa corrupción, de modo que ni muchachos ni muchachas son puros, "los cuales, después que perdieron el sentido de la conciencia, se entregaron a la desvergüenza para cometer con avidez toda suerte de impureza"; el poder que tiene la hechicería sobre ellos, una mezcla de temor, homicidio y bestialidad; temor de espíritus malignos que los rodean; homicidio a causa de sus esfuerzos contínuos para deshacerse de vecinos o parientes por medio de hechizos dirigidos contra ellos, y bestialidad a causa de los ritos innominables de estas sociedades secretas; el matrimonio casi siempre no es más que un contrato comercial entre el padre y el pretendiente, trayendo al padre más "riquezas" para comprarse otra mujer y al esposo una esclava y madre para sus hijos. Ved su lamentable ignorancia; jamás han oído de un Dios que ama y se preocupa; no tienen ningún concepto de santidad o del cielo; nunca han visto un libro. Y ved un paso más aún. Ved como ve Dios; ved corazones que pueden ser lavados blanco como la nieve y sus mismos deseos cambiados; ved almas que pueden recibir la vida eterna; ved cuerpos que pueden ser poseídos por el Espíritu de Cristo y todas sus facultades empleadas para testimoniar de El. Y luego vemos el impulso divino que impelió a C. T. a conquistar esta buena tierra para

Cristo.

En 1922 movió su cuartel general a Ibambi. Para entonces era famoso por muchos kilómetros alrededor: la figura delgada con la barba espesa, nariz aguileña, palabras ardientes, pero risa alegre. Fué tanto el apóstol de esa región como Pablo del Asia Menor, y lo llamaron sencillamente "Bwana Mukubwa" (Gran Cacique Blanco). Muchos son llamados "Bwana" (Cacique Blanco), pero nadie sino él fué "Bwana Muqubwa". Los misioneros le llamaron Bwana, por ser más corto y a menudo empleamos ese nombre.

Ibambi llegó a ser el cuartel general de la Misión. Halló que el número e interés de la gente en oir no habían sido en nada exagerados y se puede imaginar con cuánto gozo se dedicó a instruirlos.

"He aquí una oportunidad de encender todo el Corazón de Africa con el conocimiento de la Cruz y el amor de Dios. Para un fin semejante se arrojaría todo una vez más en el crisol, no se podía hablar de regresar a Inglaterra."

Primero a Ibambi mismo vinieron en centenares para ser enseñados y bautizados.

"Fuimos asediados por gente que venía para el bautismo. Casi todos los días se podía oir los himnos de personas viniendo de varias direcciones."

Después empezó a salir a la selva en los alrededores. Visitó Imbaí, a cinco horas de Ibambi, donde el cabeza de la aldea había pedido un instructor:

"¡El sonido de una abundante lluvia se oye! (escribió) Qué música es para corazones cansados y oídos agravados oir el canto de himnos acercándose más y luego ver una compañía de hombres y mujeres, muchachos y muchachas, que han caminado una, o dos, u ocho, o diez horas para oir las palabras de Dios. Hallé unos mil quinientos negros, todos apiñados como sardinas, de cuclillas en el suelo a los rayos abrasadores del sol africano del mediodía. No tenían ningún templo, ni siquiera tinglado. Están cantando himnos a Dios con corazón y lengua y voz; es un gran coro sin adiestramiento y sin paga, produciendo mejores melodías para Dios y para nosotros que un coro de mil Carusos. Uno observa sus rostros anhelantes mientras están allí absorbiendo cada palabra del predicador. Están ávidos del Evangelio. Una reunión de dos horas no les molesta, si no es que la consideran media escasa. Fueron enviados entonces a descansar una hora, luego volvieron tan contentos y ansiosos como siempre para su segundo turno.

"Bajo nuestra dirección se construyó una Casa de Dios con capacidad para mil docientas cincuenta personas. Medía tanto como un tiro de cricket, en cada dirección. La hicieron en tiempo récord. Tuvieron que ir lejos a buscar la paja para el techo y estaban evidentemente cansados. Un Cruzado dijo, '¿No sería bueno enviarlos a casa por una semana, y que vuelvan luego a terminar?' '¡Cómo no! dígales que han trabajado muy bien y que dentro de dos semanas pueden volver a terminar el trabajo.' La respuesta de ellos fué, '¿Qué? ¿piensa Vd. que vamos a comprometernos a construir una Casa de Dios e irnos a casa sin que esté terminada?' "

En lo de Adzangwe, a tres horas de distancia, fué lo mismo.

"Quinientos o seiscientos van a su aldea los domingos para el culto (escribió C. T.) Habíamos ido un día de semana y una muchedumbre nos esperaba, y nos escucharon con atención mientras les enseñamos acerca del pecado, justicia, el juicio venidero y Jesús. Adzangwe había oído de la construcción del "Templo del Tiro de Cricket" y quería uno para su gente, para que pudieran adorar a Dios a pesar de tormentas y sol. Y ésto es lo que dijo a mi compañero Cruzado, 'Bwana está cansado ahora y está enfermo con su esfuerzo de construir la Casa de Dios en lo de Imbai. Debe ir a descansar ahora, pero después ¿no querrá venir a enseñarnos a construir una Casa de Dios aquí?' ¿Qué contestación se le podría dar? '¡No! Bwana va a regresar a Inglaterra, donde todos han oído de Cristo y donde hay templos y capillas y salones de culto en cantidad y va a dejar a esta gente de Vd. que se precipite al infierno?' ¿Podía ser?

"Uno de mis colegas mostró una moneda para explicar el don de la salvación y dijo: 'El primero que venga la recibirá.' La respuesta que recibió le dió la mayor sorpresa de su vida: 'Pero señor, no hemos venido por dinero, sino para oir las palabras de Dios.'

"Otro había hablado mucho y, al terminar, se excusó. Vino la voz de un viejo de en medio de la muchedumbre negra, '¡No se calle señor, no se calle!' Algunos de nosotros somos muy viejos y nunca hemos oído estas palabras antes y tenemos poco tiempo para oir en el futuro."

Media docena de otros lugares fueron lo mismo, lo de Badua lo de Bakondangama, lo de Adzoka, etc. En verdad Bwana había hallado su "Eldorado." Se le instó mucho a que volviese a Inglaterra, pero había empezado a segar una mies madura y no quiso ser persuadido, ni entonces ni posteriormente. Siempre dió la misma contestación: Dios le había dicho que viniera cuando todos se le opusieron y que tan sólo Dios podía decirle cuando debía regresar. A uno que le reprendió por resistirse a volver, escribió:

"Si hubiese hecho caso a los comentarios de la gente, nunca hubiera sido misionero y nunca habría habido una H.A.M. Como dijo Miqueas, 'Lo que Jehová me hablare, eso diré,' así también, la obra que Dios me dé para hacer, esa trataré de realizar o morir en la tentativa.

"Siendo que hace unos curanta años, acatando el mandamiento de Dios, deje a madre, hermanos, amigos, fortuna y todo lo que generalmente se considera hace que la vida valga la pena de vivirse, y que desde entonces he continuado haciendo lo que El me pide, he sido tildado de necio y fanático una y muchas veces, pero he vivido para comprobar que los consejeros mundanos eran los necios. Me parece que no me agradaría mucho terminar por ser amedrentado de hacer mi deber escuchando los comentarios de los hombre. 'Maldito el varón que confía en el hombre' no hace una almohada muy buena para un hombre moribundo, pero hay mucho consuelo en la otra: 'Bendito el varón que se fía en Jehová.'

"¿Piensa Vd. que puedo consentir en tornar un oído sordo a los clamores de esta gente pidiendo el Evangelio y ansiando instructores? Si no puedo enviarles intructores porque no los hay, por lo menos puedo llenar un vacío yo mismo. Si no soy tan eficiente como los jóvenes, por lo menos podré ser más eficiente que un ausente, un nadie. Si otros han dejado de oir y responder a estos angustiosos ruegos de hombres pecadores en camino al infierno pero que desean conocer el camino al cielo, por lo menos mi presencia puede asegurarles que todavía hay algunos que, para salvarlos, contarán la vida y todo lo que les es más querido comó de ningún valor en comparación.

"Dios sabe todo acerca de mi salud, necesidad de un descanso y necesidad de muchas cosas consideradas como absolutamente necesarias para vivir en estas regiones. Me río de buen grado de mi falta de ellas y me regocijo de una muerte en vida con un gozo maravilloso, a fin de llenar el puesto que otros han dejado desocupado, cualesquiera que sean sus razones para obrar así."

Para 1923 había cuarenta Cruzados en el campo misionero, de manera que aunque resultan pocos para esta vasta región, por lo menos se pudo ocupar algunos puntos estratégicos más en la provincia de Ituri; pronto se habían abierto estaciones en Deti, Ibambi, Wamba, Botongwe y aun Bomili y Panga en el extremo sur, además, naturalmente, de las cuatro estaciones en la provincia de Welle. Sí, había bien valido la pena el obedecer el llamado de Dios en 1913.

CAPITULO XIX

EL DIOS DE LAS MARAVILLAS

Al día siguiente de la partida de C. T. para Africa en 1916, su esposa se aventuró en fe. No sabemos si tenía a la vista la carta en la cual le instó a confiar en Jesús para su salud física, como en China, pero así lo hizo. Se levantó de su diván de inválida por la fe, para nunca volver a él.

"La resurrección de Mamá es el milagro más grande que conozco (escribió C. T. a Alfredo Buxton). No puedo expresar el gozo que me da. Ahora es como fué en China. Jamás he visto alguien que se le pueda comparar, hombre o mujer, cuando empieza a actuar; tiene tanta energía, visión y fe, que puede cautivar a cualquiera.

"Ciertamente Dios estaba esperando algún acto sencillo de fe (escribió después), para enviar una lluvia de bendiciones. Aquella lluvia alcanzó a mi esposa al siguiente día de mi partida y nunca fué la misma mujer después. No había nada de la inválida en ella. Se volvió un ciclón. Se hizo la principal secretaria de propaganda de la Misión, además de muchas otras cosas. Dios la llevó a Estados Unidos, Canadá, Australia, Nueva Zelandia, Tasmania y Sud Africa. Vivió la vida de un torbellino; no tuvo otro pensamiento que la salvación de almas y el cuidado de sus hijos."

No había mejor conferenciante misionero en el país. Hablaba como si ella misma hubiera vivido todas las experiencias de su esposo en Africa. Sus descripciones no eran meros cuadros verbales; había sangre y fuego en ellas; no el fuego de una imaginación admirable, pero de un corazón cruento, sacrificando diariamente para Cristo y los paganos al que le era más querido que la vida. Nadie conoció la cruz cotidiana que llevaba; la distancia que los separaba; el ansia de su simpatía y consejos en la obra; la expectación cuando llegaba cada correo informándole de sus trabajos y debilidad y fiebres; la imposibilidad de estar con él y cuidarle.

Los fundadores de la H.A.M. (Heart of Africa Mission— Misión del Corazón de Africa) siguieron en verdad el camino de Cristo. "Si el grano de trigo no cae en la tierra y muere, él sólo queda; mas si muere, lleva mucho fruto." Desde temprano se habían colocado la carrera y la fortuna en el altar; ahora la salud, el hogar, y la vida familiar siguieron también. C. T. llegó a decir una vez, "He buscado en mi vida y no sé de algo más que me queda que pueda sacrificar para el Señor Jesús."

Muchos que oyeron sus discursos en las Asambleas Anuales jamás los olvidaron y muchos sintieron el llamado mientras ella hablaba. En un discurso pidió "Diez intrépidos para la W.E.C.—H.A.M.", con las siguientes características: debían ser:

¡Hombres sin camino!

¡Hombres que arriesguen sus vidas!

¡Hombres como una llama de fuego!

¡Hombres a lo Brainerd![1]

Otra plática fué titulada "Cinco Minutos Ocupadísimos sobre una Misión Loca," durante la cual citó lo siguiente:

"Escuchad este extracto de una carta de una amiga: 'Leemos su revista con interés. Son, humanamente hablando, una de las Sociedades Misioneras más locas que jamás haya existido; pero si la cordura significa modernismo y nada de almas, ¡quiera Dios que nunca sean cuerdos!' ¡Y así decimos todos!"

---

(1) David Brainerd, 1718-1747: consagrado misionero entre los indios norteamericanos. Murió joven después de un brevísimo ministerio, pero el ejemplo de su vida tuvo mucha influencia sobre otros hombres en años posteriores, como Guillermo Carey, Enrique Martyn, etc.

Dios ya les había dado al Sr. y Sra. Studd el No. 17 de Highland Road, Upper Norwood, como la sede de la misión. C. T. había sido claramente guiado a comprarlo en 1913, cuando no se había pensado siquiera en una misión, y guiado también de una manera igualmente maravillosa en la compra de los muebles:

"Ví una casa que parecía justamente lo que necesitaba y a un precio muy módico. Aquella casa fué una de las impresiones de mi vida. Nunca me imaginé que llegaría a ser la sede de una nueva misión y que mi esposa sería su directora: pero sentí que tenía que adquirirla. Al poco tiempo Dios proveyó lo necesario y me la dió. Entonces salimos a buscar muebles. Fuimos a muchos lugares baratos, pero ni el más barato estuvo al alcance de nuestro bolsillo, así que hicimos muy pocas compras. Un día estuve caminando por Westbourne Grove y ví algunos muebles de segunda mano colocados fuera de un local. No había nadie adentro; la puerta del fondo estaba abierta y me condujo a una pieza grande donde había cantidad de muebles y algunas personas. Así que entré y hallé que se estaba efectuando un remate y ví que se remataban artículos a precios realmente ridículos. Antes de irme había adquirido una silla de biblioteca, de nogal tapizado en marroquí, por la cual pagué el ínfimo precio de quince chelines. La semana siguiente fuí allí otra vez y pude obtener más muebles a precios parecidos. Después supe que se iba a realizar un remate grande por la misma firma en otro lugar. Por supuesto que había resuelto alfombrar nuestra casa en hule, por ser durable y no propenso a desgarrarse. Habíamos comprado algunas cosas, cuando se pusieron alfombras en remate. Estas no me interesaban para nada y me había dado vuelta a examinar el catálogo. Un empujón en el costado llamó mi atención: 'Carlos, ¿ves a qué precio se están rematando esas alfombras?' 'No', contesté, 'no me interesan; hule es lo que yo quiero.' 'Pero,' dijo, 'mira, una alfombra acaba de venderse a un precio mucho menor de lo que podríamos comprar ningún hule.' Temo que haya dudado hasta que ví ofrecerse la siguiente alfombra, la cual compré y varias otras, pues en realidad era cierto. Pero naturalmente las alfombras tenían que ser orilladas de hule. Una de las últimas cosas en el remate fué un lote de seis rollos de hule, todos del mismo dibujo y evidentemente de la misma casa. Compramos los seis por treinta chelines y con eso alformbramos toda la casa.

"Otro día fuí a un remate que se realizaba en una casa particular. Una de las últimas cosas a rematarse fueron los artefactos eléctricos. No los había mirado, no sabía cuantos eran, no había tiempo para recorrer las otras piezas y ver, y hasta entonces no había pensado en instalar luz eléctrica en la casa, pues la corriente no había llegado aun a nuestra calle. Pero todos esos artefactos se vendieron en treinta y dos chelines y yo fuí el comprador; ese lote de treinta y dos chelines es la instalación eléctrica del No. 17. Sillas, mesas, camas, aparador y aun los cuadros se adquirieron del mismo modo y todo a los mismos precios fantásticos. Esta fué la manera con que nuestro Padre proveyó los muebles. Ahora vamos al epílogo. Tuve que ausentarme de Londres. Pedí a mi madre como un gran favor que dejara ir a su mayordomo al local de remates y comprarme una biblioteca. Al fin del mes regresé. En cuanto el mayordomo abrió la puerta, le dije, 'Bueno, Ryall ¿cuántas bibliotecas?' Una expresión muy triste se dibujó en su rostro y contestó, 'Señor Carlos, ni una. Le diré lo que sucedió: Vd. debe llevar consigo aquella madrina duende de quien oímos a veces, pues fuí al local cada semana pero no pude conseguir nada; había bibliotecas que habrían venido bien a su casa, pero no a su bolsillo; todo el tiempo que estuve allí nunca ví nada venderse a precios de ocasión como Vd. acostumbra pagar.' Esa es la historia verídica del lujoso moblaje del No. 17."

Por un tiempo el No. 17 fué una espléndida casa misionera y oficinas, pero a medida que la obra se fué ampliando, huéspedes, candidatos, misioneros de vacaciones, oficinistas y montones de literatura resultaron demasiado. Entonces en 1921 la fe saltó la pared—esta vez la fe de la cocinera además de la Sra. Studd—y un espléndido conjunto de oficinas, compuesto de siete piezas y un altillo grande, con capacidad para cincuenta personas para reuniones de oración, rodeando el jardín, fue agregado a la sede. La Sra. Studd relata la historia de esta manera:

"En los primeros tiempos de nuestra obra, la pluma de C. T. fue muy prolífica y llegaron de Africa folleto tras folleto. Fue en el tiempo que yo estaba inválida y pasaba la mitad de cada día en cama. Entra una cocinera muy enojada. '¿Por favor, señora, han llegado diez mil folletos de la imprenta y dónde los voy a poner?' '¡Oh!' ¿no puede colocar los paquetes a lo largo de las paredes en los pasillos de la planta baja?' Cocinera: '¿Cómo voy a lavar los pisos con una cantidad de libros contra las paredes? ¿Cómo vamos a mantenernos bien de salud con todos esos paquetes polvorientos?' 'Bueno, pónlos aquí contra las paredes de mi dormitorio.' No, eso no estaría bien. 'Bueno, yo no sé, ¡pónlos en el techo!' Sale una cocinera más enojada aún.

"Esto sucedió más de una vez. Otro día vino y dijo, 'Señora, Vd. recibe tantas contestaciones a sus oraciones, quisiera que orara y pidiese al Señor que desocupe ese garage de al lado, para poner toda esta literatura allí.' 'Absolutamente imposible,' contesté. 'Ese garage pertenece al primer médico de la localidad. Tiene tres autos allí y caballos también. 'Pero mira,' dije, 'hay algo que tú puedes hacer, ¡ve tú y ora para sacar el chauffeur!'

"Llegó la primavera y un día volvió a entrar la cocinera: 'Por favor señora, ¿quiere levantarse y acercarse a la ventana, ese chauffeur no está cultivando su jardín esta primavera.' 'Bueno, ¿y qué?' 'Pues quiere decir que se va.' '¡Oh, sí!' contesté algo ironicamente '¿a tí te parece?' 'Estoy segura,' dijo la cocinera. 'Bueno, esperemos para ver.' Efectivamente, antes del otoño el chauffeur fué llamado como mecánico en la fuerza aérea. ¡Los autos grandes del médico tuvieron que irse y el garage estaba vacío! '¿Ahora qué va a hacer?' dijo la cocinera. Era tiempo de guerra. 'Oh, no puedo tomar más responsabilidades de las que ya tengo.' Dejé el asunto a un lado y mi conciencia me reprobó tanto por ello que finalmente, cuando se retiró el letrero 'Se Alquila,' pensé, 'Oh, estoy tan contenta que se ha alquilado ese local.' ¡Alquilado! ¿Quién cree Vd. que vino y lo tomó? ¡Una anciana chiflada vino y lo alquiló para un hogar de perros y gatos!

"¡Oh, la ironía de Dios! No tuve fe suficiente para confiar en Dios por otras £100 por año. El hogar de perros y gatos llegó a ser una amenaza, no tan sólo para mi hogar, sino para todo el vecindario, y en resumen, espinas de pescado y huesos de vacuno. Perros y gatos llegaron a ser tan intolerables en el tiempo caluroso de verano, que tuve que quejarme al médico inspector de salubridad por mi cuenta y por cuenta de mis vecinos y se desalojó a la anciana chiflada y el aviso 'Se Alquila' fué colocado nuevamente.

"El garage desocupado otra vez. No quise decidirme todavía. Otra vez se quitó el aviso, ¡para gran alivio mío! Me ausenté a Escocia, pero mi secretario me escribió allí: 'Se ha colocado de nuevo el aviso "Se alquila" en el garage. ¿Qué va a hacer?' Finalmente escribí al Sr. Barclay, 'Me avisan que el garage se alquila otra vez, creo que debemos resolvernos y alquilarlo; no me atrevo a decir "No" otra vez.' Después de algunas dificultades lo obtuvimos y ahora tenemos los Nros. 17 y 19 Highland Road. Me comentan que la gente dice que no quiere vivir en nuestra calle, no sea que querramos sus casas y oremos para sacarlos[1]. He ahí, pues, como fuí obligada

---

(1) Recientemente la casa del otro lado de la calle, No. 34, ha sido comprada por una amiga de la Misión, Srta. L. Gristwood, que va a vivir allí mismo y usar su casa como un anexo de la sede dc la W.E.C.

a saltar una pared y '¡El ha triunfado gloriosamente,' despúes de todo, a pesar de mí!"

La venida del Sr. Gilberto Barclay, el esposo de Dorotea, en 1919, para ocuparse de la obra durante ocho años como superintendente en Inglaterra, fue no tan sólo de enorme ayuda para la Sra. Studd, pero también el principio de una nueva era en la Cruzada. Aunque la primera visión concedida a C. T. había sido "A toda tierra no evangelizada," hasta ahora la atención había sido concentrada en la primera avanzada, al Corazón de Africa. Gilberto Barclay entró en la obra a condición de que se le diera a la Cruzada un título mundial y que se avanzara en seguida a otras tierras a medida que Dios guiara y capacitara. Se adoptó el título "Cruzada de Evangelización Mundial," teniendo cada diferente campo su propio subtítulo, tal como "La Misión del Corazón de Africa."

Por medio de publicaciones en revistas y reuniones de propaganda se llamó la atención a las necesidades de otras tierras, con el resultado que en 1922 tres jóvenes emprendieron el segundo avance de la Cruzada, la Misión del Corazón de Amazonas. Fueron a los aborígenes del Amazonas, uno de los problemas misioneros más difíciles del mundo: restos diseminados de un pueblo otrora grande, desnudos, a menudo feroces, enterrados en las vastas selvas del Amazonas como agujas en una parva de paja. Sin embargo, cada uno con un alma de valor inapreciable, comprada con la Sangre de Cristo. La búsqueda de algunas de estas tribus y la iniciación de una obra de evangelización entre ellas ha sido una epopeya de heroísmo cristiano. Para alcanzar la tribu Guajajara, Fentol Hall perdió su vida, pero tres jóvenes australianos llenaron el claro en seguida y hoy, diez años después, guajajaras convertidos, con porciones de las Escrituras en su propio idioma, están esparcidos entre las tolderías evangelizando a su pueblo.

Kenneth Grubb y Harold Morris fueron torturados y casi muertos de hambre en su tentativa de emprender una obra entre la tribu Parentintin, dos mil kilómetros arriba del Amazonas. Pero persistieron y misioneros vivieron entre ellos por unos cuatro años, hasta que la tribu disminuyó tanto en número que los obreros tuvieron que trasladarse a otra parte. La obra del Amazonas se estableció gradualmente y al tiempo del fallecimiento de C. T. había un personal de diez y seis misioneros con una sede y estaciones en tres tribus. Hoy la obra, aunque ahora independiente, está avanzando tanto en evangelización indígena como brasileña.

El tercer avance fué al Asia Central. Fueron dos hombres solamente, Juan Purves y Rex Bavington, más allá de las fronteras septentrionales de la India. Allí trabajaron en íntima cooperación con la Misión del Asia Central, fundada por el Coronel G. Wingate. Debieron atravesar un paso a 4.800 metros de altura para entrar a la tierra solitaria del Pequeño Tibet, adonde ningún europeo, excepto misioneros, jamás ha vivido. Vivieron como nativos entre los baltis, un pueblo pobre, abandonado, medio muerto de hambre y sucio, arrancando una escasa subsistencia de las laderas estériles de las montañas. Ha habido dos conversiones entre estos musulmanes fanáticos y muchos más interesados. Recientemente la Misión del Asia Central se ha incorporado a la W.E.C., así que ahora la obra sigue adelante con un personal de nueve misioneros en cuatro estaciones y con vastas extensiones no evangelizadas ante ellos, que tendrán que ser abiertas por medio de la oración antes de ser penetradas, debido a la oposición de gobiernos y el fanatismo musulmán.

Un cuarto y un quinto avance se efectuaron, a Arabia y Africa occidental respectivamente. Ambos fracasaron en la primera tentativa. El "pioneer" en Arabia regresó a Inglaterra y el de Africa Occidental, Alfredo Hawley, murió en el término de un año. Pero ahora la Misión del Corazón de Arabia se ha establecido nuevamente. Jack Wilson aprendió el árabe, compró una casa en una ciudad del desierto de Arabia septentrional, de donde sale a lomo de camello y con indumentaria árabe a evangelizar los beduinos. Su vida ha sido amenazada ya dos veces, pero el Señor le ha dado una maravillosa puerta abierta: una tribu de beduinos que tienen tradiciones cristianas que datan de tiempos premahometanos y quienes, aunque ya no practican ninguna forma de culto cristiano, están ansiosos que él vaya a enseñarles. Otro cruzado está estudiando árabe y preparándose para unirse a él.

Una nueva tentativa en Africa Occidental se hará por una pareja que está en camino para iniciar una obra en la Guinea Española.

Patricio Symes entró como pionero de la misión a Colombia, donde la obra se ha desarrollado notablemente. En Sud América se ha entrado, ademas, a Brasil, Uruguay y Venezuela, lugares donde la obra sigue avanzando.

Jamás se hizo ningún llamado para fondos; nunca se tomaron colectas en las reuniones, ni platos a la puerta, ni se usó medio alguno de estimular las donaciones, como ventas de labores, kermeses, etc. La obra se emprendió y se lleva adelante en fe absoluta en la fidelidad de Dios, que prometió: "Buscad primeramente el reino de Dios y su justicia, y todas estas cosas os serán añadidas." La Comisión en Inglaterra de ningún modo es responsable por el sostén de los misioneros; son meramente conductos de provisión; no se preocupan siquiera si las sumas mensual trasmitidas al campo misionero son grandes o pequeñas; no llevan ninguna responsabilidad en el asunto, pues esa es una cuestión únicamente entre Maestro y siervo, entre Padre e hijo. No hay sueldos o asignaciones fijas; cada mes tan sólo aquellas sumas que son donadas para los diferentes campos les son enviadas para ser repartida en cantidades iguales entre los obreros. No se oyen quejas de ninguno de los campos, pues como el Sr. Harrison, que ha reemplazado al Sr. Studd en el corazón de Africa, escribe:

"En cuanto a mí, estoy gloriosamente libre de toda forma

de 'carga' respecto a asuntos financieros, ya sea para cosas de uso personal o cosas para el trabajo de una estación, o cosas para la obra en general, yo mismo mantengo este testimonio:

"Oh, esta vida de fe vale la pena vivirse,
Y no hay un momento aburrido en todo el año,
Y siempre hay un puñado más de harina en la tinaja.
Aleluya."

"Según la generosa mano de nuestro Dios sobre nosotros, la Cruzada nunca ha contraído deudas. Hasta la fecha del fallecimiento del Sr. Studd, Dios había enviado nada menos que la suma de £146.746. ¿No dijimos antes que veríamos cuán fiel es Dios para con los que dejan todo y le siguen? Tan sólo en esos veinte años Dios devolvió a C. T. casi cinco veces la cantidad que él le dió en China. Ni C. T. ni la señora, jamás tocaron un céntimo de dinero de la misión para uso personal, como C. T. le escribió en 1918:

"No tomes un céntimo de H.A.M. Estamos y estaremos firmes en Dios y aunque me matare, en El esperaré. No está haciendo más que probar nuestro amor y confianza en El; así que bienvenida sea la penuria. No despidas a K. ni J., ni nadie. Todos juntos confiaremos en Dios y *nadaremos;* sí, no nos hundiremos, El no lo permitirá, y esta misma confianza será nuestro testimonio que somos de El. ¿Quién jamás confió en El y fue confundido? No, ni un céntimo tomaremos sino lo que El manda y ten la certidumbre que lo enviará."

Una de las maneras en que Dios proveyó fue al inspirar a dos amigos ocultos, que es dudoso que C. T. mismo haya jamás conocido, a enviarle una y otra vez donaciones de £500 y £1.000 para su uso personal en el campo misionero. El uso personal consistió en que el dinero fue guardado en un baúl grande de acero en su choza de bambú y luego distribuído para fomentar la obra y ayudar a sus colegas. ¿Es Dios deudor de alguien?

Capitulo XX

CUANDO VINO EL ESPIRITU SANTO

Años atrás en China, Booth Tucker había escrito a C. T., "Recuerde que la mera salvación de almas es trabajo relativamente fácil y ni cerca de lo importante que es hacer de los salvados Santos, Soldados y Salvadores." Con este desafío se enfrentaba C. T. ahora en el Corazón de Africa. Mientras estuvo en Nala, hubo un primer período de mucho resultado aparente y muchos bautismos; luego muchas desiluciones, evidencia de pecado, pereza e interés propio aun entre los principales cristianos y evangelistas, y una necesidad obvia de un derramamiento del Espíritu Santo. Ahora se encontraba frente a la misma cosa en la provincia de Ituri. Desde el principio de su carrera misionera, nunca estuvo satisfecho con una obra superficial. Desde temprano había sufrido varias sacudidas: en China, al visitar a estaciones con una grande reputación halló, después de una inspección más prolija, muy poca evidencia de una profunda obra de Dios. Ahora fué confrontado con ésto en su propia obra, y se propuso no dar descanso ni a Dios ni al pueblo hasta que el Espíritu Santo fuera derramado sobre éllos. Fundado en las Escrituras y la experiencia, denunció a una fé que no producía obras como falsa.

"Cristo vino a salvarnos por su Sangre y por su Espíritu: Sangre para lavar nuestros pecados pasados; Espíritu para cambiar nuestros corazones y capacitarnos para vivir rectamente. No vino a salvarnos *en* nuestros pecados, pero *de* nuestros pecados. Vino a salvar a pecadores y hacerlos justos. Cristo no murió para que un hombre pudiese pecar impunemente: 'Mis ovejas me siguen,' y los que siguen a Cristo andan como Cristo y eso no era en el pecado. Juan dijo, 'Cualquiera que no hace justicia no es de Dios' y 'El que hace pecado es del diablo.' Creemos la Biblia; estamos comprometidos a hacerlo; de ninguna manera rebajaremos sus normas aquí frente al enemigo."

Y a uno de los misioneros escribió:

"Tenemos que decir la verdad a la gente, a saber:

"(1) Son malos y van al mal lugar para vivir en tormentos para siempre *porque* son malos."

"(2) Si no cambian y se hacen *buenos*, no pueden ir al buen lugar."

"(3) ¿Están dispuestos a hacerse buenos, es decir, abandonar toda maldad?"

"(4) Si fuera así, hay un medio por el cual el amor de Dios—Por la Sangre de Cristo—está dispuesto a suspender la ejecución de Su justa ira contra el pecado y los pecadores. Dos cosas deben hacerse:

"(a) Los pecados pasados limpiados—Por la Sangre de Cristo—

"(b) Poder dado para vivir una vida santa—Por el Espíritu de Cristo—

"Ahora lo principal es conseguir que los ojos de esta gente sean abiertos. Necesitan ver el infierno y el resultado de su pecado. Eso produce temor, el temor de Dios que es el *principio* de la sabiduría. Una vez que se consiga este temor todo será relativamente fácil; pero si este temor no se posesiona de un hombre, su así llamada conversión es un simulacro. El amor verdadero despierta a un hombre a la realidad; el amor falso enjabona, engrasa en realidad, su senda al infierno. Muchos están medio dormidos o engañados y se hacen doctrinas propias de fantasía, que significan prácticamente que un hombre injusto puede llegar al cielo sin ser santo. Pero recuerda, Cristo no murió para blanquearnos; murió para regenerarnos y nadie sino sus regenerados entran al cielo.

Con la cinta de medir de las normas bíblicas, midió a los miles de cristianos profesantes ahora alrededor de Ibambi.

"Todos estamos gloriosamente descontentos con la condición de la iglesia nativa. Está muy bien cantar himnos y concurrir a los cultos, pero lo que *tenemos* que ver son los frutos del Espíritu y una vida y corazón realmente cambiados, un odio al pecado y una pasión por la justicia. Dios lo puede hacer y no debemos conformarnos con nada menos; necesitamos y debemos tener una tempestad y atmósfera del Espíritu Santo, y la tendremos. El puede salvar *hasta lo sumo* a los que se acercan a Dios por medio de Jesús. Esto es para Su gloria, pero lo es también para Su vergüenza si cristianos, negros o blancos, no andan según el Espíritu de Jesús y ese es el espíritu de Santidad, Sacrificio y Servicio.

"Esta gente quiere huir del infierno y del diablo. Han abandonado su vil e inmunda hechicería, y eso no es poco. Han atravesado el Mar Rojo, han cantado sus himnos de gozo, han llegado al desierto; ahora la tentación y la cruz empiezan a vislumbrarse ... y luego la murmuración: uno de los principales cristianos ha sido azotado y se ha levantado el murmullo 'Todos los cristianos están siendo azotados.' El Gigante Temor ha empezado su ataque, así que muchos ya no siguen, sino que han huído. El mismo hombre que fué azotado lo tomó de mal modo y tuvo una cara agria por mucho tiempo; no se gozó en sufrir por amor de Cristo.

"Otras señales ominosas han empezado a mostrarse. Uno de los peores pecados de esta gente es una pereza terrible; estar sentado en una silla y conversar es el deseo de todos. El trabajar es insensatez. La sabiduría está en dejar que otros hagan todo el trabajo. El cristianismo que ha adquirido esta gente no ha corregido ésto; cada uno eludirá el trabajo si puede. Además, su cristianismo no ha producido amor. ¿Dónde está su amor a Dios? Lo cantarán, quizás hablarán de ello, pero cuando se trata del sacrificio para Dios, o del trabajo para Dios, su amor se vuelve un fantasma. Luego hay una terrible ausencia del temor de Dios. El temor de Dios es odiar la iniquidad y el amor de Dios es amar la rectitud. Quizás hay algunas personas así, pero verdaderamente son raras. La idea general parece ser que han sido bautizados, lavados en la sangre del Cordero y van al cielo, así, no importa que mientan, o engañen, o roben, o cometan adulterio y fornicación.

"Entonces, ¿cuál es la posición de esta gente? Yo mismo no tengo dudas al respecto, pues se nos dice que juzguemos por los frutos, y que 'si alguno no tiene el Espíritu de Cristo, el tal no es de él, y que 'todos los que son guiados por el Espíritu de Dios, los tales son hijos de Dios,' y 'sin la santidad nadie verá al Señor,' y 'apartáos de mí todos los obreros de iniquidad.'

"Ahora bien, piensa cual debe ser el poder necesario para salvar a un hombre en un ambiente semejante. Un hombre debe tener una vida nueva, la vida divina, un corazón nuevo, puro, debe ser una nueva creación, debe tener un amor divino y un odio divino. Algo menos que ésto es tan ridículo como tratar de atravesar cien metros arriba las cataratas del Niágara en un bote a remo.

"Verdaderamente vivimos a una pulgada del infierno y las exhalaciones nos rodean noche y día. Y con todo, con todo ésto, ¿estamos desanimados? *¡ALELUYA, NO! ¡GLORIA SEA A DIOS!* Sabemos que triunfaremos por la Sangre del Cordero y el poder de Su Espíritu, y con la ayuda de vuestras oraciones. ¡Oh, sí! Sin duda triunfaremos, aunque quizás cueste bastante conseguirlo, y el fin podrá fácilmente ser esa gloriosa promesa final del Espíritu de Dios, 'No han amado sus vidas hasta la muerte.' Y después de todo sería bueno morir por el Señor Jesús, y por la familia, y por esta gente. Pero como dijo Pablo, '¿Quién es digno de un honor tan grande?' "

En el mismo período se suscitó otra crisis grave. Había unos pocos en el campo misionero que eran contrarios al fuerte énfasis que C. T. hacía en la absoluta necesidad de la santidad práctica en las vidas de todos los verdaderos creyentes; había también unos pocos que no estaban realmente conformes con la base de fe sencilla y supremo sacrificio sobre la cual fué fundada la misión. Aceptar esa base significaba vivir en casas de construcción nativa, con la comida más sencilla; nada de vacaciones o recreación y completa absorción en la única tarea de salvar a los paganos. Hubo una corriente de oposición a la dirección de la obra por C. T., quien finalmente terminó por verse obligado a despedir a dos de los obreros y por este motivo varios otros renunciaron.

"Mientras estoy sobre la montura, (escribió) pienso cabalgar y conseguir que otros hagan lo mismo y no ser llevados al cielo en un lecho de rosas. Hagamos una cosa o la otra. O comamos y bebamos porque mañana moriremos, o juguemos con la vida y la muerte, y todo para el Señor Jesús. No se necesitan más que jugadores aquí: que los quejumbrosos vuelvan a Inglaterra.

"Estoy con mucho temor, no sea que la efervesencia y espuma tomen el lugar del fuego Divino entre nosotros. Hallo que hay una necesidad muy real de solidéz entre muchos. Hallo que hay más tiempo dedicado a la conversación y a la comida, de lo que debe haber, y hallo con demasiada frecuencia que la base original del sacrificio supremo es reemplazada por el agradar a sí mismo. Ah, necesitamos ser intensos y nuestra intensidad debe aumentar contínuamente. Debemos estar siempre en la cresta de la ola y tanto más porque todos alrededor nuestro están en las honduras del mar del pecado.

"Pablo amaba la música de la Cruz. El más maravilloso de los milagros de Dios es éste, que nos enseña no tan solo a soportar sacrificios, pero a sufrirlos con gozo y anhelar más.

Antes de mucho estaremos en la gran ceremonia de bodas del Cordero, y ¡oh! cómo desearemos ser vestidos con la misma vestidura que El. Por eso debemos cuidar el tener las manos y los pies horadados, la frente lastimada de espinas y el corazón herido y quebrantado, y entonces, aunque seamos despreciados sobre la tierra como lo fué El, y aunque nosotros mismos nos despreciemos, como verdaderamente deberíamos hacerlo, no seremos despreciados por El, a quien ama nuestra alma."

Estos fueron días de recio conflicto, pues aun algunos de la comisión en Inglaterra no estuvieron de acuerdo con él. Atribuyeron la negativa terminante de C. T. a tratar con los que querían que se efectuasen cambios, su negativa a regresar él mismo a Inglaterra a menos que Dios se lo dijera; su indiferencia a las opiniones de los hombres, su determinación de seguir con las mismas normas de los primeros principios de la misión aunque todos le abandonaran, a los efectos de la fiebre y el cansancio. El hecho era que éstos fueron los años de crisis de la misión: el Espíritu Santo y el diablo en conflicto mortal, el Uno para mantener y el otro para destruir este instrumento para la Evangelización Mundial.

C. T., el fundador humano, fué como el Moisés de esta misión. Moisés había conducido una nación de esclavos al desierto y allí durante cuarenta años se mantuvo firme a través de las terribles pruebas y tentativas de rebelión, resistiéndose a toda sugestión de transigencia o reincidencia y, finalmente, por su ejemplo y dirección, dejó tras sí un ejército combatiente, capaz de cumplir la misión de Dios y conquistar la tierra prometida. C. T. hizo lo mismo para esta misión. En la Voluntad de Dios la fundó, estableció sus objetivos y principios directivos, la condujo a través de sus fieras pruebas, por su ejemplo y precepto, preparó a sus colaboradores para que fueran buenos soldados de Jesucristo y ha dejado ahora tras sí un ejército de cruzados, tanto en el campo misionero como en Inglaterra, bien "capaces" de entrar y poseer "la tierra prometida del mundo no evangelizado"; un instrumento "santificado y útil para los usos del Señor." Toda obra de Dios, como cada individuo, ha de tener su período de prueba, pues tan sólo de esta manera puede limpiarse de escorias, las debilidades e incredulidad ser expuestas y extirpadas y el instrumento preparado para uso eficaz. Cada obra, como cada individuo, tiene que ir a la cruz, para que todo lo que es de Dios sea resucitado, invencible y para vencer. La experiencia fue un Gethsemaní para C. T. De cuando en cuando sus cartas fueron eco de lo que le costaba ser mal comprendido y del ansia que tenía de un nuevo espíritu en su medio.

"A veces siento, y sobre todo últimamente, que mi cruz es pesada, más de lo que puedo soportar, y temo que a menudo siento como si fuera a desmayar bajo ella, pero espero poder seguir y no desmayar. Mi corazón parece gastado y molido sin compostura, y en mi profunda soledad a menudo deseo irme, pero Dios sabe qué es lo mejor, y quiero hacer hasta el último poquito de trabajo que él desea que haga.

"(Y en otra carta.) Qué diferencia hace el amor. El Salvador lo sabía y lo mandó. ¿No podemos todos amar aquí en Africa? ¿Debemos negar a nuestro Señor con indignas sospechas mútuas? Las sospechas restan, la fe suma, pero el amor multiplica, bendice dos veces, al que recibe y al que da. Oh, cómo anhelo que el amor domine cada alma, para que, cada uno ame a todos los demás, pero no a sí mismo y busque el bien de todo el mundo, mientras anda, como Pablo, juntando los sufrimientos y penas de todos los demás para llevarlos él mismo. Que ésto sea la regla de H.A.M. Entonces ya no habrá reglas, pues la regla del amor guarda automáticamente todas las reglas buenas. Hace a sus ministros 'llama de fuego'; no 'llamas', sino 'llama', pues hay y debe haber una bendita unidad, de otra manera el Señor no puede bendecir como quiere."

El cambio vino en 1925. Aquella noche nació una misión nueva, o mejor dicho, la primitiva misión nació de nuevo; y desde aquella noche el resultado de la lucha nunca ha estado en duda, pues Dios ha empezado a suscitar una nueva generación de "invencibles" bautizados con el mismo Espíritu que poseyó a aquellos hombres y mujeres de antaño. Uno de los cuales dijo, "aunque me matare, en El esperaré," otra "si perezco, que perezca," y otros "nuestro Dios puede librarnos, y si no, a tus dioses no adoraremos."

Esa noche Bwana vino al culto familiar en Ibambi; estaba muy preocupado por las condiciones existentes y sentía que de alguna manera tendría que venir un estallido de dinamita espiritual, que limpiara los estorbos y dejara lugar para que el Espíritu obrara otra vez. Se habían reunido unos ocho misioneros con él. Estaban leyendo juntos su capítulo favorito sobre los héroes de la fe en Hebreos XI.

"¿Pero será posible que personas como nosotros marchemos por la Calle de Oro con los tales? ¡Será para los que son hallados dignos! ¡Luego, hay una oportunidad para nosotros todavía! ¡Gloria! ¡Aleluya! ¡Los corazones empezaron a arder! La gloria de las hazañas de estos héroes de antaño parece abrasar corazones y almas. ¡Qué sacrificios nobles y completos hicieron! ¡Cómo los honró y bendijo, y los hizo una bendición a otros, entonces, en sus vidas, y ahora aquí esta noche! ¿Cuál fué el Espíritu que causó que estos mortales triunfaran y murieran de esa manera? El Espíritu Santo de Dios, una de cuyas principales características es una osadía, un valor, un ansia de sacrificio para Dios y un gozo en ello que crucifica toda debilidad humana y los deseos naturales de la carne. ¡Esta es *nuestra* necesidad esta noche! ¿Nos dará Dios a nosotros como les dió a ellos? ¡Sí! ¿Cuáles son las condiciones? ¡Son siempre las mismas: 'Vende todo'! El precio de Dios es uno. No tiene descuento. El da TODO a los que dan TODO. ¡TODO! ¡TODO! Muerte a TODO el mundo, TODA la carne, al diablo y al que quizás sea el peor enemigo de todos TU MISMO."

¿Pero cómo ilustrar un asunto tan importante? La conversación se volvió hacia la guerra grande y el heroísmo del "Tommy" británico, que salía de las trincheras a la voz de mando y lo hacía sabiendo que probablemente no regresaría vivo. ¿Pero cómo describir su espíritu? Se les preguntó a algunos de los presentes que habían sido soldados y uno contestó, "Bueno, la manera como lo describiría el sargento mayor es que a "Tommy" no le importa un bledo lo que le puede suceder, con tal que cumpla su deber para con su rey, su patria, su regimiento y para consigo mismo." Estas palabras fueron justamente la chispa que se necesitaba para encender la mecha. Bwana se puso de pie, levantó el brazo y dijo: "¡Eso es lo que necesitamos y eso es lo que quiero! Oh, Señor, desde ahora no me importa lo que me pueda suceder, vida o muerte, sí, o el infierno, con tal que mi Señor Jesucristo sea glorificado." Uno tras otro todos los presentes se pusieron de pie e hicieron el mismo voto: "No me importa lo que me pueda suceder, gozo o pena, salud o dolor, vida o muerte, con tal que Jesús sea glorificado."

"Los libros fueron cerrados, las cabezas se inclinaron una vez más en oración silenciosa, después todos se levantaron para retirarse. Pero fué una nueva compañía la que salió de la choza esa noche. Había risa en sus caras y brillo en sus ojos, gozo y amor inefables. Cada uno se había vuelto un soldado, un devoto hasta la muerte a la gloria del Rey Jesús, su Salvador, pues El mismo había muerto por él. El gozo de la batalla los poseyó, aquel gozo que Pedro describe como 'inenarrable.' "

Muchos votos de consagración se habían hecho en el pasado, pero ésto fué algo más profundo. El "Tommy" estaba dispuesto a morir aunque nunca viera la victoria; los hombres de fe de Hebreos XI murieron "sin haber recibido las promesas," "no aceptando el rescate"; y los que hicieron este voto juraron ahora regocijarse en Dios y cantar sus alabanzas, no tan sólo cuando las cosas les iban bien, pero en hambre, en insulto, en aparente fracaso, en muerte, en el cumplimiento de su misión de predicar el evangelio a los paganos. Se habían vuelto "invencibles," pues los que ya han muerto en espíritu y por su propia elección, no pueden ser conmovidos por las amenazas y los asaltos del diablo, y ya están viviendo una vida resucitada y ascendida, empleando cada prueba o asalto del diablo como más combustible para las llamas de fe, alabanza y amor.

Fué el Acorde Perdido[1] del cristianismo primitivo revivido—aquellos hombres cuyo honor fué el sufrir para Cristo, que cantaban alabanzas con espaldas sangrientas y los pies en el cepo, que tenían los rostros de ángeles y oraron por sus enemigos al ser apedreados por una turba vociferante.

La bendición se extendió a la estación más remota. Desde entonces hasta ahora en el campo misionero no ha habido interrupción en la unidad, el amor, gozo en el sacrificio, celo por las almas de la gente, que se ha posesionado de los Cruzados en el Corazón de Africa. No se oye ni un murmurio, por muy cortos que estén los fondos, sino tan sólo expresiones de alabanza y confianza en Dios. Es difícil conseguir que alguien tome vacaciones, a menos que su salud realmente lo requiera; y en cuanto llegan a Inglaterra, su primera pregunta no es, "¿Cuánto tiempo puedo descansar?" sino "¿Cómo puedo ayudar en la obra aquí?" "¿Cuán pronto puedo regresar?" Matrimonios anteponen la obra a sus hogares: una pareja, unos pocas días después de sus bodas, llegaron hasta ofrecer de separarse y estar en difrentes estaciones por un tiempo, a causa de la escasez de obreros. Mujeres solas hacen largas giras de evangelización entre las tolderías, donde hay escasez de hombres; en un lugar, el peor caníbal de la región, de quien

---

(1) Pieza del compositor Mendelssohn.

se decía que "tenía cien negros adentro," fue conducido a Cristo por una misionera que visitó sola su aldea. Dos de las estaciones más florecientes, con congregaciones desde quinientos hasta a veces mil quinientos, están regidas nada más que por mujeres solteras. En algunos lugares donde ha habido solamente dos obreros, han sacrificado el compañerismo humano y se han separado voluntariamente, a fin de que uno pudiera ir más lejos y evangelizar una nueva región, aunque el plan usual de la misión es de colocarlos de a dos. Aun en duelos repentinos y trágicos han salido triunfantes y han glorificado a Dios al lado de la sepultura, como lo hizo un joven Cruzado que perdió a su esposa a tan sólo unos pocos meses después de su casamiento. La colocó él mismo en la fosa y alabó a Dios con una faz tan radiante por su entrada triunfal en Su presencia, y habló tan victoriosamente, que dos monjas que estaban presentes admitieron después que él había hallado algo en la religión que a ellas les era completamente desconocido.

Al poco tiempo la bendición se extendió a la iglesia nativa. Bwana otra vez señaló el camino, recorriendo y presentando un nuevo desafío al arrepentimiento genuino y al abandono de todo pecado, como la única base de fe verdadera en la sangre propiciatoria y recepción del Espíritu Santo. El desafío afectó profundamente, como nunca se había visto antes. El temor de Dios se posesionó de la gente. La manera fácil y liviana en que muchos habían respondido a tales llamados antes había desaparecido y en su lugar había un despertamiento obvio a lo que significa seguir a Cristo; la aceptación del desafío era hecha por uno aquí y otro allá, en vez de en masa. Gradualmente el número aumentó, ¡pero qué diferencia se percibía en ellos! He aquí las evidencias del Espíritu Santo que empezaban a demostrarse, por las cuales los misioneros habían orado y trabajado: un resplandor en sus rostros, nueva vida en las oraciones, un odio al pecado, el engaño y la impureza, y la confesión de ello cuando se hallara entre ellos; el trabajo de la estación empezó a hacerse bien y de buena voluntad; el espíritu del evangelismo se apoderó de muchos. "La obra está alcanzando un fundamento sólido por fin," escribió C. T., "y ahora progresaremos a saltos. Oh, que bueno es estar en una recia pelea por Jesús." Adzangwe, por ejemplo, uno de los peores caníbales y cabecillas en toda maldad, con una cara que revelaba su historia de disolución, y que con todo había profesado ser creyente desde algunos años, fué milagrosamente cambiado. Todo su rostro resplandecía. Tomó la delantera en su iglesia de quinientos. Anduvo evangelizando entre los caciques de alrededor. Fué encarcelado por su testimonio y entonces procuró la salvación de otros presos. El y el Sr. Studd, aunque tan separados en cultura, se hicieron como hermanos. Su ejemplo fué tan inspirador que hoy su iglesia envía no menos de cincuenta evangelistas, muchos a tribus aleiadas, y todos mantenidos por los cristianos nativos. Otro cristiano fué azotado por dar su testimonio y en vez de considerarse maltratado, se levantó y quiso estrechar la mano del cacique por haberle concedido el honor de ser azotado por Jesús. Por esa razón le azotaron otra vez. Así que esta vez se quedó de rodillas y oró por el cacique: lo metieron en la cárcel; pero después de unas horas, ¡todo un grupo de compañeros cristianos fué al cacique y le pidieron que les concediera a ellos también el honor de ser encarcelados por Jesús, junto con su hermano! Recientemente, después del fallecimiento de Bwana, cuarenta y siete indígenas han pasado toda una necche en oración, diciendo que a menudo habían bailado toda la noche para el diablo y ahora orarían toda la noche a Dios. Y así podríamos prolongar la lista.

Así Bwana empezó a ver realizado el deseo de su corazón: una iglesia cruzada, santa y llena del Espíritu. Los últimos cinco años de su vida fueron consagrados a conseguir que más y más gente fuera salva y llena del Espíritu Santo y a estimularla a pelear para Jesús. Un solo versículo parece adecuado para describir estos años, "El celo de Tu casa me consume." Vivió su voto literalmente; vivió para Cristo y las almas. Las cosas que normalmente ocupan un lugar grande en la vida de un hombre fueron reducidas al mínimo absoluto o desechadas del todo; comida, nada más que un plato a ratos perdidos; sueño, unas cuatro horas en las veinticuatro; vacaciones, ni un día en trece años; comodiadades, el próximo capítulo describirá su "hogar"; ropa, camisa y saco de caqui, pantalón cotro y medias, domingo y entre semana lo mismo; libros, prácticamente ninguno más que la Biblia.

C. T. STUDD

En el corazón de Africa, dos años antes de su fallecimiento.

CAPITULO XXI

LA CASA Y VIDA DIARIA DE BWANA

El nombre "Ibambi" siempre se conocerá en el Corazón de Africa como el hogar de "Bwana Mukubwa." Vivía en una choza circular, las paredes hechas de cañas partidas atadas juntas con piolín nativo, techo de paja y piso de barro seco, agrietado, remendado y remendado de nuevo. En un rincón había una cama indígena regalada a C. T. por el Cacique Manziga. En lugar de muelles tenía tiras de piel de cabra atadas al armazón de madera. Sobre ella había siete u ocho frazadas caqui, gastadas por el uso, que servían unas en lugar de colchón y otras de cobijas y a la cabecera un montón de almohadas de lana, delgadas y duras. Cerca de la cama había una mesa de fabricación casera con un casillero encima, cargado de útiles de todas clases, cada uno en su correspondiente lugar: tijeras, cuchillos, medicinas de todas clases, papeles, relojes, lentes, latas viejas de leche condensada llenas de plumas, lápices, etc. Del otro lado había un estante lleno de Biblias muy usadas, principalmente de la versión revisada. Era su costumbre tener una Biblia nueva todos los años, para no emplear nunca notas y comentarios viejos, sino ir directamente a las Escrituras mismas. La revisada era su versión favorita. Tal era el hogar de C. T., dormitorio, comedor y "living room" todo en uno. ¡Cuántas reuniones improvisadas se han realizado al lado de esa cama! ¡Cuántas conversaciones de medianoche o madrugada de las cuales misioneros o indígenas salieron para vivir una vida nueva para Dios!

Cerca del pie de la cama había un fogón abierto sobre el piso de barro. De noche se podía distinguir una forma negra arrollada sobre una cama nativa de bambú tan cerca del fuego como era posible, pues ésto constituía su única "frazada". Este era su "muchacho". Por unos cuantos años el "muchacho" era un hombre adulto, que lo atendía con la devoción de una mujer. Tenía una pierna tiesa y por eso se le conocía con el nombre de "Pierna sola". Se empezaba a sentir movimiento a las dos y media ó las trés. "Pierna sola" se despertaba con la regularidad de un reloj y el primer ruido que se oía era el que hacía al batir los palos para romper sus extremos carbonizados, y luego el largo y suave fu-u-u, al soplar las chispas en una llama a la manera indígena. Entonces ponía la caldera y pronto se hacía una taza de té. Para entonces Bwana ya estaba despierto; el "muchacho" le alcanzaba el té y volvía a acostarse. C. T. tomaba una Biblia del estante y estaba a solas con Dios; lo que pasaba entre El y él en esas horas silenciosas era conocido unas horas más tarde por todos los que tenían oídos para oir. En la reunión indígena de la madrugada, que rara vez duraba menos de tres horas cuando la dirigía Bwana; en la reunión de oración a la noche con los blancos, que duraba desde las diez y nueve horas hasta las vientiuna o veintidós, lo que había visto y oído a solas con Dios en la madrugada era derramado de un corazón ardiente por la salvación de los hombres, y labios que habían sido tocados con un carbón encendido. Nunca necesitaba más preparación para sus reuniones que esas horas de madrugada. No preparaba. Hablaba con Dios y Dios hablaba con él, y hacía vivir Su Palabra para él. Veía a Jesús. Veía a hombres y mujeres yendo por millares al infierno. Siempre decía que esa es toda la preparación que se necesita para predicar el Evangelio, aunque fuera una docena de veces el mismo día. "No vayas al estudio para preparar un sermón," dijo en cierta ocasión. "Eso es pura tontería. Entra a tu estudio para ir a Dios y volverte tan ardiente que tu lengua sea como un carbón encendido que te obliga a hablar."

El día se empleaba en muchas tareas. Había que atender las construcciones: los ataques de las termitas siempre estaban destruyendo tirantes y paredes, requiriendo reparaciones o casas nuevas. C. T. era exigente hasta el último detalle en trabajos como estos. Cada tirante tenía que ser del largo exacto, colocado al ángulo justo, etc., etc., y tenía un propósito en ello, pues se les debía enseñar a los indígenas que el buen cristianismo y el trabajo perezoso o mal hecho son una absoluta contradicción. Creía que una de las mejores maneras de enseñar a un indígena que justicia es el fundamento del Trono de Dios, era haciéndole ver que la derechura y exactitud absolutas constituyen la única ley del éxito en las cosas materiales. Ponía la misma concentración y determinación de hacer lo mejor en asuntos de menor importancia como estos, como en su predicación o el cricket de su juventud. Si tenía una obra de construcción en manos y había llegado al punto que requería cuidadosa dirección, era inútil esperarle para el desayuno. Eran las diez, mediodía y a veces hasta las quince o diez y seis antes que se detuviera para tomar alimento. Le he visto hacer que uno de sus muchachos buscase todo el día por un botón que el muchacho había perdido, no porque estimaba el botón, sino para enseñarle prolijidad y cuidado.

Como director de la misión tenía mucho que escribir: correspondencia con Inglaterra, cuentas, una serie constante de cartas de las estaciones, etc. Pero su gozo supremo era dejar estas tareas y salir a evangelizar. A medida que la obra se desarrolló alrededor de Ibambi, dedicó cada fin de semana a estos viajes de evangelización. Se les designaba fines de semana, pero generalmente se extendían hasta el miércoles y a veces jueves.

Cada sábado por medio era día del correo europeo. Rara vez tocaba las cartas de Inglaterra hasta entonces, pero solía empezar el sábado de mañana y terminaba al anochecer.

Todo el día estaba sentado a su escritorio escribiendo. Los otros misioneros que se iban para el fin de semana, pasaban a despedirse a la tarde. Todavía estaba allí. Oscurecía a las diez y ocho. A las diez y nueve o veinte se levantaba. El correo se empaquetaba apresuradamente, se llamaba al mensajero, se le daba una lanza y farol y marchaba a través de la noche en una caminata de doce horas por la selva hasta alcanzar al correísta en Wamba. Entonces empaquetaban apresuradamente algunas cosas que necesitaba para el fin de semana; frazadas, lámpara, libros y papeles, algunas medicinas, algunas latas de alimentos europeos enviados desde Inglaterra para su propio uso, pero llevados en estos viajes y regalados a los misioneros que visitaba, algo de té y leche condensada, el banjo, una muda de ropa, y todo estaba listo.

Diez hombres están esperando afuera. Son voluntarios y hombres elegidos; voluntarios, no porque no se les paga, sino porque portear de noche es difícil y peligroso en las sendas angostas de la selva, a través de ríos y esteros mal ponteados. Bwana nunca se dejaba llevar en los primeros tiempos; iba a todas partes a pie o en bicicleta y desdeñaba la silla de manos empleada por todos los funcionarios y negociantes. Pero su progresiva debilidad lo hacía necesario. Su "mandala" (silla de manos) tenía un asiento de lona al medio, toldado contra el sol y la lluvia con esteras indígenas, y varas largas para llevarla hechas de fuerte bambú.

Se ponía en viaje, el kapita o capataz abriendo la marcha con lanza y farol encendido, los cuatro portadores, dos adelante y dos atrás, llevando su carga a hombros y cantando mientras andaban; detrás de éllos uno o dos hombres llevando el escaso equipaje, seguidos por el relevo para la mandala. Viajan cuatro o cinco horas a través de la noche. Entonces sería quizás medianoche o la una. No querían llegar a su destino, pues eso significaría hacer levantar a los misioneros de sus camas, así que hallaban algún "bandahauri" desocupado por el camino, un galpón de los indígenas donde se juntan a charlar durante el día, y allí se detenían y conseguían dormir un poco.

Arribaban a eso de las seis del domingo a una de las grandes estaciones de avanzada. Quizás lo de Imbai, un lugar que era selva vírgen en 1922 e infestado de leopardos. En los primeros tiempos se había desmontado un cuadro de la selva, el templo de la "cancha de cricket" fué construído y un ranchito para un misionero. Ahora todo el lugar ha sido transformado en una hermosa estación, con escuelas, un galpón industrial, templo nuevo, casas nuevas para los misioneros, una calle de chozas para los indígenas y plantaciones de bananos, ananás, batatas, maíz y mandioca. Imbai, aunque nunca un cristiano tan ardiente como algunos, adoptó una actitud ante los funcionarios belgas y el juez, que los dejó admirados. Lo citaron para decirle que podría cobrar a la misión un arrendamiento anual por su terreno, probablemente unos seiscientos francos por año, una suma fabulosa para un aldeano africano. Pero se negó terminantemente. Dijo que había dado el terreno a Dios. No podían creer lo que sus oídos escuchaban y repitieron la pregunta, pero recibieron la misma contestación. La iglesia de Imbai tiene hoy unos treinta de su propia gente evangelizando en la región circunvecina y las tribus más alejadas, todos sostenidos por los cristianos indígenas.

Bwana los visitaba a menudo allí. La gente oiría de su venida, difundiéndose la noticia por muchos kilómetros a la redonda, siendo pasada de aldea en aldea por los tambores de madera hueca sobre los cuales baten mensajes unos a otros. La gente se proveería de un cacho de bananas verdes (su principal comida), arrollaría su pequeña estera, empaquetando adentro cualquier pedazo precioso de tela europea del cual eran los orgullosos poseedores, y se pondrían en marcha el domingo a la mañana, hombres, mujeres y niños, al sentir retumbar el distante tambor de oración a través de la selva. Muchos tenían horas de viaje y no llegarían hasta mediodía. Mientras tanto Bwana tomaría una taza de té con los misioneros y tendría un culto matutino, quizás de dos horas, con los cristianos del lugar y las aldeas vecinas. Luego volvería a la pequeña choza especial de bambú que se reservaba para sus visitas, donde se acostaría y tomaría algo de desayuno mientras los misioneros, sentados alrededor, discutían las noticias con él.

La reunión grande sería a eso del mediodía. Si era posible la prefería tener al aire libre, a la sombra de las palmeras. La gente siempre venía en grandes números cuando él estaba allí y hasta dos mil se juntarían. La reunión empezaría con una hora entera de canto, que ellos aman, siendo acompañados por Bwana al banjo. Casi todos los himnos (alrededor de doscientos) han sido escritos por él mismo. Si era uno nuevo, no bien conocido, él cantaba una línea primero, y éllos lo repetían, hasta conocer por lo menos el coro de memoria; los otros los saben cantar desde el principio hasta el fin. Muchos son acompañados por acciones vigorosas y cuando estaba verdaderamente conmovido, Bwana dejaba el banjo y se ponía de pie para dirigir un coro vigoroso con voces de aleluya al final.

Seguía un tiempo de oración, quizás por cuarenta minutos; uno tras otro se paraba para orar, levantando la mano hacia el cielo al hacerlo. Mientras uno ora, otro se pone de pie listo par empezar en cuanto el que está orando se sienta; si no existiera esta regla, cuatro o cinco estarían orando a la vez. Al final de cada oración dicen, "ku jina ya Yesu" (en el nombre de Jesús), que es repetido por toda la congregación. Notablemente ardientes son esas oraciones también y probablemente la mayor parte termina en una declaración pública ante Dios y el hombre que han resuelto seguir a Jesús hasta lo último, rogando que la sangre los limpie y el Espíritu los colme. Después quizás más canto, o una lectura y la repetición de los diez mandamientos a coro y entonces Bwana habla. Primero hace una lectura algo larga de las Escrituras sobre la cual va a hablar y luego, de pie sobre la plataforma de tierra, les dirige la palabra. Apaciblemente al principio, por lo general, exponiendo ésto y aquello que ha leído, vistiendo una parábola o historia bíblica en ropaje indígena, poniendo los personajes de pieles negras en ropas de corteza, el pan se vuelve bananas, camellos son elefantes, la nieve se vuelve tiza. Luego pone todo su corazón al exponerles sus propias vidas y las consecuencias del pecado; habla del amor de Jesús y les insta a arrepentirse, creer, seguirle y pelear por El, si quieren llegar al cielo. Hablaría quizás una hora y cuarto, hora y media o aun dos horas. Un himno o dos para terminar, un tiempo de oración cuando se hace el llamado a nuevos convertidos para que se adelanten y tomen su decisión y entonces el final cuando todos se ponen de pie y hacen un saludo, diciendo, "Dios es. Jesús viene pronto. ¡Aleluya!"

A la noche se pasa quizás unas dos horas meditando la Palabra y en oración con los blancos, o una segunda reunión con los indígenas alrededor de un fogón, hecho de una rama grande, de algún gigante de la selva caído. Pero aún eso no es todo. Si fueras a recorrer un poco, hallarías a las chozas y todo lugar en que se podría dormir colmados, pues muchos no tienen ninguna intención de permitir que Bwana se vaya después de dos reuniones, nada más. ¿Acaso no han traído sus esteras para dormir y su provisión de bananas? De manera que el lunes es ocupado exactamente como el domingo y probablemente se dedica el martes a una reunión grande limitada a cristianos consagrados.

La última reunión en la cual ví a Bwana fué una de éstas para cristianos de verdad en lo de Imbai, en 1931. El templo estaba colmado con mil personas, unos 600 hombres y 400 mujeres, todos los cuales se habían declarado como enteramente consagrados al Señor. Jamás olvidaré el gozo radiante en ese mar de rostros; la oración ardiente dirigida por una viejita negra arrugada con su pedacito de tela de corteza, pero llena de Espíritu Santo; el canto maravilloso; y finalmente la plática de una hora por Bwana sobre la perla preciosa, ya demasiado débil para estar de pie y sentado en el brazo de la silla.

Capitulo XXII

¡ALELUYA!

Hubo una gran sensación entre los indígenas cuando un domingo, ante una congregación de mil personas, C. T. se presentó con nueva dentadura, completa, blanca y resplandeciente. Había sufrido mucho por los dientes o los pocos que le quedaban y por algún tiempo no había podido comer sino sopas. Un día, cuando algunos de los misioneros estaban con él, uno de ellos dijo. "Bwana, Ud. sabe que debe ir a Inglaterra y hacerse arreglar la dentadura." Pero sabíamos cual sería su respuesta antes que él hablara. "Si Dios quiere que tenga dientes nuevos, puede muy bien enviármelos aquí." Todos lo tomamos como una gracia y nos reímos, ¡pero Dios había oído! Algunos meses después un dentista en Inglaterra escribió a la comisión directiva y ofreció sus servicios para el Corazón de Africa. La comisión consideró su ofrecimiento, pero hallando que pasaba en diez años el límite de edad, lo desecharon. Eso no le desanimó. Vendió su clientela; con el producto tomó su pasaje hasta la desembocadura del Congo y emprendió viaje por su cuenta. Llegado allí, empezó a practicar su oficio entre funcionarios y en pocos meses había ganado lo suficiente para completar el viaje al interior. La hija menor de C. T., Paulina y su esposo estaban entonces en camino a Inglaterra. Viajaban por canoa indígena, quince días de navegación por el río Aruwimi hasta su confluencia con el Congo. Una mañana temprano, mientras bogaba su embarcación vieron a otra canoa que se aproximaba en la dirección opuesta, navegando hacia el interior. En ella venía un hombre blanco. Se preguntaron quién podría ser, pues viajeros blancos eran muy raros en esas regiones. Al aproximarse las canoas una a otra, gritaron un saludo en inglés, siendo contestados en el mismo idioma. Era un inglés. En pocos momentos descubrimos que éste era el Sr. Buck, el dentista, en camino para reunirse con el Sr. Studd. Era hora del desayuno, así que atracamos a la ribera, desembarcamos en la selva y comimos y oramos juntos. Luego, cuando estábamos por partir, el Sr. Buck llevó a la Sra. Grubb a un lado y le dijo, "Como Ud. es una hija del Sr. Studd, quisiera contarle un secreto que no he dicho a ningún otro. Dios me ha mandado al Corazón de Africa, no tan sólo a predicar el Evangelio, sino también para traer una nueva dentadura para el Sr. Studd y he traído conmigo todo lo necesario para hacerla y ajustarla." El. Sr. Buck llegó, extrajo los dientes que le quedaban al Sr. Studd, operando en su boca de una manera tan completa, que el comentario posterior de C. T. fué que se sentía como el poeta que escribió:

"Encías, encías por doquier,
Pero ni rastro de dientes."[1]

Luego C. T. mismo termina la historia:

"Cuando Buck llegó, dijo, 'Lo primero para lo cual Dios me envió al Congo, fué hacer sus dientes.' ¡Imagínate, Dios enviando un dentista al mismo corazón de Africa para arreglar la dentadura de Su hijo, que no podía regresar a Inglaterra! ¿Qué maravilla no hará Dios después de ésto?

"He oído mucho acerca de osos con las cabezas doloridas[2], pero ahora estoy pensando mucho más de los pobres osos con dentadura dolorida, pues las encías no están cicatrizadas todavía, así que la familia adoptiva de mi boca es un poco cansadora. Puedo cantar mucho mejor con las chapas puestas, pues no escapa tanto aire vacío y el paladar hace de tornavoz, pero me duelen tanto que tengo que sacarlos después de un tiempo. Imagínate la escena el domingo pasado.

---

(1) Una parodia, evidentemente.
(2) Expresión inglesa aplicada a las personas.

Empecé la reunión grande con los dientes puestos. Aleluyas y asombro. Pero fué demasiado, así que durante la oración los saqué, y cuando cantamos otra vez, hubieras visto las caras de los negros, ¡estaban consternados! ¿Quién había extraído los dientes de Bwana mientras orábamos? Siempre que aparezco ahora, todas las vistas se dirigen a mi boca para ver si es su viejo Bwana o el nuevo con los dientes. Los muchachos vinieron el otro día, así que coloqué la chapa de abajo, me senté en un pequeño taburete, tomé un par de pinzas y extraje ocho dientes de un tirón, ¡consternación!"

Los primeros que se hicieron nunca le quedaron muy bien, y en consecuencia a menudo yacían en su mesa escritorio sirviendo para poner sus lapiceras. Un día casi fué tomado desprevenido. Recibió la visita inesperada de un funcionario. Se le dijo que venía cuando estaba ya a corta distancia de la casa, ¡y tuvo apenas tiempo de lavar las manchas de tinta de sus dientes y colocarlos!

Aunque con la nueva dentadura pudo comer mejor, era obvio que se estaba debilitando gradualmente. A veces tuvo fuertes ataques de fiebre, a veces ataques al corazón y sufrimiento contínuo a causa de la mala digestión. Luego emprendió una tarea que le quitó las pocas fuerzas que le quedaban. Sintió que no podía dejar a las multitudes en las regiones alrededor de Ibambi sin la Palabra de Dios escrita. En la provincia de Welle ya se había hecho bastante traducción en bangala, pero en la provincia de Ituri, donde el idioma que se emplea es kingwana, no había nada hasta ahora. A pesar de la cantidad enorme de trabajo que ya hacía, estaba determinado también a traducir el Nuevo Testamento en kingwana. Fué una hazaña intelectual maravillosa para un hombre que se aproximaba a los sententa años, sin contar las semanas de trabajo extra que requería. Trabajaba en ello noche y día. "Mis días," escribió, "son generalmente de dieciocho horas, sin comidas, excepto lo que tomo apresuradamente al escribir." Mucho de éllo fué hecho de madrugada entre las dos y las seis. A veces al fin del día tenía el cuello tan tieso de estar inclinado sobre su escritorio, que Jack Harrison, que le era como un hijo, tenía que venir y darle masajes suaves antes que se pudiera enderezar otra vez. Mientras él traducía, Harrison escribía a máquina. Fué una traducción deliberadamente simple, publicada por gentileza de la Scripture Gift Mission (Misión para Donaciones de las Escrituras), hecha tan sencilla que cualquier habitante de la selva que aprendiese a leer, podría llevar el libro de vuelta a su aldea y comprenderlo.

Lo terminó y después también los Salmos y extractos de los Proverbios, pero a costo de sus últimas fuerzas. Los ataques del corazón se siguieron unos a otros. Varias veces fué hasta el borde del Río. En 1928 estuvo tan mal por una semana que se pensaba que no viviría. En un momento, cuando yacía casi sin aliento y los ojos cerrados, parecía que todo había terminado. Pero los misioneros consiguieron llamar un médico belga de la Cruz Roja que lo trató con varias drogas, incluso morfina. Mejoró gradualmente, pero estuvo tan débil que no pudo dejar la cama, ni hacer ningún trabajo, mucho menos dirigir reuniones, sin la ayuda de morfina. La ambición y oración de C. T. había sido siempre que pudiera morir como un soldado en el campo de batalla y no ser una carga para sus colegas durante meses o años de invalidéz. Ahora se daba cuenta que la elección le tocaba a él: continuar el uso de morfina y obtener así fuerza temporaria para trabajar y predicar, o estar postrado en cama, con uno o más de los misioneros tomados de sus trabajo para cuidarle. Tomó la primera alternativa sin cavilar y a menudo daba gracias a Dios por el don de una medicina que le capacitaba para pelear por Dios y las almas del pueblo hasta el último aliento; la obtuvo de médicos (especialmente del gobierno de la capital) que comprendían sus circunstancias especiales, estando aislado de todas las ventajas que le podía ofrecer un tratamiento en una tierra civilizada; además, le consideraban una persona a quien se le podía conceder. Su viejo amigo, Dr. A. T. Wilkonson, de Manchester, que había conocido su estado físico por veinticinco años y que trató el asunto con él por correspondencia, aprobó enteramente el uso continuado de la droga, empleada como era en dosis medicinales para el alivio de una afección crónica.

"Desde joven (escribe el Dr. Wilkinson) C. T. había sido por fuerza su propio médico y, en China, dió tratamiento médico a otros además de él mismo. Cuando dejó China era un museo de enfermedades, y después, casi nunca estuvo libre. Se comprendía a sí mismo como ningún otro médico le comprendía. Que se mantuvo vivo por setenta años y entonces no murió directamente de ninguna de sus enfermedades tropicales, sino de cálculos a la vesícula y sus consecuencias, no alividas por una operación quirúrgica, es un testimonio notable de su pericia médica. Siempre estaba dispuesto a aprender de otros y contento de tener consejos médicos, pero también se apoyaba en el Gran Médico; y en cuanto a sus arriesgadas empresas, las realizó aunque en toda ocasión el dictámen médico fué netamente contrario a sus proyectos. Era un hombre que Dios amaba y de quien cuidaba de una manera muy parecida a la que utilizó con Pablo. Enfermedades crónicas requieren tratamiento crónico. Cuando un hombre tiene asma, paludismo y disentería, escalofríos y dolores de cálculos a la vesícula atacándole contínuamente en distintas combinaciones, ¿qué puede hacer sino tomar las drogas que el Señor mismo ha provisto para aliviar sus síntomas, prolongar su vida y así capacitarle para seguir con su trabajo? Peleó una pelea tan valerosa contra condiciones adversas, tanto interiores como exteriores, como Pablo mismo, y en consecuencia de este tratamiento acertado pudo continuar trabajando, no ocho sino dieciocho horas al día, dirigiendo la palabra, a veces por horas, a miles de sus semejantes, contándoles de Jesucristo y las maravillas de su Amor, y ésto hasta el mismo fin de sus días. Fué uno de los cristianos nobles y el hombre más heróico y amable que jamás he conocido."

Pero únicamente aquéllos que estuvieron con él pueden darse cuenta de los sufrimientos de esos dos últimos años: la terrible debilidad, la náusea, los ataques del corazón, pero peor de todo, los terribles ataques de ahogo y violentos escalofríos, cuando se volvía de un color oscuro y su corazón casi cesaba de latir; la causa de ésto no fué descubierta hasta que estuvo en su lecho de muerte, cuando un médico presente lo diagnosticó como cálculos a la vesícula.

Con todo, el gozo de estos años sobrepujó en mucho al sufrimiento, pues Dios le había dado ver los dos grandes deseos de su corazón: unidad entre los misioneros y evidencias manifiestas del Espíritu Santo obrando entre los indígenas. Una compañía de unos cuarenta misioneros le rodeaban y le eran como hijos e hijas. Dios había cumplido su promesa, "De cierto os digo, que nadie hay que haya dejado casa..., o mujer, o hijos, o heredades, por causa de mí y del evangelio, que no reciba cien tantos, ahora en este tiempo, casas..., e hijos, y heredades, con persecuciones; y en el siglo venidero la vida eterna." Respondiendo al mandamiento de Dios C. T. había dejado mujer e hijas, y aquí en su vejez Dios le había devuelto una familia de cuarenta que le amaban y atendían con tanta devoción como si fuera su propia carne y sangre. Realmente, es imposible describir el lazo de afecto entre "Bwana" y los misioneros, la bienvenida que le daban cuando visitaba una estación, la afluencia constante de cartas, la lealtad en tiempos de crisis, el espíritu fraternal cuando todos se reunían en los días de Conferencia en Ibambi.

Probablemente los tiempos con Bwana que vivirán más en la memoria de éllos, son las reuniones grandiosas en Ibambi. Más que cualquier otra cosa, mantuvieron la misión sobre el fundamento verdadero de toda obra espiritual, la Biblia y oración. No había límite de tiempo. Abría la Biblia, leía quizás dos o tres capítulos y luego hablaba. Las Epístolas eran su parte favorita. Una hora, dos horas, en días de Conferencia hasta después de medianoche, noche tras noche, era siempre lo mismo. Nuestros corazones ardían en nosotros al encontrarnos con Jesús. La más grande de todas las lecciones que aprendimos allí fué que si obreros cristianos quieren contínuo poder y bendición, *tienen* que tomar tiempo para reunirse juntos diariamente, no para una reunión corta y formal, pero lo bastante para que Dios pueda hablar a través de su Palabra, para afrontar juntos los desafíos de la obra, para tratar cualquier cosa que estorbe la unidad, y luego ir a Dios en oración y fé. Tan sólo éste es el secreto de lucha victoriosa y espiritual. Ninguna cantidad de trabajo tenaz o predicación ferviente puede tomar su lugar.

Caminos carreteros habían sido abiertos ahora a través de la selva, así que podía tener un auto. Esto era una gran ventaja e hizo posible que visitara todas las estaciones accesibles por carretera. Esas visitas eran como una procesión triunfal, pues los indígenas estaban tan ansiosos de ver y oírle, que dos mil vendrían donde generalmente se congregaban mil.

En 1929 supo que su amada esposa había sido llamada repentinamente al Hogar Celestial, mientras visitaba España con su amiga, Sra. Heber Radcliffe. El año anterior le había hecho una visita relámpago de quince días. Esa fué la única visita que se hicieron. Unos dos mil indígenas cristianos se reunieron para verla. Siempre se les había dicho que la esposa de su Bwana estaba en Inglaterra, tan ocupada en conseguir hombres y mujeres blancos que viniesen a decirles de Jesús, que no podía venir élla misma; pero cuando la vieron y se dieron cuenta que realmente existía tal persona como "Mama Bwana," entonces empezaron a comprender, de una manera que las palabras no podían expresar, el precio que Bwana y su esposa habían pagado para traerles la salvación. Desde entonces algunos de los cristianos vieron de una manera nueva lo que le costó a Cristo redimirlos y qué clase de hombres debían ser a la luz de ese sacrificio. La señora Studd parecía tan joven en comparación de su esposo, que muchos pensaron que era su hija y algunos la confundieron con la Sra. de Alfredo Buxton. Les habló varias veces a través de un intérprete. y así cumplió la visión profética que había tenido después de su conversión, cuando vió en letras de luz en el márgen de su Biblia las tres palabras, "China, India, Africa." La separación fué terriblemente dura, y la Sra. Studd no quería irse, pero la estación del calor estaba por empezar y la obra la necesitaba urgentemente en Inglaterra. Se despidieron en su casa de bambú, sabiendo que era la última vez que se verían sobre la tierra. Salieron juntos de la casa y bajaron la senda al auto que les esperaba. No se dijeron una palabra más. Ella parecía ignorar completamente el grupo de misioneros parados alrededor del auto para despedirse; entró con el rostro rígido y la vista fija directamente ante ella y fué conducida en el vehículo.

En 1930 C. T. fué hecho "Caballero de la Real Orden del León" por el rey de los belgas, por sus servicios en el Congo.

Pocos meses antes de su fallecimiento tuvo una vista de la cumbre de la ambición misionera: la misma iglesia indígena adquiriendo la visión misionera y enviando sus "pioneers" a las tribus de más allá[1].

Hubo un hombrecito insignificante de nombre Zamu, miembro de la iglesia de Adzangwe. Tenía una gran llaga

[1] Mucho evangelismo había sido efectuado por los indígenas en sus propias tribus y en casos aislados en tribus lejanas, pero recién ahora la iglesia indígena en general, empezaba a adquirir la visión misionera de las tribus de más allá.

en una pierna, que no quería cicatrizarse y que le obligaba a caminar en la punta de un pie. Ya era un hombre señalado por sus oraciones fervientes, vida consecuente y testimonio activo en las aldeas de su propia tribu. En la primavera de 1931 la visión misionera se manifestó a este hombrecito. Fue conmovido por las noticias de tribus en el lejano sur. Eran sus enemigos hereditarios. ¿No eran estas las tribus que habían matado y esclavizado a su propia gente? ¿No significaría la muerte ir entre ellos sin la protección del hombre blanco? Pero tuvo una visión de sus almas: había visto los Brazos Extendidos clavados en la cruz por los pecados de todo el mundo y, sobre todo, el Espíritu de su Salvador había descendido sobre él y había aprendido a contar "por mayores riquezas el vituperio de Cristo que los tesoros de los Egipcios."

De manera que un día vino y le dijo a la señorita Roupell que Dios le estaba llamando a las "Tribus de más allá." Ella le probó de todas las maneras posibles, pero a cada pregunta respondió con dos palabras. "¿Qué de tu pie, Zamu?" "Dios es, Señora Blanca." "Pero la comida es muy diferente, no hay aceite de palma; no hay sal allá abajo." "Pero Dios es, Señora Blanca." "Podrías morir de hambre o ser muerto." "Dios es, Señora Blanca." Y la prueba mayor de todas, "¿Qué de tu esposa, Zamu?" "Ella me acompañará. Dios es, Señora Blanca." No había más que decir, sino desearle con gozo que tuviera buen éxito.

La primera etapa de su viaje lo llevó por Ibambi. Fue la última vez que vió al viejo guerrero cuya vida y enseñanzas habían influído tanto en él. El Sr. Staniford, que le visitó un año después, le preguntó acerca de esa entrevista: '¿Qué te dijo Bwana?' le pregunté. 'Oh, muchas cosas. Se arrolló la manga del saco y dijo, 'Ve, Zamu, este brazo mío, en un tiempo muy fuerte, es ahora débil y la carne .enjuta. No puedo ir contigo. Mi tiempo entre vosotros, pueblo negro, está casi terminado. Sigo de día en día en la medida que Dios me dá fuerza. Así que no dependas de mí, depende de Dios; El no morirá, El cuidará de tí.' Luego dijo: '¡No vayas con vergüenza!' ¡No tengas temor! ¡Sé osado y predica el Evangelio! ¡No arrastres la bandera de Dios en la tierra! ¡Levántala y no le tengas vergüenza! Afirma tu rostro como un soldado para vencer.' Y después: '¿Cuántos de vosotros váis?' 'Mi mujer y yo, nadie más.' 'Bueno, si sois fieles, Dios os hará una gran compañía algún día.' "

Zamu fue unos ciento treinta kilómetros a través de la selva, cruzó el río Ituri y luego, dirigiéndose directamente al sur por la tierra de los barbaris, puso otros ciento sesenta y cinco kilómetros entre su propia tribu y él. Finalmente penetró en el país de la tribu Balumbi. Este pueblo le dió una buena acogida. Pero jamás habían visto un negro como él, que no jugaba, ni bebía, ni reñía, ni vivía en la impureza, ni trataba de lucrar, ni darse importancia, así que le llamaron "El Hombre Raro." Pero su amistad pronto se enfrió cuando descubrieron que el mensaje que predicaba condenaba sus pecados. El y su esposa se habrían muerto de hambre si no hubiera sido por el hermano del cacique, que había recibido la Palabra con gozo y llevó a Zamu a su huerta diciéndole que se sirviese libremente de las bananas, mandioca y espinaca que crecían allí. Pero el valor, la fe y el amor ganaron la partida. En un lugar la oposición fue vencida cuando Zamu se arrodilló y curó a una anciana enferma, los dedos de cuyos pies estaban atacados por docenas de piques y que había sido dejada para arreglárselas como pudiese, aun por sus propios parientes. La comida insulsa, sin sal ni aceite de palma, llegó a ser su prueba más grande y finalmente pidió al Señor que les enviara un poco de condimento, "Oh, Señor, has preservado a tus mensajeros de morir de hambre, pero ansiamos un poco del sal. Envíanos ésto como prueba de que estás con nosotros." La respuesta fue verdaderamente mayor que sus sueños. Sin que lo supieran, otros miembros de su propia iglesia habían sido estimulados a la acción por su ejemplo, y justamente cuando él oraba esa petición, la primera compañía de refuerzos salía para reunirse con ellos. Un día, quince días después, vió a un grupo de extraños que venía por la calle de la aldea y luego los conoció. ¡Qué saludos y qué gozo! Noticias de su lugar, viejos amigos reunidos, refuerzos y para colmar todo, un paquete de sal, un regalo de la Sra. Granger. Donde Zamu fue solo en 1931, hay ahora unos diez evangelistas distribuídos entre los balumbis. Pero su empresa de fe ha tenido resultados de mayor alcance aún que estos, pues ha encendido la llama misionera por toda la iglesia nativa; muchos se han ofrecido voluntariamente y ya unos cincuenta "pioneers" indígenas y sus esposas han penetrado a todos los puntos del campo, trabando contacto con unas seis tribus nuevas.

En una carta a su hogar, C. T. dió una última mirada retrospectiva a los acontecimientos sobresalientes de su vida:

"Como creo que me estoy aproximando ahora a mi partida de este mundo, tengo tan sólo unas pocas cosas de qué regocijarme; son estas:

"1. Que Dios me llamó a China y fuí a pesar de la mayor oposición de todos mis seres queridos.

"2. Que actué gozosamente de la manera que Cristo dijo a aquel joven rico que hiciera.

"3. Que respondiendo al llamado de Dios, cuando estuve en el vapor de la Línea Bibby en 1910, deliberadamente cedí mi vida para esta obra, que de ahí en adelante sería, no tan sólo para el Sudán, sino para todo el mundo no evangelizado.

"Mis únicos gozos, pues, son que cuando Dios me ha dado una obra para hacer, no la he rehusado."

De todos los indígenas cristianos, no había ninguno a quien amara más que al caníbal convertido, Adzangwe y su amor era retribuído plenamente. Una de las últimas visitas de C. T. fue a la iglesia de Adzangwe. Adzangwe era un hombre que se ʼestaba muriendo. Estaba enfermo de tisis en estado muy avanzado, y la palidez podía notarse debajo de su piel morena. Yacía sobre su cama indígena en su pequeña choza de bambú, en las orillas de la estación misionera llena de actividad; esa estación misionera que cinco años atrás, cuando había donado el terreno para ser "un lugar para Dios," era selva virgen. Una vez cuando la Srta. Roupell le visitó para condolerse con él en su sufrimiento, fué recibida con estas palabras: "No debe tener semblante triste cuando entra aquí, señora Blanca, porque yo no estoy triste. Al estar acostado en mi cama hablo con Dios y El habla conmigo y Jesuscristo me rodea como las paredes de mi choza. Hablo con Bwana también," (pues tenía su retrato fijado en la pared frente a su cama); y su faz radiante atestiguaba la verdad de ello.

Pero enfermo y débil como estaba, en cuanto supo que su amado Bwana había venido, nada podía retenerle en su choza. Pidió ayuda de algunas chozas vecinas. Fué colocado en una silla y llevado a la casa de los misioneros, donde Bwana estaba sentado. Bwana salió para recibirlo, mientras uno de los misioneros trajo una silla para que Bwana se sentara y algunos almohadones para hacerla más cómoda, pues él mismo estaba tan débil y demacrado como Adzangwe. Pero antes de sentarse, tomó los almohadones de su silla y los arregló alrededor del cuerpo del caníbal convertido. Era un cuadro en miniatura de aquél que aunque fué rico, por nosotros se hizo pobre y que no vino para ser servido, sino para servir. Esa fué la última vez que se vieron. Por algunos meses Bwana había tenido un chiste especial con él. Le dijo que estaban corriendo una carrera al cielo y que él estaba determinado a llegar primero. Si Adzangwe llegara a ganar, entonces tendría "una pendencia" con él cuando se encontraran allá arriba. Tan sólo unas tres semanas después Bwana ganó la carrera.

El fin llegó repentinamente. El Sr. Harrison nos dá los detalles:

Ibambi, Julio 1931.

"Para cuando ésta llegue a su poder, ya habrá recibido mi cablegrama informándole que el muy amado Bwana ha ido a estar con el Señor. Ante todo, permítame asegurarle que a través de todo ha habido el timbre de Victoria, en Bwana mismo, en los misioneros también, y más que todo en los indígenas. ¡Oh, cómo alabamos a Dios por ésto!

"El domingo pasado (12 corrte.) Bwana parecía excepcionalmente bien. Nos dijo que nos fuéramos todos a los diferentes lugares de culto en el distrito, como hacemos generalmente en el día del Señor. El mismo quedó solo para el culto nativo aquí en la estación. A nuestro regreso a la media tarde Bwana estaba todavía muy bien ¡y para asombro nuestro nos dijo que había tenido una reunión de *cinco horas!!*

"El lunes (13) de tarde, me pidió que le diera una inyección de quinina porque se sentía frío y pensaba que tal vez amagaba algo de fiebre, aunque no tenía temperatura. A la noche se sentía aún peor y me quedé con él toda la noche hasta las 4.30. Durante esas horas tenía muchísimo dolor en el estómago hacia el lado derecho. Me dijo que tenía sospechas de cálculos a la vesícula y me pidió leyera todo lo que pudiese respecto a esta enfermedad. Lo hice y para sorpresa nuestra hallamos que, en cada detalle, los síntomas coincidían con su caso; el martes de mañana estaba aún más débil y con mucho dolor también; a la noche más débil todavía y con dolor muy intenso.... El jueves de mañana (16) estaba más aliviado y le parecía que el dolor en el estómago había movido algo. Se había puesto tan débil y fatigado ahora que su voz empezó a debilitarse. Trató una y otra vez de hablar. Comprendimos muy poco de lo que decía. Podíamos saber tan sólo por la expresión de su rostro si habíamos adivinado bien sus deseos. Temprano a la tarde pudimos oir algo de 'Corazón mal.' El Sr. Williams le preguntó si pensaba que nos iba a dejar esta vez, y al principio dijo que no sabía, pero poco después dijo, 'Muy probable.'

"Desde ese momento en adelante no había dudas al respecto. Cesó de tratar de hablar acerca de nada y con cada poco de aliento de que podía disponer decía nada más que '¡Aleluya! ¡Aleluya! Era notable verle yéndose así, completamente consciente todo el tiempo y no pronunciando más que '¡Aleluya!' con cada aliento. Qué notable también que no podíamos comprender bien sus otras palabras a causa de la voz débil, ¡pero el '¡Aleluya!' era inconfundible y aun los indígenas alrededor de la cama podían oir eso!

"A eso de las 19 del jueves pareció quedar inconsciente, y poco después de las 22.30 pasó a su recompensa. Era una hermosa partida. Se sonreía todo el tiempo excepto cuando le tomaban los accesos de dolor. Aun en su extrema debilidad estaba preocupado por Elder, a quien se le había cortado una uña encarnada pocos días antes y le decía que fuera a descansar su pie. La última vez que tuvo un culto con los indígenas, fué el de cinco horas del domingo pasado, a no ser su culto familiar matutino de costumbre con sus "muchachos" y algunos otros alrededor de su cama el lunes de mañana. El último indígena a quien realmente instó a ponerse bien con Dios fué el Cacique Kotinaye. Su última palabra escrita en una carta a los misioneros fué 'Aleluya.' ¡La última palabra que pronunció fué 'Aleluya' también!

"Los muchachos fueron verdaderamente muy buenos. Isatu y Boyo y 'Jim Crow' fueron muy fieles, y también Ezeno y Boimi. Trabajamos toda la noche del jueves preparando un ataúd. Centenares de indígenas vinieron en seguida pidiendo verle. Así que, para que pudieran tener un último vistazo de él, lo tuvimos expuesto en la pieza delantera de la casa de Bwana. Centenares desfilaron ante el ataúd con la bandera 'Savita' (Soldado Santo) que Bwana mismo había diseñado hace mucho; lucía espléndida y fué muy apropiada pues Bwana, en verdad, era 'Savita.' Había sido bien nombrado 'Bwana Muqubwa,' el Bwana 'Grande,' pues era de todas maneras grande. Grande en lo que pensaba y hacía, grande en el sufrimiento para otros, grande en el amor, sacrificio y devoción a su Salvador, grande en el conocimiento de su Dios y las Escrituras. Un verdadero gigante espiritualmente, ante quien nosotros aparecemos tan pequeños como los pigmeos de nuestras selvas del Congo.

"Los indígenas que estuvieron más allegados a él lo llevaron a la sepultura y los misioneros blancos lo bajaron a la fosa. Dios dió una libertad maravillosa. Unos 1.500 a 2.000 indígenas estuvieron parados alrededor, incluyendo los caciques Kotinaye, Owesi, Abaya, Simba; ¡qué oportunidad para el Evangelio!

"Mientras se rellenaba la fosa, ángeles estaban ocupados en el cielo tomando nota de los votos que fueron hechos y renovados allí. Y después, en la pieza grande de oración en la casa de Bwana, donde habían recibido tantas exhortaciones de sus labios en el pasado, los misioneros se dieron las manos en rueda y cantaron:

"Junto al Cruz,
Junto a la Cruz,
Nos ayudaremos,
Junto a la Cruz."

"Los indígenas que llegaron el viernes para el entierro, no quisieron marcharse. Tuvimos una reunión espléndida con ellos el sábado, ¡y oh, las oraciones! Nunca habíamos oído algo parecido de los nativos antes. Todos parecían tener el mismo pensamiento en sus mentes, el de consagrarse de nuevo a Dios y de decir que, a pesar de que Bwana había sido llevado, seguirían más ardientes que nunca para Jesús. Hoy también (domingo) hemos tenido una concurrencia más grande que nunca. 'De parte de Jehová es ésto: es *maravilla en nuestros ojos.*' "

CapituLO XXIII

¡DIOS MEDIANTE, CONTINUAMOS!

¿Son personalidades sobresalientes que desarollan una obra de Dios, o es el Espíritu Santo obrando a través de vidas rendidas? Hubo muchísimas personas que realmente atribuyeron el éxito de la misión, tanto en Inglaterra como en el campo misionero, a las personalidades de sus fundadores, Sr. C. T. Studd y señora. Se preguntaban lo que sería de la misión cuando ellos desaparecieran. C. T. y su esposa, por el contrario, nunca tuvieron dudas al respecto. Conocían y declaraban su propia nulidad y que todo lo que se había hecho había sido obra del Espíritu de Dios; que El hará por medio de cualquiera que le crea y obedezca enteramente. C. T. se acordaba de eso cuando se apodó a sí mismo y a Alfredo Buxton, en su primer viaje al Corazón de Africa, "el Asno de Balaam y la Paloma de Noé." ¿Fué la personalidad humana, o Dios el Espíritu Santo, que fundó esta misión y llevó adelante esta Cruzada? Había llegado el tiempo para ver, pues ambas "personalidades" habían ido a su recompensa. Nuestros fundadores habían sido llevados; no quedaba ni una persona en la dirección de la misión cuyo nombre tenía peso entre el público cristiano; la dirección en Inglaterra había pasado por una crisis; y para colmo era el tiempo de la grande depresión financiera en todo el país. Si la fuerza tras la Cruzada era realmente las personalidades de los fundadores, entonces toda esperanza se había desvanecido.

Mi esposa y yo éramos los únicos representantes de la Cruzada en Inglaterra y decidimos que pondríamos a prueba el Dios de nuestro padre y madre. En tiempos de la mayor dificultad habían arriesgado todo confiando en la fidelidad y suficiencia de Dios y nosotros haríamos lo mismo. "¿Dónde está Jehová el Dios de Elías?" clamó Eliseo al tomar el manto de Elías y herir las aguas con él. "Y apartáronse a uno y otro lado, y pasó Eliseo." Creíamos que el único monumento que desearían no sería uno en piedra o cristal, pero en carne y sangre, que glorificaría a Dios y contribuiría a la evangelización de los paganos. Así que resolvimos pedir a Dios que hiciera lo que, para nosotros en nuestras circunstancias actuales, era una cosa absolutamente imposible; una cosa que, si fuéramos guiados por el sentido común en vez de la fe, jamás soñaríamos en intentar. Pedimos que no tan sólo mantuviera la obra existente, sino también nos diera veinticinco obreros nuevos y el dinero para enviarlos al campo misionero (£3.000), diez para el primer aniversario de la muerte de C. T. y quince para el segundo aniversario; y a fin de comprobar que fuese tan sólo Dios que lo hiciera, y que El es el mismo Dios fiel para todos los que confían en El, nos comprometimos con El que no haríamos un solo pedido a los hombres, ni ningún esfuerzo para conseguir ni hombres ni dinero, sino depender solamente en la oración y la fe. Esto es lo que sucedió:

"Empezamos a orar por 'Los Diez' en noviembre 1931 y ese mismo mes pudimos mandar los primeros dos. Había solamente suficiente dinero para sus pasajes, pero ofrecieron ir inmediatamente para empezar a estudiar el idioma, con fe que llegaría dinero para lo demás de su equipo de unos meses.

"No fue hasta enero que las condiciones plenas de la oración de fe nos fueron reveladas en la Palabra de Dios, y nos fué dada gracia para obedecerlas. Vimos que los hombres de fe en la Biblia, por medio de quienes Dios hizo cosas imposibles, siempre llenaron una condición de antemano. Demostraron que habían creído verdaderamente a Dios, declarando públicamente de antemano lo que iba a hacer, plenamente asegurados de que así lo haría. La Biblia está llena de estos casos, como el de Pablo a bordo del buque en la tormenta, cuando Dios le había asegurado que serían todos salvos y les dijo públicamente que tuvieran buen ánimo, diciendo: 'Porque yo confío en Dios que será así como me ha dicho.' Hicimos esto publicando primero entre nuestro círculo íntimo que Dios mandaría diez misioneros antes del próximo julio (el primer aniversario de la muerte de C. T.); luego escribiendo al campo misionero y diciéndoles que prepararan para diez obreros nuevos durante el verano; y finalmente publicando el hecho en la revista.

Llegó marzo y para entonces teníamos tres candidatas prontas para salir, pero nada de dinero; afrontamos la situación juntos, dándonos cuenta que ahora había llegado el tiempo para recibir una liberación del Señor y creíamos que Él la daría. Dos de las candidatas se ausentaron para el fin de semana de Pascua, pero en fe dejaron sus direcciones con la tercera, para que pudiera telegrafiarles si el Señor enviaba el dinero. El sábado había dos huéspedes en la casa de la misión. Por lo que sabíamos nosotros, eran gente sin dinero de sobra en el banco. Pero la verdad era que, sin, que lo supiera nadie, tenían una pequeña suma guardada que habían dedicado al Señor años antes, pero Él nunca les había indicado cómo debían emplearla. Antes de acostarse, algunos minutos fueron dedicados a la oración y en una petición alguien mencionó la necesidad de las tres. Nada más fue dicho, pero Dios había hablado; la indicación que habían esperado durante años había llegado, y a la mañana siguiente nos dijeron que el dinero era para las tres. Resultó ser suficiente para dos pasajes. Al mediodía hicimos saber la noticia y dijimos que tendríamos que enviar los telegramas. Pero aquí entró en acción la fe de la tercera, que no se había ausentado, pues dijo, '¿Por qué no esperar media hora? ¡Dios podrá aún enviar el dinero para el tercer pasaje!' Esto fue dicho no obstante el hecho de ser domingo, cuando no se esperaba correo ni visitas.

En esa misma hora alguien tuvo ocasión de entrar en el escritorio de la misión, donde generalmente no se entra los domingos y allí halló una carta. La dirección era la de un club de señoras de Londres ¡y adentro había un cheque por £100! Números 3, 4 y 5 de Los Diez partieron el 26 de mayo, llevando consigo el equipo completado de Nos. 1 y 2.

• "Para entonces dos jóvenes más se habían ofrecido, completamente preparados; y más o menos al mismo tiempo había llegado el dinero necesario, así los números 6 y 7 de Los Diez emprendieron viaje poco después de las señoritas en junio. En el mismo mes llegó una candidata del Canadá trayendo consigo alrededor de la mitad del dinero requerido para su ida al campo misionero, No. 8.

"Y ahora llegamos a la última etapa. Faltaban seis semanas y no teníamos ni candidatos ni dinero para los que faltaban para completar Los Diez. Faltaban cinco semanas, nada. Cuatro semanas, ningún candidato, pero una donación de £100. Tres semanas, ninguno todavía. Dos semanas, se ofreció No. 9, una señorita completamente preparada, con experiencia de enfermera. Ahora faltaban días solamente. Trece días, doce, once, diez y a la tarde del décimo se ofreció un joven completamente preparado como el No. 10. Fué en una conferencia del Colegio Bíblico de Gales, en Swansea. Había estado tres días en ayuno y oración para estar seguro del llamado de Dios y al día siguiente el Señor puso un sello maravilloso sobre su ofrecimiento y un notable complemento de Los Diez. Había un huésped en la Conferencia que no sabía nada del ofrecimiento de este joven. Cuando estuvo orando a la mañana siguiente, el Señor le condujo a sacar un cheque en blanco de su libreta de cheques y ponerlo en su bolsillo, pero no le reveló para qué era. En el desayuno tuvo la noticia del No. 10 y en seguida el Señor le hizo saber que era para este propósito. Un rato después le dió al Secretario un cheque de £120.

"Dos días después, dos de nosotros estábamos en Irlanda. Hablamos juntos y llegamos a la conclusión que sería una contestación completa si el Señor mandaba £200 más, así que determinamos pedirle ésto en secreto. Dos días después, al salir de la reunión, nuestra huéspeda entregó un telegrama a uno de nosotros y aunque no tenía la menor idea de nuestra oración secreta, dijo, como una broma, 'Quizás haya £200 en él.' Cuando se abrió el telegrama decía, '£200 para Los Diez, ¡Aleluya!'

"Y ahora quedaban quince por enviar para el segundo aniversario, Julio 16, 1933. Escribimos un folleto contando la historia de Los Diez y al final declaramos nuestra fe que Dios enviaría Los Quince, diciendo, 'Dios ha enviado diez en un año y creemos que El enviará los otros quince en el año sigiente.' "

Por los cinco meses siguientes fuimos muy probados. Habíamos esperado una afluencia de candidatos, ¡pero pasó la mitad del año y no se había presentado ninguno! Parecía tan imposible que todos los quince viniesen en medio año, que decidimos en diciembre pedir un sello especial a Dios. Era falta de fe de nuestra parte hacerlo. Deberíamos haber creído sencillamente, pero a pesar de ésto, Dios contestó maravillosamente. La revista tenía que ir a la imprenta el 31 de Diciembre. ¿Debía publicar un artículo diciendo que los Quince vendrían para Julio o no? Así que el 30 de Diciembre dije al Señor, "Si mandas £100 antes de las 11 mañana, lo tomaré como un sello. Si no lo haces, no enviaré el artículo." Llegaron las 11 de la mañana siguiente. Tenía las pruebas de la revista sobre el escritorio ante mí, pero no estaban las £100. Así que dije al Señor que tendría que dejar de lado a los Quince y no publicar nada acerca de ellos. Al decir ésto, ví al secretario financiero honorario atravesar el jardín. Entró en la pieza agitando algo en la mano. ¡Era un cheque de Escocia por £100! Y el artículo fué publicado!

En los próximos meses las cosas empezaron a moverse con rapidez. Los primeros tres hombres se embarcaron para el Corazón de Africa. Entonces vino la dirección más importante de todas. Como los Diez y los Quince debían formar Veinticinco en memoria de C. T., tuvimos nuestra atención concentrada en enviarlos al campo de labor de C. T. mismo, el Corazón de Africa. Pero por medio de la observación de un amigo fuimos recordados de la comisión original de Dios a C. T. cuando se embarcó en 1913, "Este viaje no es tan sólo para el corazón de Africa, sino para *todo el mundo no evangelizado*," que fué la razón por la cual el título Cruzada de Evangelización Mundial fué elegido para la misión. Luego nos acordamos que en los últimos meses habíamos recibido ofrecimientos para nada menos que cuatro otros campos misioneros no evangelizados: Colombia (América del Sur), Arabia, Cachemira (Norte de India) y Guinea Española (Africa Occidental), ofrecimientos que no habíamos considerado seriamente para los Veinticinco In Memoriam, debido a nuestra concentración mental sobre un campo.

Pero ahora el alcance pleno del plan de Dios nos fué revelado: que los Diez fuesen al campo de labor especial del Sr. Studd y los Quince fuesen esparcidos por muchas tierras, constituyendo la avanzada de un nuevo ejército que ocupase cada región desocupada fuera de los programas de nuestras sociedades misioneras hermanas.

Dos se ofrecieron para Colombia, dos para la Guinea Española, tres para Cachemira y uno más para el corazón de Africa.

El primero y más notable de estos avances fué a Colombia. El primer voluntario fué Patricio Symes, un australiano. Aunque iba a un campo completamente nuevo para la W.E.C., después de estar con nosotros unas semanas, el Señor le guió definitivamente a no adoptar el método acostumbrado de propaganda a fin de hacer conocer este llamado nuevo y obtener las primeras donaciones, pero confiar solamente en Él para la primera provisión, como prueba de que era Su llamado. Ese mismo día solo tenía 6d. (seis peniques) en el mundo y fué enviado en una misión al otro extremo de Londres. No dijo nada y se fué. Gastó 4d. en una parte del trayecto de ida. De regreso caminó una parte del camino y pensaba tomar un ómnibus de 2d., cuando un pordiosero sobre la ribera del Támesis le pidió el precio de una taza de café. Patricio rehusó, diciendo que no tenía sino 2d. en el mundo y siguió adelante. Pero el Señor le dijo que volviese y hablara al hombre acerca de su alma. Volvió, pero halló que no podía hablarle acerca de su alma y no hacer nada para su cuerpo, así que los 2d cambiaron de manos y Patricio caminó los doce kilómetros a casa. Llegó cansado y traspirando, para ser recibido a la puerta con la noticia que Dios había enviado £100 para él en su ausencia, ¡y durante el tiempo preciso en que el diablo estaba ocupado en decirle qué mal negocio era la vida de fe!

Unos meses después Patricio Symes se embarcó solo para la República de Colombia, donde, de una población de ocho millones, seis millones no tienen obra misionera entre ellos. A su arribo quedó algunas semanas en la capital, antes de seguir adelante para abrir su primer centro, con unos misioneros que fueron muy bondadosos con él. A ellos les dijo en una reunión, que Dios le había prometido cincuenta obreros en diez años para evangelizar las regiones no ocupadas de Colombia, en cooperación con los evangelistas nacionales que Dios levantaría. Parecía una afirmación temeraria, si no presuntuosa, para hacer el primer representante de una sociedad desconocida, sin ningún cuerpo especial de cristianos que la apoyara en el país de origen. Pero ahora en 1937, cuatro años después, hay veintitrés obreros en este campo, con cinco más listos para embarcarse, un total de veintiocho. Se han abierto diez centros en cuatro provincias no evangelizadas. Decenas de millares han sido alcanzados por evangelismo al aire libre y distribución de las Escrituras. Los primeros sesenta convertidos han confesado a Cristo públicamente ante persecusión fanática y feroz. La primera iglesia nativa, de unos veinte miembros, se ha organizado en un lugar y se ha iniciado la primera escuela de evangelistas con cuatro estudiantes. El único coche evangélico en el país, provisto de un altoparlante, va de lugar en lugar a las concurridas plazas de mercado; también se ha enviado y armado una máquina de imprimir. Y para todo esto, donde las primeras £100 constituyeron un milagro hace cuatro años, sin ningún llamado a los hombres, Dios ha enviado desde entonces £4.300.

El segundo avance de entre los Quince fue de dos obreros a la India Septentrional, donde atravesaron un paso a unos tres mil novecientos metros de altura, entre la nieve eterna de las Himalayas, al Pequeño Tibet. Aquel principio ha tenido grandes desarrollos. Lo que empezó siendo una rama de la Cruzada de Evangelización Mundial para evangelizar a los musulmanes de Cachemira (de la cual el Pequeño Tibet es la sección más septentrional), ahora se ha subdividido en tres campañas a las tres grandes religiones paganas de la India: musulmanes, hindúes y sikhes. La obra musulmana en Cachemira tiene ahora siete obreros en tres centros, con convertidos tanto entre los musulmanes como entre grupos de intocables esparcidos en su medio.

La obra hindú fue iniciada en respuesta al llamado de las clases oprimidas de la India. Fue la oportunidad más grande que jamás se ha presentado a la Iglesia de Cristo: sesenta millones de hindúes intocables abandonando su antigua religión en busca de una mejor, y más inclinados al cristianismo que a ninguna otra, gracias al trabajo abnegado realizado entre ellos por los obreros de las grandes sociedades misioneras en el siglo pasado. Dios ha llamado a la W.E.C. a tomar su parte en segar la cosecha entre el grupo más grande de intocables no evangelizados en el nordeste de la India, donde entre veintiseis millones de ellos no hay sino un puñado de misioneros. Hemos empezado con siete Cruzados en este campo, dirigidos por el Dr. Wilfredo Morris, que serán reforzados por muchos más.

Para sikhes, seis millones de los cuales viven en el país cerrado de Nepal, con tres obreros y una estación fronteriza, la W.E.C. está iniciando una cruzada para ocupar cinco cabezas de rieles que conducen al país, dirigidos por la Dra. Catalina Harbord, que ya ha estado ocho años sola en esta región.

El tercer avance de entre los Quince fué al pequeño país de la Guinea Española, en Africa Occidental. Allí fueron dos, Sr. Alejandro Thorne y señora, después reforzados por dos más. Fueron advertidos de la oposición gubernamental a su entrada en el país, pero estábamos convencidos del llamado de Dios y siguieron adelante. Se les permitió desembarcar y aun fueron aconsejados por el mismo Gobernador General en cuanto a las mejores regiones para investigar. Un año después se les informó que se había cometido un error y que nunca se les debía haber permitido entrar en el país. ¡Pero el daño estaba hecho! Una tribu no evangelizada, denominada Okak, había sido alcanzada y se había empezado una obra. Cuando recibieron la orden de cesar la obra, contestaron que obedecerían, pero que Dios cambiaría el gobierno por medio de la oración. De más es decir que una contestación semejante de un pequeño grupo aparentemente tan débil, fué recibida con escepticismo. Pero pasó otro año y estalló la revolución española. Nuestros cuatro misioneros, lo mismo que todos los sacerdotes católico romanos, fueron llamados a la costa. Los sacerdotes terminaron presos en un barco fondeado en el puerto, pero a los cuatro de la W.E.C. se les permitió regresar y se les dijo que ayudaran a mantener la gente tranquilla. Cumplieron ésto último de una manera eficaz, predicando sin cesar el Evangelio del Príncipe de Paz, con el resultado que unos cuatrocientos han aceptado a Cristo y se ha formado la primera iglesia indígena entre los okakes.

El cuarto avance, a Arabia, ha sido más difícil y con poco resultado hasta el presente. Dos Cruzados han ido allá; se han hecho viajes entre los beduinos nómadas de la Siria Meridional y la frontera septentrional de Arabia. Por un tiempo estos viajes fueron prohibidos por el gobierno por temor de que agitaran al pueblo, pero ahora se ha concedido permiso de continuar. Arabia presenta dificultades para un evangelismo sencillo, pero es una puerta abierta para un misionero médico. Se ha comprobado por la experiencia que un médico es aceptado en casi cualquier lugar del interior, con la excepción de la misma Meca. Tan necesitada está la gente de servicio médico que darán la bienvenida a un visitante de este carácter y le darán libertad para hablar de Cristo y distribuir las Escrituras.

Y ahora volvamos a las últimas semanas de la venida de los Quince, la cual habíamos declarado por fé que Dios enviaría antes del 16 de Julio de 1933. Faltaban tan sólo seis semanas. Todavía quedaban dos vacantes en los Quince y se precisaban unas £500 para enviarlos. Había que expedir la carta con notas para oración correspondiente al mes de Junio. Dijimos cómo quedaban los Quince respecto a número, pero sin mención o insinuación acerca del dinero requerido, salvo afirmar "Dios lo completará. Cuanto más corto el tiempo que queda, tanto más maravillosa será la liberación. Uníos con nosotros en alabanza, fé y expectativa, y esperad la próxima carta contando la historia de la liberación final." El 15 de Junio fuimos al Colegio Bíblico de Gales para nuestra Conferencia Anual. Al arribar a la estación, vinieron a nuestro encuentro con la noticia que dos jóvenes más completamente preparados habían recibido el llamado para Colombia. De manera que el número estaba completo. Lo único que faltaba eran las £500. Al día siguiente el Señor me guió al versículo, "Si estuviéreis en mí, y mis palabras estuvieren en vosotros, pedid todo lo que quisiéreis y os será hecho." Me mosotró que a la persona que esté conscientemente permaneciendo en El, le es dado el derecho por Dios de reclamar aquélla promesa. Yo la tomé para que las £500 viniesen durante la Conferencia.

El Señor siempre prueba la fé y la prueba vino al día siguiente. Se me pidió que asistiese a unos días de oración en Irlanda poco después de la Conferencia. Sabía que no podía ausentarme antes de que se completaran los Quince y tuviéramos el dinero. Por lo tanto la única manera posible de aceptar sería si las £500 viniesen durante la Conferencia. ¿Qué debía decir? Dije que esperaba poder ir. El Señor dijo, "Eso no es fé. Esperar no es creer." Probé otra vez y dije, "Iré si el Señor ha enviado la liberación." El Señor dijo, "La fé no tiene 'sis'. La escritura dice, 'Es pues la fé la sustancia' (Hebreos 11:1). y el hombre de fé obra en fé justamente como si tuviera la moneda corriente en el bolsillo." Así que el Señor me ayudó y dije, "Sí, asistiré a los días de oración, porque la liberación vendrá en la Conferencia."

Llegó el último día de la Conferencia y ni un penique. A la mañana siguiente todos nos dispersaríamos para volver a nuestros hogares. El correo de la mañana trajo £50 para Colombia y recibí otra donación de £10 para los Quince. Estuvimos agradecidos por las £60, ¡pero faltaba mucho para las £500! Se dijo adiós y la gente empezó a alejarse para el tren de Londres. Se halló que había muchos más para este tren de lo que se había calculado y no había bastantes medios de locomoción. A último momento quedaba todavía un grupo esperando para ir. Se consiguió un taxímetro grande. Subimos en él con el grupo y fuimos conducidos a toda marcha. A mitad del camino de cinco kilómetros un neumático se perforó con un ¡pum! Todos saltamos a un tranvía, pero fué demasiado tarde. Llegamos a la estación para hallar que el tren recién había partido. Diez minutos fueron empleados haciendo nuevos arreglos y entonces uno de aquéllos que acababan de perder el tren me tomó a un lado y dijo, "¿Cuánto hay para los Quince?" "Unas £60," contesté. "Bueno, ese es mi sello, pues el Señor me dijo ayer que si todavía hubiese necesidad hoy, debía dar £400." Dejamos la estación y ni cinco minutos después estuvimos en conversación con un amigo, contándole la gloriosa noticia. Tomó mi brazo, "Yo daré otras £100," dijo. Seguimos unos cientos de metros calle abajo y otro amigo dijo, "Yo le daré £30." £590 en media hora de cinco procedencias distintas, ninguna de las cuales era una persona pudiente. Estuvimos como en un sueño. Entonces fueron llenadas nuestras bocas de risa y nuestras lenguas de alabanza.

Los Veinticinco in Memoriam (los Diez y los Quince) estaban completos, pero habíamos tenido una prueba de fé. Habíamos aprendido que exactamente la misma llave del éxito en las vidas de los hombres de la Biblia es la llave del éxito en las nuestras hoy. "Es pues la fé la sustancia de las cosas que se esperan," dijo el escritor de la epístola a los Hebreos. "Por la fé Abraham" hizo ésto y "Por fé Moisés" hizo aquello, y en este siglo veinte la W.E.C. ha visto que "por la fe" es la llave de la realización de la comisión mundial dada a C. T.

Y otra vez fuimos a Dios para dirección durante otro año y la directiva vino: "Reclamad veinticinco obreros nuevos, esta vez en un año, antes del tercer aniversario de la muerte de C. T., 16 Julio de 1934." Reclamamos y recibimos seguridad, no estando ciegos ni por un momento al hecho que, como mejor pudimos calcular entonces, significaría tener que recibir £3.250 para enviarlos, completamente aparte de los fondos ordinarios para la obra existente. Fuimos más allá, y sin poder decir porqué, tuvimos la fuerte impresión de pedir esta suma en tres donaciones de £1.000 y una de £250. Sucedió ésto exactamente.... Primero nos visitó una señora en Noviembre. Dijo que le había venido una suma de dinero y quería que se empleara en obra de avanzada en campos no evangelizados. Cuando llegó el cheque era por £1.011. Al día siguiente llegó una carta de un amigo diciendo que sabía de diez estudiantes del Colegio Bíblico de Gales que se estaban ofreciendo como parte de estos nuevos Veinticinco y que había sido guiado a prometer £1.000 para ellos.

Dos meses después llegó una breve carta de una persona de quien nunca habíamos oído, pidiendo mayor información acerca de la W.E.C. Esto fué seguido por otra carta preguntando a quién se podría enviar una donación. Siguió una tercera incluyendo un cheque. Las cifras estaban un poco borroneadas. Eran libras, ¿pero cuántas? Tuvimos que mirar a la línea de escritura arriba para saber. Allí estaba escrito, "Un mil libras." El tercer mil. Y al día siguiente desde el otro extremo del país vino un cheque por £250 "para obra de avanzada." Así estos segundos Veinticinco fueron completados con toda amplitud para la fecha señalada y fueron a los distintos campos.

Con cuatro de éllos (ahora aumentados a siete) se abrió otro campo nuevo en Africa Occidental: el interior de la Costa de Marfil Francesa, de la cual las regiones de la costa ya se estaban evangelizando con el mensaje ardiente del Profeta Harris y la obra ampliativa de las sociedades misioneras. Los "pioneers" de este campo, Sr. S. J. Staniford y Sra., ya habían trabajado catorce años con C. T. en el Congo, pero habían regresado a Inglaterra a causa de haberse declarado cataratas en ambos ojos del señor Staniford. A pesar de ésto, una vez que el mal fue eliminado, oyeron el llamado de Dios a un nuevo y difícil campo y respondieron. Desde su llegada han caminado de veras por la senda apostólica de "en muertes, muchas veces." La Sra. Staniford ha sido llevada por fiebre amarilla. El Sr. Staniford ha perdido la vista de un ojo y ha tenido un grave accidente de auto que le ha afectado un oído. Con todo, no tan sólo persiste en su misión, sino que se gloría en la tribulación, como que es la muerte de la semilla el preliminar necesario para "llevar mucho fruto" (Juan 12:24). Con sus colaboradores ha recibido permiso del gobierno para evangelizar en una peligrosa tribu con fama de envenenadores, llamada los Gourous. Fué un milagro de fé que pudiera obtener el permiso y cuando fué concedido se le dijo que un pueblo semejante no podía ser subyugado sino con la bayoneta. Habiendo vivido ya unos años en esta tribu, se han captado la verdadera amistad de la gente. Los primeros ocho han aceptado a Cristo, y se está emprendiendo una obra de traducción sencilla, de la inicial manera primitiva.

Africa Occidental, con el avance arrollador del Islamismo, constituye uno de los grandes desafíos misioneros de hoy día. Habiendo establecido la obra en la Guinea Española y la Costa de Marfil, dos nuevos obreros de la W.E.C. han penetrado ahora en un tercer país del Africa Occidental: el Senegal Francés, y otros voluntarios se están preparando para entrar en cuatro más, Liberia, la Costa de Oro septentrional, Dahomey y la Guinea Portuguesa. La ocupación y evangelización de estos siete países del Africa Occidental, en cooperación con otras misiones que ya habían establecido una obra espléndida en estas regiones, será un gran paso adelante en la evangelización mundial. Aun una provisión más de hombres y dinero fué pedido y recibido. Después de estos segundos Veinticinco, Dios nos guió en fé para el doble de ese número en un año. Cincuenta antes del 16 de Julio de 1935 y £5.000 para enviarlos. Esta vez la contestación fué aún más maravillosa. Fué casi "antes que clamen, responderé"; pues en el primer mes que empezamos a orar, recibimos una carta con un cheque por £5.000 para los Cincuenta. Estos Cincuenta están todavía en proceso de ser enviados. Al completarse, el Señor nos ha dado la visión de un "Setenta y cinco." A algunos les parecerá mucho, pero no a aquéllos ante cuya vista están constantemente los millones sin Cristo, de Asia, Africa, América del Sur y las Islas del Mar. Gracias a Dios por todas las sociedades o individuos que participan en la evangelización mundial, pero quedan aún estas vastas áreas para las cuales nadie provee el Pan de Vida. A estas vamos y decimos con Caleb, con plena confianza en nuestro poderoso Señor y Dios, no importa cuántos hombres y cuánto dinero se necesite, "Subamos luego y poseámosla, que más podremos que élla."

Tales avances en los campos misioneros han hecho necesario también avances en la sede, y aquí también el Señor concedió una revelación a la muerte de C. T., que ha sido la llave de un salto hacia adelante en Inglaterra. Nos dimos cuenta en la sede que no sacrificamos nada comparado con nuestros colaboradores en el campo misionero, pero una manera en que podríamos tener un poco de compañerismo con ellos en el "exponer nuestras vidas," sería si no tomáramos salario o compensación de los fondos de la misión, sino confiáramos en Dios independientemente para la provisión de nuestras necesidades. Veíamos dos ventajas especiales en ésto: primero, mayor porcentaje del dinero dado para los campos misioneros sería librado para ir directamente a esos campos, y segundo, que podríamos aumentar el personal de la sede en cualquier medida, si tal aumento no significaba tomar sumas mayores de los fondos.

En ese tiempo éramos solamente dos en 17 Highland Road, Norwood, Londres, la sede de la W.E.C. Desde entonces Dios ha puesto su sello de tal manera sobre esta decisión, que nuestro trabajo no ha sido el de atraer e invitar colaboradores, sino hacer que sea lo más difícil posible que voluntarios vengan a nosotros; no sea que lo hagan sin darse cuenta realmente que, al renunciar a cualquier trabajo y salario del cual disfrutan y venir aquí, no tendrán literalmente ninguna fuente de recursos sino el Dios Viviente. Pero cuanto más advertimos, tanto más parece ser la atracción a la gloria de una vida de fé. Aun siguen viniendo. Donde éramos dos, ahora somos quince, no recibiendo ninguno ni un penique de los fondos de la misión y, con una excepción, no teniendo ninguno ni un penique de renta particular. Uno ha establecido un almacén completo de equipo para los Cruzados que salen al campo misionero; tres hacen trabajo de secretaría; dos de propaganda; uno, obra juvenil; cinco, trabajo doméstico; uno va a establecer una pequeña máquina de imprimir; otro dirige un departamento de proyecciones luminosas.

Nuestra última vista en esta historia de la vida de C. T. Studd y sus frutos, es una vez más al Corazón de Africa y de los misioneros e indígenas, después que "Bwana" fué llevado a su Hogar. El Sr. Harrison nos describe la escena y con su descripción el libro termina. ¿Hizo C. T. el mejor uso de su vida cuando dejó todo para seguir a Jesús? ¿Es Dios fiel a aquéllos que lo hacen? ¿Es un hecho que, si un hombre dá al Espíritu Santo el completo gobierno de su vida, ríos de bendición fluyen de él hacia el mundo (Juan VII: 38, 39)? ¿Es un hecho que una vida vivida en el centro de la voluntad de Dios es la única vida que puede satisfacer los más profundos anhelos del hombre y emplear sus capacidades de la manera más amplia? ¿Y la única vida que le permitirá decir al fin, "He peleado la buena batalla"? Este libro, especialmente los acontecimientos descritos en éstas páginas, son una contestación.

En el primer aniversario del fallecimiento de C. T. se celebró una conferencia indígena en Ibambi. Si en Inglaterra habíamos sentido la pérdida de nuestros fundadores, cuánto más en el campo misionero, donde "Bwana" se había erguido muy por encima de sus colaboradores en la vista de los indígenas. Unos cuatro mil habían venido a una conferencia con Bwana, ¿pero cuántos vendrían ahora que él no estaba allí?

Ahora se vería hasta qué punto había atraído la gente a sí mismo o les había señalado a Cristo. El Sr. Harrison describe el hecho como sigue:

"Algunos decían, 'La obra ha sido edificada sobre la notable personalidad de Bwana.' Otros agregaban, 'El se ha ido, la obra se irá también; él ha muerto, morirá con él.' ¿Pero qué dice el Señor? 'Sus obras con éllos siguen.'

"¿Y qué hemos visto? ¿Derrumbe? ¡No! ¿Reducción? ¡Nunca! Tan sólo avance, profundidad, arraigo y fructificación de la vida ofrendada.

La Conferencia nativa y blanca que acabamos de celebrar es prueba más que suficiente de ésto. Miles y miles vinieron, muchos más de lo que jamás hayamos visto antes. Algunos están seguros que había 8.000 personas presentes, pero estimando el número como 7.000 solamente para evitar toda posibilidad de exageración, ésto significaría que había el doble que en cualquier reunión anterior. (*Esta conferencia fué seguida por una en 1933 a la cual asistieron 10.000 africanos y una recién ha terminado con probablemente 12.000*). Con una mezcla tal de tribus y clases, es fácil comprender que las cosas podrían escapar a todo gobierno. Pero, gloria a Dios, desde el mismo principio fué realmente un milagro cómo el Señor los mantuvo tan tranquilos y felices. ¡Mabari y Mabudu rozándose con Mazande y Medje, Mangbettu y Mayega con Marambo y Malika? ¿Os lo podéis figurar? Verdaderamente el Evangelio está derribando los prejuicios entre las tribus. Es un vislumbre del Día mayor alrededor del Trono, cuando toda tribu y nación doblarán la rodilla ante el Cordero.

"La bendición del Señor estaba con nosotros los blancos también. Cada mañana y tarde al reunirnos alrededor de la Palabra, supimos que Jesús mismo se acercaba, y ni una nota discorde. Oh, cómo alabamos a nuestro Salvador por los fuegos que nos han soldado juntos de esta manera. A la noche del 16 de Julio, el primer aniversario del llamado de nuestro amado director al hogar celestial, nos reunimos para un tiempo de exámen propio alrededor de la mesa del Señor. Al recordar la muerte del Señor, nuestro pensamiento volvió a la noche en que Bwana pasó al más allá y fuimos constreñidos a renovar nuestros votos a Dios y unos a otros. ¡Jamás rebajaríamos la norma expuesta en la Palabra! ¡Jamás quebrantaríamos la confraternidad en el Evangelio! ¿Tendríamos menos bendición en el futuro? ¿Sería necesario tener menos? ¿Tendremos menos? ¡¡No!! ¡Pues la Sangre jamás perderá su poder, el Espíritu siempre conducirá a la Victoria, y nosotros, con la ayuda de Dios, seguiremos adelante!

POSTDATA

Desde la muerte de C. T. Studd el trabajo de la W.E.C. (Cruzada Evangélica Mundial), se ha extendido, por la gracia de Dios, a muchas regiones no evangelizadas. Hoy nuestro ministerio a nivel mundial es conocido como *CLC, Centros de Literatura Cristiana.*

Nuestra Misión y Visión

Es tener literatura cristiana disponible para todas las naciones, de manera que las personas puedan venir al conocimiento de Dios mediante la fe en Jesucristo y crecer en la vida cristiana.

¿Cómo operamos?

Después de seis décadas, este trabajo de amor a los perdidos, se ha transformado en un dinámico ministerio mundial con más de 800 obreros que trabajan en cerca de 55 países en el mundo, operando 170 librerías y ministerios de literatura. La obra en cada país tiene el compromiso de auto sostenerse y de contribuir, en la medida de sus posibilidades, con la apertura y sostenimiento de nuevas obras en los países más necesitados.

C. T. STUDD

¿Cuál es nuestro Desafío?

Que en todo el mundo, en cada país donde existe una librería·
de CLC, los miembros del equipo, guíen a los lectores para
que consulten, adquieran y lean la literatura cristiana que
necesiten, y les orienten de manera eficaz, en el área
espiritual, de acuerdo con los principios de fe que sustenta la
Palabra de Dios.

El total de miembros asciende a unos 850. Los campos en los
cuales se ha establecido trabajo misionero son: África, Asia,
Américas, Europa y Oceanía.

Antigua y Barbuda	África Occ.	Filipinas
Australia	Alemania	Panamá
Austria	Hungría	Polonia
Azerbaiyán	India	Portugal
Banglades	Indonesia	Rumania
Barbados	Italia	Sta. Lucía
Bielorrusia	Jamaica	Sierra Leona
Bulgaria	Japón	España
Canadá	Corea del Sur	Swazilandia
Chile	Kirguistán	Tanzania
China	Mozambique	Tailandia
Colombia	Myanmar	Trinidad y Tobago
Chipre	Países Bajos	Reino Unido
Dominica	Nueva Zelanda	Uruguay
Ecuador	Pakistán	Estados Unidos
Fiji	Panamá	Venezuela
Francia	Papua-N. Guinea	